Martin Specht

Kolumbien
Ein Länderporträt

Martin Specht

Kolumbien

Ein Länderporträt

Ch. Links Verlag, Berlin

Auch als ebook erhältlich

Die Deutsche Nationalbibliothek verzeichnet
diese Publikation in der Deutschen Nationalbibliografie;
detaillierte bibliografische Daten sind im Internet über
www.dnb.de abrufbar.

1. Auflage, September 2018

Schönhauser Allee 36, 10435 Berlin, Tel.: (030) 44 02 32-0
www.christoph-links-verlag.de; mail@christoph-links-verlag.de
Reihengestaltung: Stephanie Raubach, Berlin
Lektorat: Philipp Kaufmann, Ch. Links Verlag
Karte: Peter Palm, Berlin
Satz: Eugen Bohnstedt, Ch. Links Verlag
Druck und Bindung: Druckerei F. Pustet, Regensburg

ISBN 978-3-96289-018-6

Inhalt

Anhang

Einleitung

Ich kam wegen der Schrecken nach Kolumbien, denn es waren Recherchen über die organisierte Drogenkriminalität, die mich in den letzten Jahren immer wieder in das südamerikanische Land reisen ließen. In den ersten Monaten, die ich als Journalist in Kolumbien verbrachte, traf ich Drogenhändler, jugendliche Gangmitglieder und Guerilleros; folgte Polizisten und Auftragsmördern durch ihren abenteuerlichen und manchmal abgründigen Alltag. Kolumbien, das war für mich in erster Linie ein Schauplatz, an den mich die Berichterstattung über einen Konflikt geführt hatte.

Die Geschichte der großen und mächtigen Drogenkartelle – namentlich des Medellín- und des Cali-Kartells – begann in den 1970er Jahren in Kolumbien und hat das Image des Landes in den Augen vieler Menschen entscheidend geprägt. Abgesehen von den Problemen, die das organisierte Verbrechen bis heute verursacht, herrscht in dem Land seit etwa 50 Jahren ein Bürgerkrieg unter Beteiligung diverser Guerilla-Organisationen.

Ich begegnete auch Menschen, die anscheinend nichts mit Kriminalität und Bürgerkrieg zu tun hatten und ein relativ normales Leben führten. Studenten, die ihre Zeit im Café verbrachten, einem Buchhändler in Bogotá, einem Immobilienmakler an der Karibikküste. Nicht anders als in Europa, war in den Gesprächen mit ihnen von Karriere, der Familie, dem Kauf eines Hauses und der Schulbildung der Kinder die Rede. Am Wochenende standen Treffen mit Freunden oder Ausflüge in einen der zahlreichen Naturparks auf dem Programm. Es kam mir so vor, als sei Kolumbien einer der sichersten Orte der Welt und Krieg würde anderswo stattfinden. Gelegentlich wurde zwar in den Fernsehnachrichten von einer Entführung oder Kämpfen zwischen der Armee und der Guerilla berichtet, aber das schien niemanden in meiner Umgebung besonders zu interessieren.

Eines Tages begegnete ich einer Biologin, die inmitten eines Waldgebiets in der Provinz Antioquia in einer Forschungsstation für Schmetterlinge arbeitete. Ich war dort unterwegs, weil ich einmal etwas anderes als die Millionenstadt Medellín – in der ich mich damals aufhielt – sehen wollte. Nachdem ich aus dem Bus gestiegen war, folgte ich einem Pfad, der von der Straße in den Wald führte. Ein Wegweiser zeigte an, dass man in dieser Richtung zu einem See gelangte. Wenn die Strahlen der Sonne durch die Wipfel der Bäume hindurch schienen, leuchtete das Grün der Blätter prachtvoll auf. Manchmal flogen Vögel laut trillernd vor mir davon. Nach einer Weile sah ich zwischen den Ästen so etwas wie ein riesiges Moskitonetz. Es war wie ein Zelt vom Boden aus bis in etwa zehn Meter Höhe aufgespannt. Die Konstruktion bewegte sich leicht schaukelnd im Wind. Neugierig ging ich darauf zu. Von irgendwoher hörte ich das Summen einer Klimaanlage. Das Innere des »Zelts« war geräumig, an einer Seite befand sich ein Raum mit gläsernen Wänden. Dort standen auf Tischen Computer, Mikroskope und transparente Behälter, in denen Zweige und Blätter zu erkennen waren. An einer Scheibe war die bunte Zeichnung eines Schmetterlings befestigt. Dahinter bewegte sich eine menschliche Gestalt zwischen den Laborgeräten.

An der Außenseite der Station befand sich eine Schleuse, durch die ich das Innere betrat. Ich wollte gern mehr über diesen Ort erfahren. Ein orangeroter Schmetterling schwirrte nah an meinem Gesicht vorbei.

»*Buenos días*«, grüßte ich in Richtung Labor. Ich war mir aber nicht sicher, ob man mich durch die Glasscheiben hindurch hören konnte und ging darauf zu. Eine Frau, in weißer Bluse und Jeans, öffnete die Tür und schaute mich an. Sie sah müde und gleichzeitig sehr konzentriert aus. Ich hatte den Eindruck, sie fühlte sich durch mein Eintreten gestört.

Mit einer Hand ordnete sie ihr Haar und stellte sich als Biologin vor. Ich entschuldigte mich für mein Eindringen, und sagte, es täte mir leid, wenn ich sie bei ihrer Arbeit unterbrochen hätte. Sie gab mir zu verstehen, dass ich willkommen sei, und sagte, dass sie an einem Forschungsprojekt über Schmetterlinge arbeite. Dann verriet sie mir freundlicherweise die lateinischen Bezeichnungen von einem Dutzend unterschiedlicher Schmetterlingsarten.

Die von ihr benannten Exemplare schwebten währenddessen mit buntschillerndem Flügelschlag um uns herum. Ich sagte ihr, wie schön ich die Farben der Schmetterlinge fände. Die Biologin schaute mich an. Ihr Name sei Diana, sagte sie schließlich.

Ob ich noch etwas über die Insekten wissen wollte, fragte mich Diana.

»Nein«, antwortete ich.

»Nein?«, sie schien erstaunt und auch ein wenig enttäuscht. Ich fragte sie scherzhaft, ob es auch eine Art gebe, die die Silhouette von Pistolen auf den Flügeln zeigen würde, wir seien ja immerhin in Kolumbien. Sie hatte mir vorher erklärt, dass manche Schmetterlinge auf ihren Flügeloberseiten »Bilder« gefährlicher Tiere andeuten, um Feinde abzuschrecken. Ein Trick der Natur. Sie musste lachen. Ich sagte ihr, dass ich in Kolumbien sei, um über Bürgerkrieg und Kriminalität zu berichten. Sie schaute mich aufmerksam und nachdenklich an.

»Kolumbien«, sagte Diana. »Das ist Schönes und Schreckliches zugleich. Es gibt beides, die unglaubliche Artenvielfalt im Amazonasgebiet und die Umweltzerstörung der Großkonzerne, die vor nichts haltmachen.«

Ich hatte sie für eine weltfremde Wissenschaftlerin gehalten und mich gefragt, welche Gründe sie wohl haben mochte, sich inmitten eines Bürgerkriegsgebiets mit Schmetterlingen zu beschäftigen. Sie war in etwa meinem Alter, stammte aus Medellín und musste dort die Jahre der Drogenkriege erlebt haben. Jetzt sprach sie mit großem Ernst.

»Man kann das Leben in Kolumbien mit einem Bild vergleichen: Die schöne Nachrichtensprecherin im Fernsehen, die mit einem strahlenden Lächeln die Ergebnisse eines Schönheitswettbewerbs verkündet und übergangslos mit dem gleichen Lächeln über die Anzahl der Morde an einem Freitagabend oder über ein Massaker durch Paramilitärs oder die Guerilla berichtet.«

In diesem Moment landete ein leuchtend blauer Schmetterling auf Dianas Arm. Damit ich ihn besser sehen konnte, hob sie ihren Arm ein wenig in meine Richtung.

»Um in Kolumbien zu überleben«, sagte sie, »brauchen die Menschen eine besondere Fähigkeit: die *resiliencia.*«

In der Psychologie wird mit Resilienz die Fähigkeit des Menschen bezeichnet, nach einschneidenden Erlebnissen – zum Beispiel der traumatisierenden Erfahrung von Gewalt – diese Traumata zu überwinden und zu einem normalen Leben zurückzufinden.

Die *resiliencia*, von der die Biologin sprach, ist in Kolumbien ein allgemeingültiger Begriff, den fast jeder aus der Umgangssprache kennt. Unter *resiliencia* verstehen die Kolumbianer eine, ihnen von sich selbst zugeschriebene psychische Widerstandsfähigkeit, die ihnen trotz des vielen Leids die Lebensfreude erhält. *Resiliencia*, so sagen sie, sei gewissermaßen die Seele des kolumbianischen Volkes.

Wahrscheinlich ist diese Fähigkeit einer der Gründe dafür, warum mir die Menschen in Kolumbien so liebenswert erscheinen. Es ist richtig, dass – wie Diana sagte – Schönes und Schreckliches dicht nebeneinander existieren. Ich empfinde das Alltagsleben an vielen Orten als erstaunlich angenehm. Die Menschen sind freundlich und einem Fremden wie mir gegenüber von einer Offenheit, die für ein Bürgerkriegsland ungewöhnlich ist. Ich werde oft dazu eingeladen, ganze Tage mit Familien zu verbringen, die ich bis vor Kurzem kaum kannte. Es ist bemerkenswert, dass der mehr als 50 Jahre andauernde Konflikt zwischen der Guerilla und der kolumbianischen Regierung, dem Hunderttausende Menschen zum Opfer gefallen sind – fast jede Familie ist davon betroffen –, nicht dazu geführt hat, dass Kultur und die Freude am Miteinander aus dem Leben der Menschen verschwunden sind. Zum Beispiel werden selbst im kleinsten Dorf regelmäßig öffentliche Feste gefeiert, bei denen sprichwörtlich bis zum Umfallen getanzt wird.

Bei diesen Fiestas spielt die Musik eine zentrale Rolle. In Kolumbien – von der Karibikküste im Norden bis zum Amazonasgebiet im Süden – gibt es mehr als 50 verschiedene musikalische Stilrichtungen. Die Bewohner einzelner Regionen sind stolz auf ihre Musik und sehen sie als Teil ihrer Identität. Der Literaturnobelpreisträger Gabriel García Márquez beschreibt in seiner im Jahr 2002 erschienenen Autobiographie *Leben, um davon zu erzählen*, wie die Musiker eines kleinen Dorfes nach einem Überfall durch die Polizei und der Ermordung etlicher Mitbürger ihre Instrumente weglegen und sich weigern, weiterhin Musik zu machen. Die Morde an den Dorfbewohnern fielen in eine Epoche, die als *la violencia* in die Geschichte eingegangen ist. Zwischen 1948 und 1958 bekämpften sich die Anhänger der konservativen und der liberalen Partei in Kolumbien. Polizei und Armee beteiligten sich an den Auseinandersetzungen; größtenteils auf Seiten der konservativen Regierung. Etwa 260 000 Menschen kamen während der *violencia* ums Leben. García Márquez beschreibt die trostlose Stimmung, die die Dorfbewohner während der Streiks der Musiker befällt: »›Es ist, als wäre man mit den Toten gestorben‹, sagte eine Frau, die eine rote Rose hinter dem Ohr trug.« Nach einem Monat ertragen die Musiker ihr Schweigen nicht länger. Der erste Akkordeon-Spieler beginnt ein Lied zu spielen, andere folgen seinem Beispiel. Am Ende der Episode taucht nach mehr als einem Monat der Stille der erste Betrunkene auf dem Dorfplatz auf und schmettert aus voller Brust ein Lied. Es sei, schließt der Autor, als hätten die Musiker das Wunder bewirkt, das Dorf wieder zum Leben zu erwecken.

Musik hört man, ob man will oder nicht, überall in Kolumbien. Zu jeder Tages- und Nachtzeit dringt sie aus den geöffneten Fenstern der Wohnungen oder dröhnt einem aus einem vorbeifahrenden Auto entgegen. Auf den mitunter langen Fahrten mit dem Überlandbus ist es undenkbar, dass sie ohne musikalische

Begleitung stattfinden. *Corridos, Vallenatos* und *Cumbias* unterhalten die Zuhörer und versetzen sie für einige Momente in eine andere Welt. Dabei ist die Musik nicht nur ein Ausdruck oberflächlicher Lebensfreude. Viele Bands wie zum Beispiel Choc QuibTown thematisieren in ihren Texten die Probleme Kolumbiens. ChocQuibTown haben mit einer Mischung aus Hip Hop, Reggae und traditioneller kolumbianischer Musik mittlerweile internationalen Erfolg. Die aus dem Bundesstaat Chocó stammenden Musiker erzählen in ihren Liedern von der Vertreibung der indigenen Bevölkerung durch großangelegte Bauprojekte an der Pazifikküste, von Kriminalität und Armut.

Bei der Musik von ChocQuibTown – schön anzuhören, jedoch mit ernstzunehmendem Inhalt – musste ich wieder an das Gespräch mit Diana denken. Nachdem ich mit ihr gesprochen hatte, suchte ich bei meinen weiteren Begegnungen mit den Menschen in Kolumbien nach Anzeichen der *resiliencia*. Ich wollte wissen, was es damit auf sich hatte. Einmal wurde ich von einer befreundeten Familie in Medellín zum Abendessen eingeladen. Medellín ist mit mehr als drei Millionen Einwohnern nach Bogotá die zweitgrößte Stadt des Landes. In den 1970er Jahren erlangte sie durch Pablo Escobar und das Medellín-Kartell einen zweifelhaften Ruf. Mehrere Drogenkriege wurden dort ausgetragen und jahrelang galt die Metropole als die gefährlichste Stadt der Welt.

Meine Gastgeber waren froh darüber, dass sich das Leben in Medellín heute wieder weitgehend normalisiert hat. Vor 20 Jahren waren hier Schüsse und Explosionen zu hören gewesen; man hatte mir das Einschussloch einer verirrten Kugel, die in einem Zimmer im ersten Stock des Hauses eingeschlagen hatte, gezeigt. Jetzt drangen das Hupen der *colectivos* – Kleinbusse, die die Fahrgäste entlang der Strecke einsammeln – und Fetzen von Musik zum offenen Fenster herein. Beim Essen wurde mir im Schnelldurchlauf die wechselvolle Geschichte Medellíns während der Ära Pablo Escobars erzählt. Am Tisch saßen mehrere Generationen: Kinder, Enkelkinder und die Großmutter. Ich hatte den Eindruck, der ehemals schlechte Ruf Medellíns als kriminelle Hochburg der Drogenkartelle sei meinen Gastgebern irgendwie unangenehm. Sie wollten das Thema jedenfalls trotz meiner Neugier nicht vertiefen und wendeten sich schnell heitereren Dingen zu.

Zum Nachtisch bekam jeder eine Banane und wir begannen Karten zu spielen. Alle am Tisch schauten konzentriert in ihr Blatt. Ich dachte, wir sähen aus, wie eine Runde von Poker-Spielern. Mitten in Medellín. Ich konnte einfach nicht anders, und nahm die Banane wie eine Pistole in die Hand. Die »Banana-Gun« in der einen Hand und die Karten in der anderen, rief ich: »Ah ya, Medellín! So habe ich es mir vorgestellt.«

Im selben Moment fiel mir ein, wie peinlich meinen Gastgebern das Thema der Gewalt in ihrer Stadt gewesen war, und ich befürchtete, einen Fehler begangen zu haben. Ich kam mir irgendwie blöd vor. Zum Glück – und zu meiner Erleichterung – begannen die Erwachsenen in der Runde herzlich zu lachen. Die Großmutter – die sowohl *la violencia* wie auch diverse Drogenkriege in Medellín erlebt hatte – konnte sogar kaum noch aufhören. Ihre Augen tränten und ich freute mich, in ihr fröhliches Gesicht zu schauen. Es war, als wäre die anfängliche Scham über die gewalttätige Vergangenheit, und mitunter auch Gegenwart, verschwunden. Wir fühlten uns auf eine merkwürdige Art befreit. Man nahm mir den Scherz nicht übel und fand ihn offensichtlich auch nicht geschmacklos. Die Fähigkeit und die Bereitschaft, trotz allem über die ernsten und dunklen Seiten der eigenen Vergangenheit – und Gegenwart – zu lachen und Witze zu machen, schrieb ich der vielgerühmten *resiliencia* zu.

Jedenfalls glaubt die Mehrheit der Kolumbianer, mit denen ich zu tun hatte, an eine bessere Zukunft. Einmal hielt ich einen Vortrag über Drogenkriminalität an der Universidad de Antioquia, der ältesten staatlichen Hochschule. Im Anschluss diskutierte ich mit den Studenten. Die meisten von ihnen waren Anfang bis Mitte Zwanzig. Ich war neugierig, wie diese Generation die Kartelle und die Drogenbarone, die die Geschichte Kolumbiens so entscheidend beeinflusst haben, beurteilte. Im Verlauf des Gespräches stellte sich schnell heraus, dass diese Thematik für die meisten von ihnen sprichwörtlich Schnee von gestern war. Sie interessierten sich mehr für Fußball. Am selben Abend sollte ein wichtiges Spiel des America Cup stattfinden. Guerilla, Politik und Drogenkriminalität schienen weit weg zu sein. Als ich das Unigelände verließ, kam ich an einem Graffito vorbei. Es zeigte die in Kolumbien weit verbreiteten Kolibris, die kunstvoll um einen bunten Schriftzug gruppiert waren: »*En un país de mentiras, la verdad es terrorista*« – in einem Land der Lügen ist die Wahrheit terroristisch.

Die Geschichte Kolumbiens hat politische und soziale Verhältnisse hervorgebracht, einige davon fragil; aber im Sinne einer historischen Wahrheit bleibt Spielraum für Interpretation. Das Graffito am Eingang der Universität weist darauf hin. Das kolumbianische Leben ist facettenreich bis zur Widersprüchlichkeit. Es scheint mindestens immer »zwei Wahrheiten« in Kolumbien zu geben. Es gibt den Krieg und es gibt den Frieden. Dazwischen leben die Menschen. Die Frage ist: Wie lebt es sich in einem Land zwischen Krieg und Frieden?

An einem Sonntagmorgen im August 2016 saß ich in einem Café auf der *plaza mayor* von Ríohacha; einer Stadt an der Karibikküste. Bereits um acht Uhr morgens ließ die Sonne die Gebäude in einem gleißenden Licht erstrahlen. Alle Tische des Cafés waren besetzt, die Menschen genossen ihr Frühstück. Ein Mann verteilte Zeitungen. Als er auch mir eine auf den Tisch legte, erkannte ich, dass es sich um den – im Zeitungsformat gedruckten – Friedensvertrag zwischen der Guerillaorganisation FARC und der Regierung handelte. Er war vor einigen Tagen auf Kuba geschlossen worden. Anfang Oktober sollte der Vertrag durch ein Referendum ratifiziert werden. Jetzt wurde das mehrere Dutzend Seiten umfassende Dokument unter das Volk gebracht. Die sonntägliche Sportbeilage einer überregionalen Zeitung hatte man gleich mit verteilt. Aus dem Lautsprecher des Cafés schallte

Musik über den Platz. Eine Sängerin sang mit melodischer Stimme ein Lied. Überall sah man den Friedensvertrag zwischen den dampfenden Kaffeetassen auf den Tischen liegen. Der Refrain des Liedes wiederholte sich: »*La vida es un carnaval*«. Das Leben ist ein Karneval. Auf Kolumbien trifft das vielleicht sogar in besonderem Maße zu. Mittlerweile ist es das Alltagsleben, das mich dort am meisten fasziniert. Kriminalität und Bürgerkrieg sind zwar immer noch wichtige Themen, die zum Leben in diesem Land der Extreme dazugehören, aber sie haben für mich einen Teil ihres Schreckens verloren. Ich fühle mich im Umgang mit den Menschen wohl und genieße es, mit ihnen über ihre Geschichte – und ihre Geschichten – zu sprechen. Wahrscheinlich sind es diese spannenden Begegnungen, bei denen sowohl das Schöne, wie auch das Schreckliche eine Rolle spielen, die Kolumbien für mich so einzigartig machen.

Krieg, Frieden und Kakao

Das Dorf liege tief im Wald, hatte man mir in Apartadó, einer Stadt mit etwa 160 000 Einwohnern im Nordwesten Kolumbiens, gesagt. Es sei schwer zu erreichen. Man käme nur mit dem *chivero* dorthin. *Chivero*, das ist eine Art Sammeltaxi, meistens handelt es sich um einen Willys Jeep älteren Baujahrs. Manche Kolumbianer sagen auch einfach nur »Willys« zu diesen Fahrzeugen. In unwegsamen Gegenden sind sie, abgesehen vom Motorrad, oftmals das einzige motorisierte Fortbewegungsmittel, wenn man nicht reiten oder zu Fuß gehen möchte. Jedenfalls, so sagte man mir am Busbahnhof in Apartadó – der Name der Stadt stammt aus einer indigenen Sprache und wird mit »Bananenfluss« übersetzt –, wenn es regne, sei es sogar mit dem *chivero* schwierig, zum Dorf zu gelangen. Denn bei zu viel Nässe könne der Schlamm auf dem Weg schon mal zu einem Problem werden. Außerdem werde es bald dunkel, und dann sei es ohnehin nicht mehr sicher. »Die Armee, die Guerilla«, sagte einer der Fahrer, die um die *chiveros* herumstanden und im Nieselregen ihre Zigaretten rauchten, vieldeutig. Die Männer hatten dunkle Gesichter und wegen des Regens ihre Baseballkappen tief ins Gesicht gezogen. Die meisten von ihnen trugen T-Shirts.

Einige Zigarettenlängen später – der Regen war inzwischen stärker geworden – setzte sich dann doch einer von ihnen ans Steuer. Zwei Männer und drei Frauen wollten nach San José de Apartadó, mein Dorf lag auf dem Weg. Bei sechs zahlenden Fahrgästen spielten die anfänglichen Bedenken keine Rolle mehr. »*Listo*«, alles klar; wir fuhren los. Die Ladefläche des *chivero* war mit einer Plastikplane abgedeckt. Darunter waren zwei metallene Sitzbänke längs zur Fahrtrichtung angebracht. In der Mitte und zwischen den Füßen lag das Gepäck: Pappkartons, Taschen und zwei oder drei prallgefüllte Jutesäcke.

Das Fahrzeug schob sich im dichten Verkehr über eine der Hauptstraßen Apartadós. Lastwagen, Motorräder, Busse und Pkw, trotz des Regens schien jeder irgendwohin unterwegs zu sein. Nach einer Weile verließ der *chivero* den Verkehrsstrom und holperte über unbefestigte Wege durch einen der Außenbezirke der Stadt in Richtung Südosten. Im Vorbeifahren sah ich an einer Mauer eine Reihe von Einschusslöchern. Die Geschosse hatten große Brocken aus dem Gestein herausgerissen. Hinter der Mauer waren die Spitzen von Masten, Stromleitungen und ein Gebäude zu erkennen. Ich drehte den Kopf und versuchte, unter der Plane hindurchzuschauen, als wir die Stelle passierten.

»Das war die Guerilla«, sagte der Mann, der neben mir auf der Bank saß. »Vor Jahren wollte die FARC die Stromversorgung in Apartadó stören und hat die Transformatorenanlage angegriffen.« Nachdem er das gesagt hatte, wandte er sich wieder seinem Smartphone zu und tippte etwas hinein. Unser *chivero* holperte langsam und durch tiefe Schlaglöcher an der Anlage vorbei. Das Regenwasser spritze in die Höhe. Am Ende der Mauer stand eine Gruppe von Soldaten hinter einer Barriere aus Sandsäcken, die ihnen bis zur Brust reichte. Obwohl zu dieser Zeit bereits ein Waffenstillstand mit den Guerilleros der FARC vereinbart worden war, blickten sie wachsam in den Regen und drehten die Köpfe in Richtung des *chivero*.

Die Soldaten schauten uns noch lange hinterher. Ich sah es, als ich unter der Plane hindurch zurücksah. Wir fuhren in die verregnete Dämmerung hinein. Hinter der Transformatorenanlage und einem Wachposten endete die Stadt. Wir fuhren in die verregnete Dämmerung hinein. Die Straßenlaternen und das Licht in den Fenstern der Häuser wurden kleiner und verblassten schließlich ganz. Auf allen Seiten war lediglich das Dunkelgrün der üppigen Vegetation zu sehen. Bäume mit großen Blättern, Büsche, Sträucher und Schlingpflanzen wuchsen bis an den Weg heran. Manchmal streifte das Fahrzeug einen überhängenden

Ast, dabei war jedes Mal ein schleifendes Geräusch auf der Plane zu hören. Der Fahrer beschleunigte. Wir fuhren einen Hügel hinauf. In den aufgeweichten Fahrspuren schlingerte der *chivero* hin und her. Um sich nicht an den Ecken und Kanten des Fahrzeugs – oder am Sitznachbarn – zu stoßen, hielt sich jeder irgendwo fest. Durch einige Löcher in der Plane tropfte es. Der Mann neben mir hielt sein Smartphone, zum Schutz vor dem Wasser, ganz dicht vor das Gesicht, unter den Schirm seiner Baseballkappe. Der Schein des Displays beleuchtete seine zusammengekniffenen Augenbrauen mit einem blassen Blau. Es wurde schnell dunkel. Der Fahrer des *chivero* mühte sich damit ab, das Fahrzeug in den Regenschauern auf dem Weg zu halten. Die Scheinwerfer leuchteten zwar einige Meter weit in die verregnete Dunkelheit hinein, aber jenseits des Lichtkegels war nichts mehr zu erkennen. Kurze Zeit später schaltete mein Banknachbar sein Smartphone ab, das blaue Licht des Displays erlosch. Wahrscheinlich gab es keinen Empfang mehr.

Der Übergang von der Stadt Apartadó zum Land hatte sich abrupt und beinahe schlagartig vollzogen. Nicht so, wie man es aus europäischen Städten kennt, wo es ein Zentrum und darum herum Industrie- und Wohngebiete gibt, die Häuser mit zunehmender Entfernung von eben diesem Zentrum von immer größeren Grundstücken umgeben sind, und sich der Verkehr auf den Straßen angenehm entspannt. Außerhalb Apartadós dagegen begann hinter den Transformatoren die Wildnis. Ich wusste, dass es irgendwo das Dorf geben musste, das mich interessierte. Aber gab es denn nicht noch mehr Menschen, die außerhalb Apartadós lebten?

Tatsächlich leben in Kolumbien überdurchschnittlich viele Einwohner in den Städten des Landes. Im Juli des Jahres 2017 gab es einer amtlichen Erhebung zufolge genau 47 698 524 Kolumbianerinnen und Kolumbianer. Mehr als 77 Prozent von ihnen wohnten in den Metropolen. Dabei besteht das Land mit einer Gesamtfläche von 1 138 000 Quadratkilometern zu 54,4 Prozent aus Wald, Dschungel oder Regenwald; weitere 37,5 Prozent des gesamten Staatsgebietes werden landwirtschaftlich genutzt. Demnach müssten eigentlich – auch wenn man davon ausgeht, dass die unzugänglichen Regenwälder des Amazonasgebietes nur dünn besiedelt sind – mehr Menschen auf dem im Norden und Teilen Zentral-Kolumbiens fruchtbaren Land leben. Stattdessen sind mehr als zwei Drittel aller Kolumbianer in Städten wie Bogotá mit circa 9,7 Millionen Einwohnern, Medellín mit circa 3,9 Millionen, Cali mit circa 2,6 Millionen, Barranquilla mit circa 1,9 Millionen und Cartagena mit circa 1,1 Millionen Einwohnern beheimatet.

Die Erklärung für dieses Missverhältnis in der Bevölkerungsdichte von Stadt zu Land hat – wie so vieles in der jüngeren Geschichte Kolumbiens – mit dem Bürgerkrieg zu tun:

Die Menschen sind vor der Gewalt des Bürgerkriegs in die Städte geflohen. Es war vielerorts schlichtweg zu gefährlich, um weiterhin auf dem Land zu leben. Zwischen 1985 und 2017 befanden sich innerhalb Kolumbiens etwa 7,6 Millionen Menschen auf der Flucht. Die Vereinten Nationen nennen diese Menschen in ihren Berichten und Statistiken *Internally Displaced People* – kurz IDPs –, zu Deutsch Binnenvertriebene oder Binnenflüchtlinge. Es sind Menschen, die sich nach der Vertreibung aus ihrer Heimat weiterhin innerhalb der Staatsgrenzen aufhalten.

Kolumbien lag laut einer Statistik des Flüchtlingshilfswerks der Vereinten Nationen (UNHCR) aus dem Jahr 2018, vor dem Irak und Syrien, an der Spitze aller Staaten weltweit, in denen die meisten Binnenflüchtlinge leben. Bedauerlicherweise ist dies in Kolumbien schon wesentlich länger der Fall, als in den beiden arabischen Ländern, wo erst die Bürgerkriege der letzten Jahre zu Flüchtlingsbewegungen in dieser Dimension geführt haben. Die überwiegende Mehrheit der Binnenvertriebenen Kolumbiens siedelte sich in den Metropolen oder deren direkter Umgebung an. Die Öffentlichkeit der Städte und die Polizeipräsenz versprachen einen gewissen Schutz. Ein Massaker in einer abgelegenen 200-Seelen-Gemeinde ist etwas anderes, als in einer Stadt mit mehreren Millionen Einwohnern. Dort würden solche Untaten – sprichwörtlich – unter den Augen der Öffentlichkeit stattfinden. Und damit wären Politik und Justiz zwangsläufig zu einer Reaktion verpflichtet. Abgesehen davon, gibt es natürlich auch die globale Tendenz, dass es immer mehr Menschen – besonders junge – auf der Suche nach Arbeit in die Städte zieht.

Neben den Binnenflüchtlingen gibt es auch viele, die das Land gänzlich verlassen und im Ausland neu anfangen. Nach Angaben des UNHCR rangiert Kolumbien 2018 unter den zwanzig Ländern, aus denen die meisten Menschen auf der Suche nach Sicherheit und einer neuen Lebensperspektive ins Ausland migrieren. Das Land ist also in vielerlei Hinsicht durch den lang andauernden Bürgerkrieg geprägt.

Die Gegend, durch die der *chivero* inmitten der Regenschauer fuhr, war während des Bürgerkriegs besonders stark betroffen. Sie gehört zum Hinterland der westlichen Karibikküste. Der Boden ist fruchtbar und eignet sich zum Anbau von Kakao, Bananen und Avocado; aber auch zur Kultivierung des Kokastrauchs, aus dessen Blättern Kokain hergestellt wird. Die Nähe zum Meer und zur Grenze nach Panama machten die Region für Schmuggler und die Guerilla attraktiv. Nicht weit entfernt, im Landesinneren, erhebt sich der Abibe-Höhenzug, ein Ausläufer der Anden mit bis zu 2200 Meter hohen Gipfeln.

Auf der Fahrt durch die Dunkelheit bekam ich einen Eindruck von der Unwirtlichkeit dieser Gegend. Es sah so aus, als wären wir die einzigen Menschen, die um diese Zeit unterwegs waren. Irgendwann stoppte der Fahrer den *chivero* und drehte sich um. »San Josecito«, sagte er. »Wir sind da.« Ich hob die Plane ein Stück an und schaute darunter hervor. Meine Hände wurden augenblicklich nass. Abseits des Weges stand ein eingeschossiges Gebäude aus Holz. Unter einem Blechdach saßen drei Männer. Ich bedankte mich, zahlte 6000 kolumbianische Pesos für die Fahrt – etwa zwei Euro – und lief durch den Regen zu ihnen.

Als ich sie begrüße, hämmern die Regentropfen so laut auf das Blechdach, dass ich kaum verstehen kann, was die Männer sagen. Einer von ihnen zieht einen Stuhl heran und lädt mich ein, Platz zu nehmen. Seine Arme sind gebräunt und sehen kräftig aus, das Gesicht wird von buschigen Augenbrauen überschattet. Alle drei tragen kurzärmelige Hemden, nasse, vom Lehm fleckige, Hosen, Gummistiefel und breitkrempige Hüte. Ich bin nach San Josecito gekommen, um mit ihnen zu sprechen. Die Bewohner des Dorfes hatten sich 1997 zu einer comunidad de paz zusammengeschlossen, wie ich wusste. Die Gemeinde des Friedens duldete keine Waffen und verhielt sich neutral gegenüber allen Bürgerkriegsparteien. Das hieß auch, dass sie jegliche Zusammenarbeit mit den Sicherheitsorganen des kolumbianischen Staates verweigerte.

»Wir dachten, dadurch, dass wir uns neutral verhalten würden«, sagt der Mann mit den dunklen Augenbrauen, »würde jeder verstehen, dass er von uns nichts zu befürchten hat. Leider war das nicht so. Es wurden bereits viele von uns ermordet.« Ich nenne den Mann Don José. Er hatte sich als José Ricardo Piñera vorgestellt. Aus Respekt – Don Jóse ist etwa 70 Jahre alt – spricht man Menschen, die deutlich älter sind oder denen man besondere Achtung erweisen möchte, mit Don oder Doña an.

Die drei Männer hören der Übertragung eines Fußballspiels aus einem Kofferradio zu, das vor ihnen auf dem Tisch steht. Kolumbien spielt gegen Uruguay. Sie sind nicht sehr überrascht, mich zu sehen. In San Josecito sind regelmäßig Ausländer zu Gast. Journalisten, Vertreter von Menschenrechtsgruppen und Friedensaktivisten. Im Jahr 2007 wurde die *comunidad de paz* mit dem Aachener Friedenspreis – nicht zu verwechseln mit dem Karlspreis, der ebenfalls in Aachen verliehen wird – ausgezeichnet. Die Aufmerksamkeit einer interessierten Weltöffentlichkeit und die Anwesenheit von Ausländern tragen zum Schutz der Friedensgemeinde bei.

Während aus dem Radio die Stimme des Sportreporters dringt, erzählt mir Don José – begleitet vom Prasseln des Regens –

seine Geschichte. Er wurde in Buriticá – einer Kleinstadt in der Provinz Antioquia – geboren. Später lebte er in La Unión, einem Dorf, von dem er sagt, es liege »eine gute Stunde zu Pferd« von San Josecito entfernt. Im Jahr 1993 wurden die dortigen Bewohner von Bewaffneten vertrieben.

»Die Dorfgemeinschaft war gut«, sagt Don José. »Es gab keine Probleme. Wir hatten uns in einer Kooperative organisiert, um Kakao herzustellen und zu verkaufen.«

Kakao ist ein wichtiges landwirtschaftliches Erzeugnis Kolumbiens. Die Bäume, auf denen die Kakaobohnen wachsen, brauchen ein feuchtheißes Klima. Nach der Ernte wird der Kakao fermentiert und anschließend getrocknet. Entweder werden die Kakaobohnen direkt nach der Trocknung verkauft, oder – mitunter lukrativer – sie werden gemahlen und zu einer festen Masse gepresst, aus der später kakaohaltige Produkte wie zum Beispiel Schokolade hergestellt werden können.

»In einer Kooperative zu arbeiten, ist einfacher«, sagt Don José. »Die meisten Bauern, die in meinem Dorf gelebt haben, besaßen nicht viele Kakaobäume, und hatten nicht viel Land zur Verfügung, auf dem sie welche hätten anbauen können. Darum war es sinnvoll, die Ernte zusammenzulegen und gemeinsam zu produzieren. Hinterher wurde der Kakao nach Apartadó gebracht und dort an Händler verkauft. Jedes Mitglied der Kooperative bekam seinen Anteil aus dem Erlös.«

Im Frühjahr 1993 zog Don José mit einer Handvoll Männer los, um die Ernte auf den Markt zu bringen. Die Säcke mit dem Kakao waren auf die Pferde geladen worden. Die Männer brauchten zu Fuß so einen ganzen Tag, um die Stadt zu erreichen. »Wir gingen immer zu mehreren«, sagt er. »Man musste damit rechnen, überfallen und ausgeraubt zu werden. Besonders der Rückweg, wenn man das Geld dabeihatte, war gefährlich.« Die Kakaobauern erreichten Apartadó am Abend und übernachteten in einer Unterkunft, in der Nähe des Marktes. Am nächsten Morgen stieß dann plötzlich ein weiterer Bewohner aus La Unión zu ihnen. »Es war mein Nachbar, er war ziemlich aufgeregt und sagte, die Armee sei ins Dorf gekommen. Die Soldaten erklärten, wir hätten fünf Tage Zeit zu verschwinden.«

Die Männer kehrten nach dem Verkauf ihres Kakaos so schnell wie möglich nach Hause zurück. »Die Armee war noch da. Die Soldaten hatten das Dorf abgeriegelt. Ein Offizier behauptete, sie wüssten, dass wir auf Seiten der Guerilla stünden, und dass wir in Zukunft deswegen hier nicht mehr leben könnten.«

Ich frage Don José, ob die Dorfbewohner damals wirklich mit der Guerilla kooperiert hätten. »Nein. Natürlich kann ich nicht sagen, was jeder Einzelne damals gedacht oder getan hat. Aber die Guerilla hatte keine Basis im Dorf. Wahrscheinlich reichte es dem Militär aus, dass wir eine Kooperative gegründet hatten, um uns als Linke zu verdächtigen.«

So schnell, wie sie gekommen waren, verließen die Soldaten das Dorf wieder. Sie marschierten in einer langen Kolonne auf dem Pfad in den Wald hinein.

»Als sie gingen, sagte der Offizier noch: ›Packt eure Sachen! Nach uns kommen andere, die töten jeden.‹«

Einige Stunden nachdem die Soldaten den Ort verlassen hatten, tauchten die Paramilitärs auf. »Sie sahen aus wie Soldaten. Sie trugen Tarnuniformen und hatten moderne Waffen. Es waren junge Leute.«

Diese Paramilitärs waren – neben der Armee und der Guerilla – eine weitere Fraktion des kolumbianischen Bürgerkriegs. Ihre Vorläufer entstanden in den Anfangsjahren des Konflikts, als Landbesitzer sich mit Hilfe von privaten Schutztruppen gegen die Entführungen und Schutzgelderpressungen der linken Guerilla zur Wehr setzen wollten. Neben den *paramilitares* gab es die sogenannten *autodefensas*, zivile Bürgerwehren, die ebenfalls mit der Armee kooperierten, und von ihr bewaffnet wurden. Im Laufe der Zeit schlossen sich viele *paramilitares* und *autodefensas* zusammen und waren nicht mehr klar voneinander zu unterscheiden.

Da die paramilitärischen Gruppen und die kolumbianische Armee in der Guerilla einen gemeinsamen Feind hatten, kooperierten sie bei deren Bekämpfung. Die *paramilitares* waren in ihrem Vorgehen brutaler als die Armee, und sie ermordeten mehr oder weniger wahllos jeden, den sie verdächtigten, auf Seiten der Guerilla oder ihren Interessen im Weg zu stehen. Viele Paramilitärs wandten sich außerdem der organisierten Kriminalität zu und stiegen in den Drogenanbau und -handel ein. Es ist kein Einzelfall, dass ganze Dorfgemeinschaften von den *paramilitares* vertrieben wurden, damit sie anschließend auf dem bereits kultivierten Land Kokasträucher anpflanzen konnten. Im Jahr 1997 schlossen sich regionale Gruppen der *paramilitares* zusammen – insgesamt bis zu 20000 Mann – und firmierten fortan unter der Bezeichnung AUC (Autodefensas Unidas de Colombia). Offiziell lösten sich die AUC im Jahr 2005 auf. Im Zuge des Friedensprozesses hatte die kolumbianische Regierung 2003 ein Abkommen über die Entwaffnung der Paramilitärs geschlossen. Danach gingen viele *paramilitares* in den Untergrund und sind heute ein fester Bestandteil der organisierten Kriminalität Kolumbiens.

Damals war Don José der Anblick der Bewaffneten nicht geheuer. Er erinnert sich: »Zuerst dachten wir, man könne mit ihnen reden. Wir hatten Angst vor den *paramilitares*, aber wir gehörten ja nicht zur Guerilla, also versuchten einige von uns, mit denen zu sprechen.« Ein Mann aus dem Dorf wollte fliehen und rannte in den Wald. Die Paramilitärs erschossen ihn. Wer von den Dorfbewohnern bis dahin noch geglaubt hatte, man könne mit den Bewaffneten verhandeln, sah mit Schrecken, dass diese Männer nicht mit sich reden ließen. »Ein Jugendlicher«, erzählt Don José weiter, »sagte zu den *paramilitares*, die auf der Straße herumstanden: ›Alle im Dorf haben Angst vor euch.‹ Einer von den Paramilitärs entgegnete darauf: ›Wir haben auch Angst, aber wir haben Waffen. Ihr geht, wir bleiben!‹«

Am fünften Tag begannen die *paramilitares* damit, Menschen umzubringen. »Sie erschossen den Bäcker. Dann die Frau des Nachbarn. Wahllos«, sagt Don José. »Danach haben wir das Dorf verlassen.« So kamen Don José und seine Nachbarn nach San

José de Apartadó. Dort trafen sie auf weitere Vertriebene, die sich in den Ort geflüchtet hatten. Viele von ihnen verließen San José wieder. Etwa 500 Menschen entschlossen sich zu bleiben.

»Ich war damals schon etwa ein halbes Jahr nicht mehr in meinem Dorf gewesen«, sagt Don José. »Dort stand die Kakaoernte bevor. Die Früchte waren reif, doch es wäre zu gefährlich gewesen, dorthin zurückzukehren. Wir saßen tatenlos in San José herum und wussten nicht mehr weiter. Dann kam eine Delegation des Roten Kreuzes in den Ort. Die Mitarbeiter waren auf einer Art ›Gesundheitsmission‹. Worin genau die bestand, wusste niemand. Jedenfalls wurden die Rot-Kreuz-Mitarbeiter von Soldaten bewacht und klapperten sämtliche Dörfer ab. Als sie nach La Unión wollten, habe ich mich mit ein paar anderen an sie drangehängt. Allein wäre das viel zu gefährlich gewesen.« Don José ist immer noch sichtlich bewegt, wenn er davon erzählt. »In dem gelben Haus, in dem ich gelebt hatte, wohnten jetzt andere Leute. Ich machte einen Bogen darum und ging zu den Kakaobäumen.« Sie wuchsen an einem Hang, hinter den letzten Häusern des Dorfes. Don José sah schon von Weitem die gelben Schoten an den Ästen, die die begehrten Kakaobohnen enthalten. Er hatte seine Bäume über Jahre hinweg gepflegt, und sie waren ihm – abgesehen davon, dass der Verkauf des Kakaos ein wesentlicher Teil seiner Existenzgrundlage gewesen war – ans Herz gewachsen. Nun näherte er sich vorsichtig dem Terrain und schaute sich ängstlich um, ob ihn auch niemand bemerkte. »Es war furchtbar für mich«, berichtet Don José. »Ich riss die Früchte vom Baum, so schnell ich konnte, und stopfte sie in einen Sack, den ich mitgebracht hatte. Ich fühlte mich wie ein Dieb, obwohl es doch mein Eigentum war.« Der Siebzigjährige seufzt. »Ich habe mich nie wieder in meinem Leben so geschämt.«

Kurz darauf beschlossen die Vertriebenen, sich zusammenzuschließen und in San José zu bleiben.

»Ich wollte einfach nicht gehen, und mir eine Arbeit in der Stadt suchen«, sagt Don José. »Anderen ging es ebenso. Also beschlossen wir, uns in San José anzusiedeln. Es war genug Land vorhanden, das man bestellen konnte.« Die Menschen waren bereits einmal vertrieben worden, und es war ihnen bewusst, dass Ähnliches, oder Schlimmeres, auch ein weiteres Mal geschehen konnte.

»Darum erschien es den meisten sicherer, sich zu einer Gemeinschaft zusammenzuschließen«, erläutert der Siebzigjährige den Gründungsgedanken der *comunidad de paz*, der Friedensgemeinde. »Wenn alle zusammenhalten, ist das ein Zeichen dafür, dass wir zum Bleiben entschlossen sind.«

Um allen Bürgerkriegsparteien und Bewohnern zu signalisieren, dass es ihnen lediglich um ein friedliches Zusammenleben ging, stellten die Mitglieder der *comunidad de paz* im Gründungsjahr 1997 klare Regeln auf. An erster Stelle standen die Verpflichtung zu strikter Neutralität im Bürgerkrieg, Gewaltverzicht und das Verbot von Waffen. Niemandem sollte ein Grund – oder Vorwand – gegeben werden, um gegen die Gemeinschaft vorzugehen. Weitere Statuten, die bis heute Bestand haben, regeln das Zusammenleben innerhalb der Gemeinde. Dazu gehören der Verzicht auf Alkohol und auf den Anbau von Kokasträuchern.

»In dieser Gegend ist der Anbau von Koka verbreitet «, so Don José. »Man kann damit viel Geld verdienen, aber Drogen finanzieren Gewalt und Bürgerkrieg, also verzichten wir darauf.«

Alle Menschen, die in der Gemeinschaft leben, sind gleichberechtigt. Es gibt einen demokratisch gewählten Rat und einen Vorsteher der Friedensgemeinde, der die Funktion eines Sprechers hat.

Dass die *comunidad de paz* auch mehr als 20 Jahre nach ihrer Gründung noch existiert, und sogar international bekannt ist, hätte sich Don José damals nicht träumen lassen. Für ihn stellte die Form des gewaltfreien Zusammenlebens, inmitten eines Bürgerkriegsgebiets, anfangs ein Experiment mit ungewissem Ausgang dar. Niemand hätte sagen können, wie es sich entwickeln würde.

Die Ursprünge des Konflikts liegen mehr als 200 Jahre zurück. Sie haben mit der Entwicklung Kolumbiens nach der Unabhängigkeit von Spanien zu tun.

Unter spanischer Herrschaft war das heutige Kolumbien zuerst Teil des Vizekönigreichs Peru und nach 1739 Bestandteil des Virreinato del Nueva Granada, das von Santafé de Bogotá aus regiert wurde. Zu Beginn des 19. Jahrhunderts wuchs die Unzufriedenheit der Kreolen – in Südamerika geborenen Nachkommen spanischer Einwanderer, die die Mehrheit der Bevölkerung in der Kolonie stellten – mit der spanischen Regierung. In der Folge kam es in den Ländern Lateinamerikas zu Rebellionen, die sich zu mehreren Unabhängigkeitskriegen ausweiten sollten. Eine zentrale Figur des Befreiungskriegs in Kolumbien war Simón Bolívar. In der Schlacht von Boyacá besiegte er mit seinen Truppen am 7. August 1819 die spanische Krone und marschierte kurz darauf in Bogotá ein. Heute ist der 7. August in Kolumbien ein nationaler Feiertag. Nach dem Sieg begann die Diskussion darüber, wie ein zukünftiger, unabhängiger Staat aussehen sollte. Bolívar sprach sich auf dem Kongress von Angostura für einen zentralistisch regierten Superstaat Großkolumbien mit Bogotá als Hauptstadt aus, der die Territorien Venezuelas, Ecuadors und Kolumbiens in sich vereinen sollte. Doch schon bald traten erste Probleme auf. Einige Regionen fühlten sich vernachlässigt oder durch eine protektionistische Handelspolitik benachteiligt. Außerdem fehlte eine nationale Identität. Ein Einwohner Quitos fühlte keine Gemeinsamkeit mit einem Bürger Cartagenas. Darum mehrten sich die Stimmen, die eine föderale Regierungsform – mit größerer Autonomie für die Provinzen – präferierten. Unter den Befürwortern war auch Bolívars Stellvertreter Francisco de Paula Santander. In den Jahren 1829 und 1830 lösten sich Venezuela und Ecuador von Großkolumbien. Nach dem Tod Bolívars 1830 wurde für die neu entstandene Republik auf dem Gebiet des heutigen Kolumbiens, wieder die Bezeichnung Neu Granada eingeführt.

Heute gilt Simón Bolívar als Befreier Kolumbiens von der Kolonialherrschaft, darum nennt man ihn auch *el libertador.* Der Name Bolívar findet sich in Kolumbien an Universitäten (Universidad Pontificia Bolivariana in Medellín und Bogotá), Schulen und Kindergärten; aber auch profanere Dinge wie Apotheken oder eine Buslinie schmücken sich mit seinem Namen. Mehrere kolumbianische Städte heißen Ciudad Bolívar. Simón Bolívar wird zwar als *el libertador* gewürdigt, aber viele Kolumbianer sehen ihn wegen seiner Rolle als Schöpfer von Großkolumbien kritisch. Schon zu Lebzeiten hatte man Bolívar vorgeworfen, ein »südamerikanischer Napoleon« zu sein, der in Kolumbien eine Diktatur errichten wolle. Es ist kein Zufall, dass heute der internationale Flughafen Medellíns in Rionegro nach José Maria Córdova benannt ist – seine Büste steht in der Eingangshalle des Terminals –, einem General der Kavallerie, der 1829 mit seinen Truppen in der Nähe Medellíns gegen Bolívar rebellierte. Córdova wurde in einem Gefecht bei der Niederschlagung der Revolte von einem irischen Söldner getötet.

»Nichts rechtfertigt das Hinschlachten anderer Menschen«, sagt Don José. »Auch nicht das Ideal der Freiheit.« Ich frage ihn, ob es denn, aus seiner Sicht, eine Alternative zum kolumbianischen Unabhängigkeitskrieg gegeben hätte. Die Geschichte des Landes wäre dann möglicherweise anders verlaufen. »In Frieden zu leben heißt, mit Gott zu leben. Ohne Politik«, antwortet Don José ausweichend. Dabei stolziert ein hochbeiniger, schwarzer Hahn an ihm vorbei. An einem Fuß des Vogels hat sich eine schwarze Plastiktüte verfangen. Das Tier schleift sie hinter sich in die Nacht hinaus. Das Schauspiel lenkt uns für einen Moment ab. Ich habe den Eindruck, dass Don José ahnt, dass das friedliche Zusammenleben, wie er es führt, eine Art Privileg darstellt, das auf der überschaubaren Ebene einer Dorfgemeinschaft funktionieren kann – besonders wenn es möglich ist, Mitbewohner, die sich nicht an die Regeln halten, des Dorfes zu verweisen – aber in größerem Maßstab zum Scheitern verurteilt wäre.

Die Gründer eines unabhängigen Kolumbiens machten jedenfalls Politik nach anderen Regeln als nach der Maxime des Friedens. Vereinfachend kann man sagen, dass in den vielen Kriegen und Bürgerkriegen, die bis heute auf die Staatsgründung folgten, es immer nur um eines ging: um den Besitz von Grund und Boden.

Hätte zu Beginn der postkolonialen Stunde null eine gerechte Umverteilung des Landbesitzes stattgefunden, hätten sich später nicht die Lager der Großgrundbesitzer – deren konservativer Machtanspruch auf Grundbesitz fußte – und das liberale Bürgertum der Städte gegenübergestanden. Die Stadtbevölkerung bevorzugte in der Regel eine föderale Regierungsform, da sie durch Handel und Handwerk über eine größere wirtschaftliche Macht verfügte, als es die ländlichen Gebiete taten. Aus diesem Grund beanspruchten sie bei der Verwendung von Steuereinnahmen oder in Fragen der Wirtschafts- und Zollpolitik ein größeres Mitspracherecht, was unter einer Zentralregierung nicht möglich wäre. Die Zwistigkeiten um eine föderale oder zentralistische Regierungsform zwischen beiden Lagern arteten schließlich in offene Feindschaft aus.

In den Jahren 1848 und 1849 wurden die Partido Liberal Colombiano und die Partido Conservador Colombiano gegründet. Die Liberalen gelangten an die Macht und traten für eine Modernisierung Kolumbiens ein. Im Jahr 1863 wurde das Land in Estados Unidos de Colombia umbenannt. In der Folge wurden die Auseinandersetzungen zwischen den beiden Parteien radikaler und immer öfter mit Gewalt ausgetragen. 1886 änderten sich die Machtverhältnisse zugunsten der konservativen Partei. Kolumbien wurde erneut umbenannt, diesmal in República de Colombia. Im Jahr 1899 griffen die Liberalen zu den Waffen und ein Krieg – bekannt als »Krieg der Tausend Tage« – forderte mehr als 100 000 Tote. Keine der beiden Parteien konnte den Bürgerkrieg gewinnen, und er endete 1902 mit einem Waffenstillstand. Kolumbien war durch die Auseinandersetzung militärisch und wirtschaftlich geschwächt. Das nutzten die USA aus, um 1903 eine Autonomie Panamas – bis dahin ein Teil Kolumbiens – zu erzwingen, und damit die Kontrolle über den im Bau befindlichen Panamakanal zu erlangen. Während der nächsten Jahrzehnte verschärften sich in Kolumbien die sozialen und politischen Spannungen. Im Jahr 1948 kam es zu einem neuerlichen, extremen Ausbruch der Gewalt, der als *la violencia* bekannt geworden ist.

Nach der Ermordung des Präsidentschaftskandidaten Jorge Eliécer Gaitán in Bogotá im April 1948 fanden gewalttätige Auseinandersetzungen – bekannt als *bogotazo* – zwischen Liberalen und Konservativen statt, in deren Folge das Zentrum Bogotás weitgehend zerstört wurde.

La violencia entwickelte sich zum landesweiten Bürgerkrieg und kostete circa 260 000 Kolumbianer das Leben. 1954 putschte sich Genral Gustavo Rojas Pinilla an die Macht. Sowohl die liberale wie auch die konservative Partei unterstützten die Militärdiktatur in der Hoffnung, den Bürgerkrieg so zu beenden. Die linksgerichteten Guerillagruppen kämpften jedoch weiter und hielten abgelegene Gebiete unter ihrer Kontrolle. Darunter befand sich auch die von den Aufständischen ausgerufene República de Marquetalia, im Süden des Landes. 1964 startete die kolumbianische Armee – unterstützt von den USA, die im Zuge des Kalten Kriegs großzügig Militärhilfe im Kampf gegen den Kommunismus gewährten – einen Angriff auf die Enklave. Von den Guerillas, die der Operation entkamen, wurden 1966 die Fuerzas Armadas Revolucionarias de Colombia (FARC) gegründet. Die ELN – Ejército de Liberación Nacional – entstand ebenfalls in dieser Zeit. Während sich die Guerilleros der FARC vorwiegend aus der ländlichen Bevölkerung Kolumbiens rekrutierten, kamen die meisten Kämpfer der ELN aus den Städten. Die Mehrheit waren Studenten oder entstammten dem Bürgertum. Viele von ihnen waren von der Person und den Schriften Che Guevaras inspiriert und hofften, dem Beispiel der kubanischen Revolution folgend, einen revolutionären Umsturz in Kolumbien herbeiführen zu können. Berühmtheit erlangte der Geistliche Camilo Torres, ein Vertreter der Theologie der Befreiung, der sich der ELN angeschlossen hatte und später bei Kämpfen mit der Armee getötet wurde. Beide Organisationen wurden auch aus dem sozialistischen Ausland unterstützt. Damit war der Bürgerkrieg auf lange Zeit nicht mehr zu stoppen.

Die Region um San José de Apartadó war für viele Jahre ein Schlachtfeld, auf dem Armee, Guerilla, Drogenkriminelle und Paramilitärs mit- und gegeneinander kämpften. 1999 – Don José lebte bereits seit zwei Jahren in der *comunidad de paz* – kam es zu einer größeren Auseinandersetzung.

»Einmal hörten wir Schüsse aus dem Wald. Es war ein lang anhaltendes Gewehrfeuer, Geknatter von Maschinenpistolen, begleitet von Explosionen. Zu dieser Zeit war es gefährlich, in den Wald zu gehen. Man wusste nie, auf wen man dort traf. Es wurde gekämpft und geschossen. Wir warteten einen Tag lang. Dann machte sich eine Gruppe aus dem Dorf auf den Weg, um zu sehen, was passiert war. Ich gehörte auch dazu.«

Vorsichtig gingen die Männer in die Richtung, aus der sie am Vortag die Schüsse gehört hatten. Der Wald wirkte menschenleer. Die einzigen Geräusche waren die der Vögel und Insekten. Unter den Bäumen war die Luft stickig. Es ging leicht bergauf.

»Auf dem Kamm eines Hügels fanden wir einen Toten. Er lag auf dem Bauch. Der Rücken seiner Uniform war blutdurchtränkt. Jemand verscheuchte die Fliegen, und wir drehten den Mann um. Auf der Vorderseite seiner Tarnjacke trug er das Emblem der AUC.« Auf der anderen Seite der Anhöhe fanden die Dorfbewohner drei weitere tote Paramilitärs. Sie ließen die Toten liegen und kehrten zurück.

»Am Nachmittag kam eine Patrouille der Armee am Dorf vorbei. Ein Dorfbewohner sagte den Soldaten, wo die Toten zu finden seien. Doch die Armee kümmerte sich einfach nicht darum. Am übernächsten Tag schickten wir jemanden mit der Nachricht zur Polizei nach Apartadó.«

Obwohl sich die Mitglieder der *comunidad de paz* zur Neutralität verpflichtet haben, und jede Zusammenarbeit mit den Behörden verweigern, erklärt mir Don José das Bemühen um die Toten: »Egal, was sie getan haben, es handelte sich um Menschen. Die konnte man nicht einfach im Dschungel verrotten lassen.«

Die Dorfbewohner beerdigten die toten Paramilitärs schließlich auf dem Gelände der *comunidad de paz*.

»Jahre später kamen Angehörige zu uns und haben sich bedankt. Sie haben sich sogar dafür entschuldigt, was die *paramilitares* getan hatten«, sagt Don José.

Dieses Verhalten – auch das der Angehörigen der toten *paramilitares* – gibt Anlass zur Hoffnung. Vielleicht setzt sich ja, auch unabhängig vom Friedensabkommen mit der FARC, der Wunsch nach einem friedlichen und stabilen Miteinander in Kolumbien durch.

Die Ursachen des Bürgerkriegs – die ungerechte Verteilung von Land und Besitz – sind immer noch auf schmerzhafte Weise vorhanden. Heute leben etwa 27 Prozent der Bevölkerung unterhalb der Armutsgrenze. Ihr Einkommen reicht nicht aus, um davon zu leben. Sie müssen betteln, sind kriminell oder schlagen sich anderweitig durch. Da sie nicht viel zu verlieren haben, sind viele von ihnen eher dazu bereit, sich radikalen Gruppen anzuschließen. Die Zahl dieser Menschen, die sich vom Staat abwenden, ist zu groß, um sie weiterhin zu vernachlässigen und trotzdem auf eine friedlichere Gesellschaft zu hoffen. Die Wahlbeteiligung beim Referendum über den Friedensvertrag mit der FARC im Oktober 2016 lag lediglich bei 37,43 Prozent der Wahlberechtigten, bei der Präsidentschaftswahl im Mai 2018 bei circa 50 Prozent.

Seit 2017 sind zum ersten Mal in der Geschichte Abgeordnete der FARC im kolumbianischen Kongress vertreten. Nachdem der erste Entwurf des Friedensvertrags in besagtem Referendum von der Mehrheit der Wähler abgelehnt wurde, ist eine zweite, geänderte Fassung von den Abgeordneten des Kongresses im Dezember 2016 gebilligt worden. Die Änderungen des Friedensvertrages bestehen unter anderem darin, begangene Menschenrechtsverletzungen und Verbrechen schärfer zu ahnden, als im ersten Entwurf vorgesehen, und Teile des Vermögens der FARC für Entschädigungszahlungen an Opfer zu verwenden. Im Gegenzug wurden der FARC zehn Mandate im Kongress bis zum Jahr 2026 zugesichert. Damit sind aus den ehemaligen Dschungelkriegern Politiker geworden, die mit denen der anderen acht großen Parteien Kolumbiens um einen Sitz im Kongress konkurrieren. Der Kongress ist die Legislative des politischen Systems. Er besteht aus zwei Kammern: dem Senat und dem Repräsentantenhaus. Die 166 Abgeordneten werden in den *departamentos* gewählt. Die 102 Senatoren werden über landesweite Listen bestimmt. Der Staatspräsident Kolumbiens ist zugleich Regierungschef und bestimmt das Kabinett und die Minister. Er wird mittels einer Direktwahl, durch absolute Mehrheit, für eine vierjährige Amtszeit gewählt. Trotz seiner gewalttätigen Geschichte ist Kolumbien eine der ältesten Demokratien Lateinamerikas.

An dem verregneten Abend in der *comunidad de paz*, an dem ich so lange mit Don José über Krieg und Frieden in Kolumbien sprach, stand in Oslo bereits fest, wer den Friedensnobelpreis im Jahr 2016 bekommen würde. Doch davon wussten wir noch nichts. Nachdem das Fußballspiel zuende war, unterhielt ich mich noch ein wenig mit Don José. Unter anderem über ein sehr schönes, weißes Pferd, das von einem Dorfbewohner an uns vorbeigeführt wurde. Danach verabschiedete ich mich, und hoffte, dass mich irgendwer nach Apartadó mitnehmen würde. Wir saßen noch eine Weile zusammen, bis irgendwann Scheinwerfer aus dem Dunkeln ein Fahrzeug ankündigten, das in Richtung Apartadó unterwegs war. Mit einem energischen Winken seiner Arme hielt Don José den Wagen an. Der Fahrer nahm mich freundlicherweise mit in die Stadt. Andernfalls hätte ich auch in der *comunidad de paz* übernachten können. Doch da die Dorfbewohner schon einige Gäste aus Großbritannien beherbergten, zog ich es vor, stattdessen am nächsten Morgen zurückzukehren, das Gespräch fortzusetzen und mir die *comunidad de paz* bei Tageslicht anzusehen, was ich dann auch tat. Als erstes zeigte mir Don José die Kakaobäume in der Nähe.

Einige Wochen später – im Oktober 2016 – musste ich wieder an Don José denken. Ich saß in einem Taxi in Bogotá, im Radio liefen die Nachrichten. Der kolumbianische Staatspräsident Juan

Manuel Santos – Angehöriger der Partida Social de Unidad Nacional – war für sein Engagement in den Friedensverhandlungen mit der FARC mit dem Friedensnobelpreis ausgezeichnet worden.

In der Nähe der Carrera Séptima – nicht weit von der Stelle, an der im April 1948 Gaitán erschossen worden war – kam ein Straßenverkäufer ans Seitenfenster und bot uns eine Ananas an. Ebenfalls nicht weit von hier, nahe dem Präsidentenpalast, hatten Verschwörer am 25. September 1828 versucht, Simón Bolívar zu töten. Er starb zwei Jahre später eines natürlichen Todes an der Karibikküste. Dort diktierte er sein Testament, einige Briefe – in denen er sich um die Einheit Großkolumbiens sorgte – und eine letzte Proklamation. Bolívar vergab in seinen letzten Verlautbarungen seinen Feinden, und hoffte, dass sein Tod dazu beitragen könne, die Gewalt im Land zu beenden. Er konnte nicht wissen, dass die Zeit der Gewalt und der Bürgerkriege erst anbrach und wie ein Schatten für die nächsten 200 Jahre über Kolumbien liegen sollte.

Geisteshaltung Eldorado

Bienvenido al aeropuerto internacional El Dorado, begrüßt eine Tafel die Reisenden am internationalen Flughafen von Bogotá. In der Abflughalle ist die Wand über den Check-in Schaltern goldverziert. Prachtvoll. Kolumbien ist mit dem Mythos *Eldorado* – dem sagenhaften Land des Goldes – auch heute noch untrennbar verbunden.

Der Namenspatron Kolumbiens, Christoph Kolumbus, war 1492 in der Neuen Welt gelandet, hat das Land selbst allerdings nie betreten, sondern sich auf seinen Reisen weiter nördlich aufgehalten. Als die Nachricht von seiner Entdeckung in der Alten Welt bekannt wurde, segelten Seeleute, Abenteurer und Soldaten auf ähnlichem Kurs in Richtung Amerika. Diese Männer waren dazu entschlossen, das Land, das sich hinter den neu entdeckten Küsten erstreckte, zu erkunden. Damals war ihnen noch nicht bekannt, dass es sich dabei um einen ganzen Kontinent handelte. Die Spanier segelten zunächst entlang den Küsten Amerikas und verließen ihre Schiffe nur, um die Vorräte aufzufrischen und kurze Streifzüge zu unternehmen. Bei diesen Gelegenheiten fanden erste Begegnungen mit der indigenen Bevölkerung statt. Auf dem amerikanischen Kontinent existierten zum Ende des 15. Jahrhunderts drei indigene Hochkulturen, die jeweils ausgedehnte Reiche beherrschten. Auf den Gebieten Mittelamerikas und des heutigen Mexikos herrschten die Azteken. Die ebenfalls in Zentralamerika angesiedelte Hochkultur der Maya befand sich zum Zeitpunkt der Ankunft der ersten Spanier bereits im Niedergang und war teilweise von den Azteken verdrängt worden. Im Süden hatten die Inka ein Reich gegründet, dessen Herrscher ähnlich imperial wie die Azteken im Norden regierten. Die Herrscher beider Reiche hielten Sklaven und Leibeigene, ihr Machtanspruch wurde von einer privilegierten Kriegerkaste und Priesterschaft gestützt, und ihre Untertanen waren zu Abgaben verpflichtet. Während Paris und London noch Dörfer waren, existierten hier schon sozial, politisch, ökonomisch und religiös ausdifferenzierte Hochkulturen. Als die europäischen Entdecker auf diese trafen, interessierte sie jedoch vor allen Dingen eines: Gold.

Die ersten kleineren Expeditionen der Spanier, die von Kuba aus weiter nach Westen gesegelt und das amerikanische Festland betreten hatten, kehrten mit Berichten von großen Städten und vom Reichtum ihrer Bewohner zurück. Schließlich brach der Spanier Hernán Cortés im Februar 1519 mit elf Schiffen und etwa 500 Mann zu einem Erkundungszug auf. Er segelte die Küste Yucatáns entlang und ging im Golf von Mexiko an Land. Dort traf er auf Abgesandte des Azteken-Herrschers Montezuma, die gekommen waren, um die Fremden zu begrüßen. Unter den Gastgeschenken, die die Azteken mitbrachten, befanden sich auch kleinere Gegenstände aus Gold. Cortés bedankte sich für die Gaben und gab einem Boten der Azteken seinerseits Geschenke, die aus Spanien stammten, für Montezuma mit auf den Weg. Als nächstes bedankte sich Montezuma, indem er eine ganze Karawane von Trägern mit Gaben in das Lager von Cortés schickte. Der Spanier Bernal Díaz del Castillo, der Cortés während seiner Eroberungen begleitete und später die *Historia Verdadera de la Conquista de la Nueva España,* einen sechshundert Seiten langen Bericht über die Eroberung Mexikos, verfasste, beschreibt eine goldene Scheibe von der Größe eines Wagenrades, die sich unter den Dingen befand. Del Castillo schildert, wie die Spanier, sobald sie die Geschenke sahen, deren Wert in damals üblichen Gold-Piastern berechneten und zu dem Schluss kamen, dass es in diesem Land reiche Gold-und Silbergruben geben musste. Hernán Cortés wird auch zugeschrieben, einen Gesandten Montezumas mit den Worten »Gold ist gut für ein krankes Herz. Wisst ihr, meine Männer haben ein Herzleiden, das sich nur mit Gold lindern lässt«, nach dem Edelmetall gefragt zu haben.

Zu Beginn des 16. Jahrhunderts wurden beinahe alle spanischen Eroberungszüge in die Neue Welt von Privatpersonen finanziert. Es handelte sich gewissermaßen um militärische Franchise-Unternehmen. Hernán Cortés hatte Schiffe und Mannschaften aus seinem Privatvermögen finanziert. Den Eroberern wurde von der spanischen Krone das Recht zugestanden, sich in den von ihnen entdeckten Gebieten, Land und Besitz anzueignen. Die Krone vergab eine sogenannte *encomienda*, mit der dem *encomendero*, dem ein bestimmtes Territorium anvertraut wurde, auch das Recht erhielt, die Menschen, die auf diesem Land lebten, für sich arbeiten zu lassen. Dem spanischen König stand vertragsgemäß ein Fünftel der Gewinne – das *quinto real* – zu. Es gab gewisse Auflagen. So sollten die *encomenderos* für die Verbreitung der katholischen Religion unter den Ureinwohnern sorgen. Eine solche »Anvertrauung« lief jedoch auf Leibeigenschaft und Fronarbeit für die Ureinwohner hinaus. Außerdem sah das Abkommen zwischen dem spanischen Königshaus und den *encomenderos* vor, dass permanente spanische Siedlungen in diesen Gebieten gegründet werden sollten. Für den Fall, dass sich die indigene Bevölkerung zur Wehr setzte, besaß der *encomendero* das Recht, Gewalt anzuwenden.

Es waren jedoch nicht nur Einzelpersonen und Glücksritter, die sich unternehmerisch an der *conquista* – als solche wird die Eroberung Süd-und Mittelamerikas im 16. und 17. Jahrhundert bezeichnet – beteiligten. Europäische Banken und Handelshäuser stellten Mittel zur Finanzierung der Expeditionen bereit. Im Gegenzug sollten die Konquistadoren sie am Gewinn beteiligen. Der deutsche Abenteurer Nikolaus Federmann kam im Auftrag des Augsburger Handelshauses der Welser nach Kolumbien. Als Ausgleich für eine Anleihe des Handelshauses an den spanischen König Karl V. sollten die Welser an der Eroberung Südamerikas finanziell beteiligt werden. Es liegt auf der Hand, dass es bei diesen Unternehmungen vor allem um Profit ging. Besonders nachdem die Konquistadoren entdeckt hatten, dass es in den neuen Ländern Gold, Silber und Edelsteine in großem Ausmaß gab, war es das vordringliche Ziel der Eroberer, sich diese Schätze anzueignen. Dabei gingen sie – wenn es die indigenen Völker ablehnten, sich der spanischen Krone zu unterwerfen und den Eroberern Abgaben zu entrichten – mit zunehmend brutalerer Gewalt vor. Es waren zwar wenige, aber den Indigenen technisch überlegene Soldaten. Cortés wandte zudem Listen, Einschüchterung und Erpressung gegenüber seinen Feinden an. Pferde waren den indigenen Völkern Amerikas bis zur Ankunft der Spanier nicht bekannt und sorgten für einen Überraschungseffekt. Ein weiterer Aspekt, der zum raschen Vordringen der *conquistadores* beitrug, war die Kollaboration vieler indigener Gruppen, die im Vordringen der Spanier eine Chance sahen, sich gegen die Herrschaft der Azteken und Inka aufzulehnen.

Je weiter die Konquistadoren auf den Kontinent vordrangen, desto mehr bekam das spanische Königshaus eine Vorstellung von der Größe des neu entdeckten Gebietes. Anfangs hatte Christoph Kolumbus noch geglaubt, dass er einige, dem indischen Kontinent vorgelagerte Inseln entdeckt habe. Doch die Seefahrer, die die amerikanischen Küsten in nördlicher und südlicher Richtung befuhren, berichteten von einer zusammenhängenden Landmasse gigantischen Ausmaßes. Die Schiffsladungen an Gold und Silber, die in Spanien ankamen, vergrößerten sich ebenfalls mit der Zeit ins nahezu Unermessliche. Die spanische Krone wollte daraufhin den Reichtum und die Kolonisierung der entdeckten Länder stärker kontrollieren, als das bisher, mit den weitgehend nach eigenem Gutdünken handelnden Eroberern, der Fall gewesen war. Darum wurde der Consejo de Indias, der Indienrat, eingerichtet, der ab 1524 die offizielle Funktion hatte, sämtliche Belange der Kolonisierung zu regeln. Die Gründung der Vizekönigreiche in der Neuen Welt und die Ernennung von Statthaltern durch die spanische Krone stellten die Kolonien in Mittel- und Südamerika dann weitgehend unter die Kontrolle des Königshauses.

Hernán Cortés besiegte die Azteken endgültig im Jahr 1521, drei Jahre nachdem er die mexikanische Küste erreicht hatte. Weiter südlich hatte Vasco Nuñez de Balboa 1513 den Isthmus von Panama durchquert und als erster Europäer den Pazifik erreicht. Von dort aus segelten spanische Schiffe nach Süden in Richtung Peru. Die von den Inka beherrschte Region wurde maßgeblich von Francisco Pizarro erobert. Bis zu seinem gewaltsamen Tod 1541 in Lima war es Pizarro gelungen, das Reich der Inka unter seine Kontrolle zu bringen. Pizarro war von ähnlichem Naturell wie Hernán Cortés: Brutal, zielstrebig und skrupellos, was sein Vorgehen gegen die Indios – und seine spanischen Rivalen – anging. Vor allem aber war auch er an Gold interessiert.

Auf dem Gebiet des heutigen Kolumbien hatten die Spanier im Jahr 1525 an der Karibikküste den Hafen von Santa Marta und 1533 den Hafen von Cartagena gegründet. Von dort aus unternahmen sie Expeditionen ins Landesinnere. Östlich von Cartagena mündet der Río Magdalena ins Meer. Obwohl die *conquistadores* den Verlauf des Río Magdalena nicht kannten, erschien es ihnen erfolgversprechend, dem Fluss zu folgen. Unter den Spaniern, die an der kolumbianischen Karibikküste lebten, war bekannt geworden, dass Francisco Pizarro in Peru an der Pazifikküste auf große Mengen Gold gestoßen war. Die *conquistadores* hofften, auf dem Weg ins südliche Kolumbien mindestens ebenso viel Gold zu entdecken. Am 5. April 1536 machte sich eine 600 Mann starke Truppe unter dem in Granada geborenen Gonzalo Jiménez de Quesada auf den Weg. Ein kleiner Teil von de Quesadas Mannschaft befuhr den Río Magdalena, die Übrigen marschierten zu Fuß hinterher. Während dieser ersten Etappe starben Männer an Krankheiten, andere gaben auf und kehrten um. Die Ureinwohner, denen die Truppe begegnete, verhielten sich größtenteils feindselig. Wann immer die Spanier auf Fremde trafen, fragten sie nach Gold. Wenn ihnen die Informationen unzureichend erschienen, oder sie ihren Gesprächspartnern misstrauten, nahmen sie sie gefangen und folterten sie. Ständig wurden Kundschafter ausgeschickt, um die Lage zu sondieren und nach Schätzen zu suchen.

Während sich die Expedition von de Quesada den Río Magdalena entlang quälte, hörten sie von einem Volk, das in einem höher gelegenen Teil des Landes lebe und außerordentlich reich sei. Diese Gegend war über einen Nebenfluss des Río Magdalena – den heutigen Río Opón – zu erreichen. Wegen des langsamen Fortkommens der Expedition und den hohen Verlusten, entschieden sich die Spanier dafür, Peru als Ziel aufzugeben und stattdessen dem Río Opón zu folgen. Schließlich erreichten die überlebenden 170 Spanier etwa elf Monate nach ihrem Aufbruch eine fruchtbare Hochebene. Dort lebten die Muisca, eine zum Volk der Chibcha gehörende Volksgruppe. Die Muisca betrieben Ackerbau und wohnten in befestigten Siedlungen. Vor allen Dingen aber – und das dürfte die Spanier am meisten beeindruckt und interessiert haben – gab es unter den Muisca virtuose Goldschmiede. In allen Siedlungen sahen sie Gegenstände aus Gold. Diese Objekte waren von hoher handwerklicher Qualität. De Quesada beschloss, in der Gegend zu bleiben und das Territorium der Muisca unter dem Namen Nuevo Reino de Granada für die spanische Krone in Besitz zu nehmen. Zwei Jahre später – 1538 – gründete er die Siedlung Santafé de Bogotá, die heutige Hauptstadt Bogotá.

Dort hörten die Spanier von den Muisca zum ersten Mal von dem sagenhaften Eldorado. Einem mythischen Goldland, das sich irgendwo in Südamerika befinden musste, und in dem es unermesslichen Reichtum geben sollte. Die Legende von Eldorado passte gut zu dem Verlangen der Spanier, viel Gold in den Ländern der Neuen Welt zu finden – was ja auch tatsächlich der Fall war. Außerdem pflegten die Muisca einen Brauch, der die Legende von Eldorado in den Augen der Spanier weiter untermauerte. In den Bergen nördlich von Bogotá gibt es die Laguna de Guatavita. Es handelt sich um einen Bergsee, der bei den Ureinwohnern Schauplatz einer besonderen Zeremonie war. Wenn ein neuer Herrscher sein Amt antrat, wurde dessen Körper mit einer Paste aus Goldstaub bedeckt. Anschließend fuhr »der Goldene« mit seinem Gefolge auf einem Floß auf den See. Mit dabei hatten sie etliche Gegenstände aus Gold. In der Mitte des Sees tauchte »der Goldene« ins Wasser, und die Gegenstände wurden im See versenkt. Nachdem der Goldstaub vom Körper des Herrschers abgewaschen war, stieg er wieder an Bord des Floßes und kehrte zum Ufer zurück.

Das Begehren der Spanier nach Gold war so groß, dass sie deswegen nur allzu gern bereit waren, den Mythos von Eldorado als Tatsache anzuerkennen. 1545 versuchte ein Bruder von Jiménez de Quesada die Laguna de Guatavita trockenzulegen. Das Wasser wurde mehrere Monate lang mit Kürbis-Schalen abgeschöpft. Tatsächlich sank der Wasserspiegel weit genug, um einige goldene Artefakte zu bergen. Versuche, bis auf den Grund des Sees vorzudringen, gab es immer wieder; die meisten scheiterten aber am schlammigen Boden des Gewässers. Seit 1965 hat die Laguna de Guatavita den Status eines Nationalerbes Kolumbiens und steht unter Denkmalschutz.

Eine kunstvolle und filigrane Skulptur, die das Floß, den Herrscher der Muisca und sein Gefolge zeigt, ist im Museo del Oro in Bogotá zu sehen. Die Skulptur ist relativ klein und steht hinter einer Scheibe aus Panzerglas. Natürlich ist sie aus Gold gefertigt. Das Kunstwerk wurde 1969 durch Zufall in einer Höhle entdeckt. Hätten die Spanier die Skulptur in die Hände bekommen, wäre sie wahrscheinlich – wie die meisten goldenen Objekte aus indigener Herstellung – eingeschmolzen worden. Denn den *conquistadores* ging es ausschließlich um den Materialwert des Goldes.

Nachdem Jiménez de Quesada die Siedlung auf dem Territorium der Muisca gegründet hatte, traf die Expedition von Nikolaus Federmann und noch eine weitere unter Sebastián de Benalcázar, der im südlichen Peru aufgebrochen war, auf der Hochebene ein. Federmann kehrte später nach La Guajira zurück, ein Teil seiner spanischen Truppe blieb jedoch in Santafé de Bogotá, um sich dort anzusiedeln. Die Erzählungen von Eldorado wurden schnell unter den *conquistadores* bekannt. Viele von ihnen brachen ins Unbekannte auf, um das Goldland in Südamerika zu entdecken. Mal wurde Eldorado in den Regenwäldern des Amazonasgebiets, dann wieder in den Anden vermutet. Die Schätze, die die Eroberer fanden, waren zwar mitunter riesig, hatten aber nie das erhoffte sagenhafte Ausmaß. Bis heute bleibt umstritten, ob Eldorado jemals existiert hat. Es könnte sich auch um eine gezielte Falschinformation der indigenen Bevölkerung gehandelt haben, um die Spanier, mit dem Verweis auf größeren Reichtum an einem anderen Ort, zum Weiterziehen zu bewegen.

Der Mythos von Eldorado hat das Denken der Spanier in Bezug auf Kolumbien – und überhaupt Südamerika – geprägt. Da die *conquistadores* ständig auf der Suche nach Gold waren, maßen sie allem anderen, was sie bei ihren Expeditionen auch kennenlernten, lediglich eine untergeordnete Bedeutung bei. Dabei hatten sie im Grunde Eldorado längst gefunden. Die Spanier hatten mit Südamerika einen neuen Kontinent mit faszinierenden Hochkulturen und einer Natur von opulenter Biodiversität für sich entdeckt. Diese Biodiversität und die natürlichen Ressourcen sind noch heute der wahre Reichtum Kolumbiens. Ein wahres Eldorado für denjenigen, der es wertschätzen kann.

Unter Biodiversität versteht man eine biologische Vielfalt, die sich sowohl in unterschiedlichen Tier- und Pflanzenarten, den Ökosystemen, als auch in der Vielzahl der genetischen Informationen der Arten zeigt. Diese Biodiversität tritt weltweit sehr unterschiedlich auf und ist, weitgehend klimatisch bedingt, in den tropischen und subtropischen Regionen am höchsten. In Kolumbien sind etwa 15 Prozent aller auf der Erde vorkommenden Pflanzenarten vertreten. Das ist – neben Brasilien – eine der weltweit höchsten Konzentrationen. In Deutschland finden sich 2682 Pflanzenarten, in Kolumbien circa 51 000. Man bezeichnet eine extrem hohe Artenvielfalt auch als Megadiversität. Kolumbien ist eines von sieben megadiversen Ländern – darunter Brasilien und China – auf der Erde. Vom 17. bis zum 24. März 2018 kamen in Medellín Vertreter aus 128 Staaten zur sechsten Plenarsitzung des Weltbiodiversitätsrats (IPBES) zusammen, um Forschungsberichte zu diskutieren und Handlungspläne für die Zukunft zu entwerfen.

Dass die natürlichen Voraussetzungen Kolumbiens großen Reichtum hervorbringen können, wenn man sie zu nutzen versteht, haben die Spanier niemals erkannt. Rückblickend hat es den Anschein, als habe die Suche nach Eldorado den Geist der *conquistadores* vergiftet und vernebelt. Im 16. Jahrhundert waren die Möglichkeiten, Agrarprodukte über weite Strecken und einen längeren Zeitraum zu transportieren, praktisch nicht vorhanden. Auch aus diesem Grund hatten Edelmetalle und Diamanten eine so große Bedeutung, da sie per Schiff problemlos nach Europa transportiert werden konnten. Als im Laufe der Zeit Mittel und Wege zur Verfügung standen, um Rohstoffe und Lebensmittel wie Zucker, Kakao, Kaffee oder Kautschuk mit hohem Gewinn zu exportieren, änderten sich zwar die Waren, die »Geisteshaltung Eldorado«, blieb jedoch bestehen. In Kolumbien möchten viele möglichst schnell reich werden und fühlen sich dem Land selbst nur insoweit verbunden, wie es zur Erlangung dieses Ziels gerade notwendig erscheint. Diese Haltung führt in den meisten Fällen nicht zu einem ökologisch nachhaltigen und sozial verantwortlichen Umgang mit den Schätzen des Landes. Im Gegenteil zeigen die Beispiele Gold, Kaffee, Bananen und schließlich Kokain, wie die »Geisteshaltung Eldorado« in Kolumbien zu schweren sozialen und ökologischen Problemen führte.

Gold

Der Bach ist ausgetrocknet bis auf ein Rinnsal. Im Wald ist es dunkel. Die Bäume an den Seiten der *quebrada*, der Schlucht, sehen krank aus. Vermoderte Blätter liegen im ausgetrockneten Flussbett. Das Wasser macht einen dreckigen Eindruck. Es riecht merkwürdig, ist matt und trübe. Tatsächlich ist es sogar giftig.

Das *departamento* Chocó liegt im Nordwesten Kolumbiens. Es grenzt an Panama und besitzt sowohl eine Pazifik- wie Atlantikküste. Die wenigen Straßen sind bei Regen manchmal nicht passierbar, und die dichten Wälder sind unzugänglich. Auf dem

Pfad, der neben dem Bach entlangführt, geht eine Gruppe von Dorfbewohnern vor mir her. Sie leben in der Nähe und wollen wie ich in einem Wasserfall im Wald baden. Ich war vor einigen Monaten schon einmal dort. Damals rauschte klares Wasser über die großen, mit der Zeit rund geschliffenen Steine. Es war angenehm kühl und erfrischend. Der Wasserfall lag zwischen hohen Bäumen. Aus den Wipfeln waren, zwischen dem Sprudeln und Tosen des Wassers, die Rufe tropischer Vögel zu hören. Manchmal klangen sie hart, so wie die Geräusche aus einem Computerspiel.

Der Bach fließt in Richtung Dorf, daran vorbei, und mündet schließlich ins Meer. Bei meinem ersten Besuch führte er deutlich mehr Wasser. Einmal überqueren wir den Wasserlauf. Am Fuß einer hohen Wand geht es weiter. Zwischen den Felsen wachsen Bäume, die es irgendwie geschafft haben, in dem steinigen Untergrund Wurzeln zu schlagen. Von ihnen hängen Lianen herab. Eine Kette von Ameisen bewegt sich quer über den Weg. Unermüdlich tragen sie Teile von Blättern, wie leuchtend grüne Segel, die um ein Vielfaches größer sind, als sie selbst. An einer Schlingpflanze klettert der Zug der Ameisen schließlich in die Höhe.

Hinter einer Biegung verbreitert sich die Schlucht. Ein Mann kommt uns auf dem Pfad entgegen. Hinter ihm trottet ein Esel. Das Tier ist mit gelben Rohren aus Plastik beladen. Der Mann geht ohne einen Gruß an den Dorfbewohnern vorbei und biegt um die Kurve. Man hört ein Klappern, als die Hufe des Esels über den Fels gehen. Kurze Zeit später sehe ich eine Handvoll Männer am unteren Rand einer Böschung sitzen. Alle tragen hohe, schwarze Gummistiefel, einige rauchen. Vor ihnen liegen Schaufeln und anderes Werkzeug. Schweiss rinnt über die dunklen Gesichter. Einer der Männer trinkt ein bernsteinfarbenes Getränk aus einer Zweiliterflasche. Columbiana la nuestra, ist ein zuckerhaltiger Softdrink aus einheimischer Produktion. Die Dorfbewohner wenden den Blick ab, als sie an der Gruppe vorbeigehen.

Diese Männer, die ich im Chocó sehe, sind Goldsucher, die illegal in den Wäldern schürfen. In Gruben und Stollen graben sie sich durch das Erdreich, holzen Bäume ab und leiten das Wasser des Baches um, damit sie das Gold aus dem Gestein und Geröll auswaschen können. In Envigado – einem Vorort der Vier-Millionen-Metropole Medellín – hatte ich mich einige Zeit vorher mit den Experten der Organisation Alianza por la minería responsable getroffen. Es handelt sich um eine nichtstaatliche Organisation, die sich für einen fairen und nachhaltigen Abbau der Goldvorkommen in Kolumbien einsetzt. In Südamerika ist die Organisation neben Kolumbien auch in Bolivien, Peru und Ecuador vertreten. Die Nachhaltigkeitsstrategie der Organisation berücksichtigt den Umweltschutz ebenso wie soziale Belange, wie zum Beispiel die im Bergbau immer noch verbreitete Kinderarbeit. Die Mitglieder der Alianza por la minería responsable, sagen die Mitarbeiter in Envigado, seien kleine bis mittlere Bergbauunternehmen und Kooperativen.

Der überwiegende Teil des Goldabbaus in Kolumbien findet bis heute illegal statt – ohne Vergabe einer staatlichen Lizenz oder der Aufsicht der Umweltbehörde Autoridad Nacional de Licencias Ambientales. Zwischen 2013 und 2017 wurden jährlich 55 bis 65 Tonnen Gold gefördert. Damit liegt Kolumbien weltweit an 13. Stelle. Schätzungen zufolge, werden leider bislang etwa 83 Prozent des gesamten Goldes auf illegalem Weg gewonnen. Da die entsprechenden Kontrollen und Gesetze fehlen, lässt es sich problemlos auf dem Weltmarkt veräußern. Die illegale Goldproduktion ohne staatliche Kontrollen verursacht eine langfristige Umweltzerstörung. Wertvolle Ökosysteme verschwinden unter Baggerschaufeln und Motorsägen oder werden durch zur Goldgewinnung verwendete Chemikalien vergiftet. Ein weiteres Problem ist die Vertreibung der Menschen, die das Pech haben, in einem Gebiet zu leben, das von illegalen Goldsuchern heimgesucht wird. Die Guerilla, die *paramilitares* und kriminelle Gruppen sind in großem Ausmaß am Goldabbau beteiligt. Schätzungen zufolge beliefen sich die Einnahmen der FARC aus direkter Beteiligung an Goldminen in den Jahren vor Unterzeichnung des

Friedensvertrags auf circa 450 000 US-Dollar pro Woche! Außerdem erhob die Guerilla eine sogenannte Steuer, die sie unter Androhung und Ausübung von Gewalt von den Minenbetreibern einzog. In der Gemeinde Anorí – Teil der Provinz Antioquia – forderte die FARC für jeden Bagger, der im Goldbergbau eingesetzt wurde, eine monatliche »Gebühr« von 3000 US-Dollar. Für alle anderen Fahrzeuge und Maschinen 2000 US-Dollar. Allein in Anorí waren etwa 120 Bagger an der Arbeit. Die Minenbetreiber zahlten regelmäßig, und damit dürfte die FARC allein in dieser Gemeinde mit der Zwangsabgabe etwa 360 000 US-Dollar pro Monat eingenommen haben.

Leider lassen sich auch der Goldabbau und das Drogengeschäft hervorragend kombinieren. Gelder aus dem Drogenhandel können mittels einer legalen Goldmine gewaschen werden. Niemand kontrolliert, wie viel Gold in einer Mine tatsächlich gefunden wird. Es ist relativ einfach, die Millionen, die mit Kokain umgesetzt werden, als Gewinne aus dem Goldabbau zu deklarieren. Seit einiger Zeit versucht die kolumbianische Regierung jedoch, diese Praxis zu erschweren. Die *compraventas* – die Goldankäufer – müssen sich bei der Agencia Nacional de Mineria registrieren und jede Transaktion belegen.

Das *departamento* Antioquia, in dem auch die Gemeinde Anorí liegt, ist reich an Gold. Die ergiebigsten Vorkommen finden sich entlang der Flüsse, die aus den Anden herabströmen. An manchen Stellen werden die Flussbetten mit großen Schwimmbaggern – *dragones* (Drachen) genannt – aufgerissen und ausgebaggert. Ebenfalls mit fatalen Folgen für die Umwelt, da die Sedimente das Wasser verunreinigen und die Strömung in einem veränderten Flussbett stark zunimmt. Das wiederum kann zu einer Erosion der Flussufer führen.

Eine Gemeinde, in der seit mindestens 200 Jahren nach Gold geschürft wird, ist Segovía, woraus inzwischen eine Stadt mit etwa 50 000 Einwohnern geworden ist. In den Straßen des Stadtzentrums sind viele Schilder mit der Aufschrift »Compro oro« zu sehen, die vor den Läden der Goldankäufer hängen. Ganze Familien durchwühlen das Erdreich und die Abraumhalden älterer Goldminen, selbst nach den kleinsten Goldkörnchen. Wenn man keine Bagger und Maschinen zur Verfügung hat, ist das eine Knochenarbeit. Die Spanier brachten dafür hunderttausende Afrikaner als Sklaven nach Kolumbien, nachdem Krankheiten und Gewalt die Indios soweit dezimiert hatten, dass die Zahl der Arbeitskräfte nicht mehr ausreichte. Es gibt einen Tanz, genannt *La mina*, der vom Schicksal der Sklaven in den Goldminen erzählt. Dabei bewegt sich eine Gruppe von Tänzerinnen oder Tänzern in langsamem Rhythmus um einen Solisten oder eine Solistin, der oder die den Text von *La mina* vorträgt:

Aunque mi amo me mate, a la mina no voy,
yo no quiero morirme en un socavón.

Don Pedro es tu amo, no mi señor.
Don Pedro es tu amo, él te compró.

Se compran las cosas, a los hombres no.
Tu eres esclavo, no mi señor.

Y aunque mi amo me mate, a la mina no voy.

Die Worte sind traurig und lassen erahnen, wie sehr die afrikanischen Sklaven die Arbeit in den Goldminen gefürchtet haben:

»Selbst wenn mein Besitzer mich tötet, in die Mine gehe ich nicht.
Ich will nicht in einem Stollen sterben.

Don Pedro ist dein Besitzer, nicht mein Herr.
Don Pedro ist dein Besitzer, er hat dich gekauft.
Sie kaufen Dinge, keine Menschen.
Du bist ein Sklave, nicht mein Herr.

Und selbst wenn mein Besitzer mich tötet, in die Mine gehe ich nicht.«

Der Refrain »Ich will nicht in einem Stollen sterben« (*yo no quiero morirme en un socavón)* wird während des gesamten Tanzes wiederholt. Die Menschen, die heute in den Minen arbeiten, werden besser behandelt als die Sklaven der kolonialen und postkolonialen Zeit, trotzdem ist die Arbeit hart und immer noch gefährlich. Beim Graben von Tunneln, Stollen und Gruben kommt es regelmäßig zu Unfällen mit Verletzten und Toten.

Die größte Gefahr und Verwüstung geht allerdings von einer schleichenden Vergiftung aus, die Mensch und Natur gleichermaßen bedroht. Ein Grund dafür ist eine verblüffend einfache Methode, wie man Gold, durch die Zugabe von Quecksilber und Salpetersäure, aus zerkleinertem Gestein und Sand herausfiltern kann. Das Quecksilber verbindet sich mit dem Gold und lässt sich so von den übrigen Mineralien trennen. Anschließend wird Salpetersäure dazugegeben, um den Quecksilberbestandteil des Amalgams zu eliminieren. Diese Methode wurde schon vor Jahrhunderten angewandt. Beim illegalen Goldbergbau werden die Chemikalien unkontrolliert mit dem Wasser weggeschüttet. Auf diese Weise gelangen große Mengen giftiger Substanzen ins Trinkwasser und über Pflanzen und Tiere in die Nahrungskette der betroffenen Regionen.

Natalia González, eine Expertin der Alianza por la minería responsable sagt, die Organisation untersuche in den Bergbaugebieten die Konzentrationen von Quecksilber und Schwermetallen. Mitarbeiter entnehmen Bodenproben und untersuchen die Menschen, die dort leben. Außerdem gebe es zu diesem Thema Studien der Weltgesundheitsorganisation. Eine hohe Konzentration von Quecksilber kann im menschlichen Körper schwere Schäden im Nervensystem und andere Krankheiten verursachen. Die junge Frau schaut mit einem Seufzen in die Aufzeichnungen, die vor ihr auf dem Tisch liegen. »Segovía«, sagt Natalia González, »ist der Ort auf der Welt, der am meisten mit

Quecksilber verseucht ist. Es handelt sich um eine einzigartig hohe Konzentration, gemessen an der Einwohnerzahl.« Nachdem kolumbianische und internationale Organisationen Alarm schlugen, bemühte sich die Regierung darum, den unkontrollierten Gebrauch von Quecksilber einzuschränken. Mitte 2018 trat ein Gesetz in Kraft, das den freien Verkauf des Flüssigmetalls einschränkt. »Vor allem aber«, sagt Natalia González, »geht es um Aufklärung in den betroffenen Gebieten. Die Menschen glauben, je mehr Quecksilber sie verwenden, desto mehr Gold würden sie gewinnen. Das ist Quatsch. Wo kein Gold ist, kann auch keines entstehen. Aber sie glauben trotzdem daran.« Natalia schüttelt den Kopf. »Ich habe Wohnhäuser gesehen, in denen die Familien Gold mit Salpetersäure auswaschen. Sie sind dabei den giftigen Dämpfen ausgesetzt. Die Chemikalien werden in den Abfluss geschüttet.«

Die Alianza por la minería responsable verteilt Informationsmaterial und weist auf die Gefährlichkeit einer Quecksilbervergiftung hin. »Das Schlimme ist«, fährt Natalia González fort, »dass man die Folgen einer Vergiftung nicht sofort spürt, sondern erst nach zehn bis fünfzehn Jahren. Dann allerdings umso schlimmer. Es gibt viele Goldgräber, die glauben, wenn sie viel Wasser oder Bier trinken, bliebe das Gift nicht im Körper. Solange sie sich gesund fühlen, machen sie weiter. Irgendwann ist es dann zu spät.«

Die kolumbianische Regierung erklärt bestimmte Gebiete zu *áreas de reserva especiale,* dort darf offiziell nach Gold geschürft werden. Dabei gelten bestimmte Vorschriften und Gesetzte, die von den zuständigen Ministerien – Bergbau und Umweltschutz – festgelegt werden.

»Das Problem ist«, sagt Jairo Álvarez, der ebenfalls bei der Alianza por la minería responsable beschäftigt ist, »dass es zu viele Vorschriften gibt und sie sich sehr oft ändern. Teilweise widersprechen sie sich sogar. Die Goldgräber wissen nicht, wonach sie sich richten sollen, und tun lieber gar nichts.« Abgesehen davon ist es fraglich, wie konsequent die Einhaltung der Vorschriften überhaupt kontrolliert wird. Die Behörden scheuen den Aufwand, und Korruption ist in Kolumbien weit verbreitet. »Wenn ein Unternehmen offiziell nach Gold schürfen will«, so Jairo Álvarez, »muss es eine Studie erstellen, in der die Auswirkungen seiner Arbeiten auf die Umwelt dargestellt werden. Außerdem muss die Firma einen Plan vorlegen, wie sie die Schäden und Verschmutzungen, die beim Bergbau entstehen, auf ein Minimum reduzieren beziehungsweise verhindern kann.«

Jairo hält kurz inne und fährt fort. »Das Problem ist, dass diese Dinge so gut wie nie kontrolliert werden. Nur sehr wenig von dem Geld, das Firmen für die Lizenz bezahlen, um Gold in einem bestimmten Gebiet abbauen zu dürfen, kehrt in diese Gemeinden zurück. Es ist dafür gedacht, die entstandenen Schäden an der Umwelt zu beheben.« Die Einkünfte aus den Bergbaulizenzen fließen in den Fondo Nacional de Regaliás, der in Bogotá verwaltet wird.

Neben den illegalen Goldsuchern und kleinen Unternehmen schürfen auch internationale Konzerne in Kolumbien offiziell nach Gold. Diese Minengesellschaften haben die Möglichkeit, geologische Untersuchungen und Probebohrungen in großem Stil vorzunehmen. Sie suchen mit hohem Aufwand nach ergiebigen Vorkommen, die sich industriell ausbeuten lassen. Wenn die kleinen Goldsucher von einem solchen Fund hören, folgen sie den Minengesellschaften oftmals in das besagte Gebiet, in der Hoffnung, im Umfeld ebenfalls fündig zu werden. In Buriticá, einer Gemeinde in Antioquia, durchwühlten zu bestimmten Zeiten ganze Familien die Abraumhalden der Minengesellschaft Continental auf der Suche nach Resten von Gold im bereits verarbeiteten Gestein. Continental förderte in Buriticá über Jahre durchschnittlich vier Kilogramm Gold pro Monat.

In Cajamarca, einer Gemeinde mit circa 20 000 Einwohnern im *departamento* Tolimá, wird eines der größten Goldvorkommen ganz Südamerikas vermutet: La Colosa. Geologen der südafrikanischen Bergbaugesellschaft Anglogold Ashanti schätzen, dass dort etwa 737 Tonnen Gold im Boden liegen. Anglogold Ashanti erwarb schon vor Jahren einige der notwendigen Lizenzen zur Inbetriebnahme einer Mine in dem Gebiet. Der Widerstand der Bevölkerung in Cajamarca gegen ein solches Großprojekt wuchs jedoch im Laufe der Zeit immer mehr, da die Einwohner eine Zerstörung der Umwelt, wie in den anderen Bergbaugebieten, befürchteten.

An einem Sonntag im März 2017 ließ die Gemeinde ihre Bürger über das geplante Goldbergwerk abstimmen. Etwa 97 Prozent aller Wahlberechtigten stimmten dagegen. Kurze Zeit später verkündete die Regierung in Bogotá, das Ergebnis der Volksbefragung sei nicht bindend, da die Einwohner Cajamarcas nur unzureichend informiert worden seien. Beispielsweise plane – anders als bislang dargestellt – Anglogold Ashanti keinen überirdischen Abbau von Gestein (Tagebau), dadurch seien die Belastungen für die Umwelt deutlich geringer. In den darauffolgenden Monaten debattierte der Gemeinderat von Cajamarca wiederholt das Für und Wider des La Colosa-Projekts. Der Betrieb einer Goldmine in so großem Ausmaß, so die Befürworter, würde in der Gemeinde Arbeitsplätze und Wohlstand schaffen. Die Umweltschäden, so die Gegner, würden traditionelle Erwerbsmöglichkeiten, wie Ackerbau und Viehzucht, zerstören. Ein vielbeachteter Punkt, den die Gegner des Projekts anführten, war, dass Anglogold Ashanti noch keine der notwendigen Umweltverträglichkeitsstudien durchgeführt und dem zuständigen Ministerium keinen Umweltplan vorgelegt habe.

Die Minengesellschaft und die kolumbianische Regierung begannen nun ihrerseits mit einer Offensive, um die öffentliche Meinung in Cajamarca für sich zu gewinnen – obwohl sich die Regierung Santos schon kurz nach dem Referendum zur Fortführung des La Colosa-Projekts bekannt hatte. Im November 2017 besuchte die damalige stellvertretende Bergbauministerin Maria Isabel Ullo Cruz den Gemeinderat von Cajamarca und erklärte, Anglogold Ashanti befände sich noch in der sogenannten Explorationsphase, in der es hauptsächlich darum gehe, die Qualität und das Ausmaß der zu erwarteten Goldvorkommen zu bestimmen. Die Bedingungen für den Abbau, so der Standpunkt des Bergbauministeriums, würden erst im weiteren Verlauf des La Colosa-Projekts festgelegt werden.

Neben diesem werden zwei weitere bedeutende Goldvorkommen vermutet. Bis zum Jahr 2021 wollen Anglogold Ashanti und der kanadische Konzern B2Gold mehr als eine Milliarde US-Dollar in das Projekt Gramalote in Antioquia investieren. Die Genehmigung dafür wurde bereits erteilt. In den darauffolgenden Jahren sollen dort pro Jahr etwa 12,75 Tonnen des Edelmetalls gewonnen werden. In Buriticá hat Continental Gold ein neues Vorkommen entdeckt, aus dem jährlich circa 7 Tonnen Gold gefördert werden sollen.

Mit diesen drei Großprojekten würde sich die Menge des jährlich geförderten Goldes in Kolumbien in etwa verdoppeln und mehr als 90 Tonnen per anno betragen. Damit könnte Kolumbien in Zukunft zu den zehn Ländern mit der weltweit höchsten Goldproduktion gehören.

Als die stellvertretende Bergbauministerin Cajamarca besuchte, war auch ein Vertreter des Landwirtschaftsministeriums aus Bogotá gekommen, um ebenfalls mit dem Gemeinderat zu sprechen. Der Widerstand gegen das La Colosa-Projekt wurde zu einem großen Teil mit dem Argument begründet, dass traditionelle Landwirtschaft und Bergbau in ein und derselben Region nicht vereinbar wären. Es gibt jedoch Beispiele in Kolumbien, die zeigen, dass es, wenn die Umwelt in dem notwendigen Maß geschützt wird, doch funktionieren kann.

Ein solches Beispiel ist die Cooperativa Agrominera de Íquira, in Huila, einem der südlichen *departamentos* Kolumbiens. »Wenn man irgendwo im Fluss einen toten Fisch findet«, sagt Alfredo Gonzales. »Ist immer der *minero* schuld. Die Leute denken, dass allein die Goldminen die Umwelt zerstören. Dabei tut es die Landwirtschaft ebenso. Herbizide und Pestizide richten großen Schaden an.« Gonzales bezeichnet sich selbst als *agrominero.* Der

Vierzigjährige betreibt eine Goldmine und ist in der Landwirtschaft tätig. Darum legt er großen Wert auf die Umweltverträglichkeit seiner Unternehmungen. Würde die Goldgewinnung die Natur aus dem Gleichgewicht bringen, vergiften und zerstören, so könnte er keine Nutzpflanzen mehr anbauen. So wie Alfredo Gonzales denken viele der kleinen Minenbesitzer in Íquira – manchen gehören lediglich Anteile an einer Goldmine. Gonzales ist Vorsitzender einer Kooperative, die im Jahr 2004 gegründet wurde. Heute sind an der Cooperativa Agrominera de Íquira 35 Betriebe beteiligt.

Íquira ist eine Gemeinde mit etwa 13 000 Einwohnern. Die Häuser des Ortes sind in bunten Farben gestrichen und die Straßen sauber. Neben der Kirche stehen Stühle und Tische vor einem Café. Motorräder knattern durch die Straßen. Ein Mann sitzt mit einem kleinen Kind auf dem Arm vor seinem Haus in der Sonne. Alfredo Gonzales ist in dem Ort aufgewachsen. In der Bäckerei grüßen ihn die Anwesenden, als er eintritt und etwas zu trinken bestellt. »Íquira«, sagt er stolz, »ist international bekannt. Uns kennen mehr Menschen im Ausland als in Kolumbien.«

Der Grund für die Bekanntheit Íquiras ist das Gold, das von der Kooperative gewonnen wird. Es ist als *fairmined* zertifiziert und genügt damit internationalen Standards von Umweltverträglichkeit und Nachhaltigkeit, die von Organisationen wie der Alianza por la minería responsable festgelegt wurden. Man nennt dieses Gold auch »grünes Gold«, oder »eco-faires Gold«. Es sind vor allem kleine Betriebe oder Kooperativen, wie die in Íquira, die Gold unter umweltverträglichen Bedingungen produzieren. Die Nachfrage in Europa und Nordamerika nach diesem Gold wächst in den letzten Jahren, weil immer mehr Kunden ein Bewusstsein für die katastrophalen Bedingungen entwickeln, unter denen das Edelmetall in vielen Ländern der Welt abgebaut wird.

»Den zertifizierten Goldproduzenten wird von den Abnehmern auf dem internationalen Markt ein Preis garantiert, der sich nach dem Londoner Goldpreis richtet. Außerdem werden für *fairmined gold* 4000 US-Dollar zusätzlich pro Kilogramm bezahlt«, sagt Alfredo Gonzales. »Das Gold aus Íquira ist mittlerweile berühmt. Die Goldene Palme der Filmfestspiele aus Cannes wurde, zum Beispiel, aus unserem Gold hergestellt. Und die Medaille des Friedensnobelpreises. Auch die, die an Präsident Santos vergeben wurde.«

Die *agromineros* der Kooperative haben sich dazu verpflichtet, Chemikalien, die zur Goldgewinnung verwendet werden – wie Quecksilber und Zyanid – zu recyceln oder fachgerecht zu entsorgen, anstatt sie – wie es an anderen Orten geschieht – einfach mit dem Wasser in die Erde oder den Fluss laufen zu lassen. »*Circuito cerrado*«, nennt Alfredo Gonzales dieses Vorgehen. »Wir waren die ersten, die das in Kolumbien gemacht haben.« Ein geschlossener Kreislauf. Die Chemikalien werden nach der Trennung des Goldes durch Erhitzen aus dem Wasser herausdestilliert und wiederverwendet.

Während Alfredo Gonzales seinen Kaffee trinkt, gesellen sich zwei weitere *agromineros* zu ihm. Alonso Alvarado und Gerardo Leyton, beide sind Mitte Dreißig, haben dunkle Gesichter und muskulöse Arme. Gerardo trägt ein kurzärmliges, weißes Poloshirt auf dem in grünen Buchstaben *fairmined* steht. Auch er ist stolz darauf, einer Kooperative anzugehören, die mittlerweile außerhalb Kolumbiens bekannt ist. »Wir sind strikt gegen Kinderarbeit«, sagt Gerardo Leyton. »Íquira ist zwar eine ländliche Gegend, und da gehört es dazu, dass Kinder ab einem gewissen Alter bei den Arbeiten helfen, aber die Arbeit im Goldbergbau ist gefährlich und hart. Es ist einfach etwas anderes, ob ein Zwölfjähriger auf dem Feld seinen Eltern hilft oder in einem Stollen 100 Meter unter der Erde schuftet.« Der Goldbergbau in Íquira findet seit 1886 unterirdisch statt. Heute liegt die tiefste Mine etwa 100 Meter unter der Erde, die Gänge haben eine Länge von 450 Metern.

»Um etwas gegen die Kinderarbeit – die in den Goldbergwerken Kolumbiens weit verbreitet ist – zu tun, muss man als Minenbesitzer die Arbeiter gut bezahlen. Nur so können sie ihre Familie ernähren, ohne dass die Kinder gezwungen sind, mitzuarbeiten.

Die Cooperativa Agrominera de Íquira zahlt einen Mindestlohn von 840 000 Pesos im Monat [etwa 280 Euro, das durchschnittliche Monatseinkommen in Kolumbien liegt bei etwa 475 Euro] unabhängig davon, ob Gold gefunden wird oder nicht.« Auf diese Weise haben die Minenarbeiter zumindest ein festes Einkommen und sind nicht wie anderswo vom Erfolg oder Misserfolg einer Goldsuche abhängig.

»Natürlich erwarten wir als Minenbesitzer, dass die Arbeiter auch einen Teil der Verantwortung für sich selbst tragen«, schaltet sich Alonso Alvarado ein. »Dazu gehört, dass sie sich an den Sonntagen nicht betrinken und montags nicht noch halb beduselt zur Arbeit kommen.« In vielen Bergbauregionen Kolumbiens sind Alkoholmissbrauch, Prostitution und Kriminalität weit verbreitet. »Bevor jemand am Montagmorgen in die Mine geht, muss er einen Alkoholtest machen. Das ist Teil der Arbeitssicherheit, zu der sich die Kooperative verpflichtet hat. Wird bei jemandem ein zu hoher Alkoholgehalt festgestellt, schicken wir ihn nach Hause, und ziehen ihm zwei Tage vom Lohn ab.«

Überhaupt haben die Mitglieder der Kooperative das Wohlergehen der Familien der Minenarbeiter im Auge. Auch das ist ein Teil der Nachhaltigkeit des Projekts. Das Geld soll nicht dazu führen, dass Alkoholismus und Kriminalität in der Gemeinde zunehmen. Zurzeit diskutieren die Mitglieder der Kooperative den Plan, einen Teil des Lohns in Form von Land an die Arbeiter abzugeben. Darauf könnten sie sich dann niederlassen und Häuser bauen.

Auf der Straße vor der Bäckerei trocknen tausende Kaffeebohnen auf einer Plastikplane in der Sonne. Sie wurden erst vor Kurzem geerntet und sind noch feucht. Kaffee ist der agrarische Bestandteil der Cooperativa Agrominera de Íquira. Nachdem wir die Bäckerei verlassen haben, nimmt Alfredo Alvarez einige der Kaffeebohnen in die Hand. Er reibt sie zwischen seinen Handflächen hin und her. »Kaffee ist das zweite Standbein der Kooperative. Unsere Verantwortung für die Natur hat gezeigt, dass Goldbergbau und Landwirtschaft doch miteinander vereinbar sind.

Im Mai, Juni und Juli wird der Kaffee geerntet. Die Arbeiter aus den Goldminen werden in dieser Zeit auch in den Kaffeepflanzungen beschäftigt. Außerdem findet eine zweite, nicht so ergiebige Ernte, genannt *la traviesa,* im Oktober statt.« Warum gerade Kaffee, frage ich den Leiter der Kooperative, der antwortet: »Im *departamento* Huila ist der Anbau von Kaffee seit Langem verbreitet. Das Klima begünstigt ihn. In 35 von 37 Gemeinden wird Kaffee angebaut. In einer Gemeinde nur darum nicht, weil es sich um eine Wüste handelt, die Desierto de la Tatacoa [neben La Guajira das einzige wüstenähnliche Gebiet Kolumbiens].«

»Don Alfredo«, frage ich den *agrominero*, »Gold oder Kaffee, was ist lukrativer?«

»Bei der Goldsuche muss man wesentlich mehr investieren«, antwortet er. »In die Technik zum Beispiel. Und man muss einen Stollen graben. Die Ausrüstung und die Kenntnisse, die dazu gebraucht werden, sind teuer. Aber eine gute Mine wirft natürlich auch viel ab. Leider ist aber nicht jede Mine gut – also ertragreich. Darum ist die Frage schwer zu beantworten. Beim Kaffee kommt es vor allem darauf an, wie die Pflanzen gedeihen, auf das Klima, die Bewässerung und ob jemand das richtige Gefühl für die Kaffeepflanzen hat.« Don Alfredo macht eine Pause. Dann fügt er an: »Kaffee lebt! Gold nicht.«

Doch ebenso wie das Gold hat auch der Kaffee die wirtschaftliche Entwicklung Kolumbiens maßgeblich beeinflusst.

Kaffee

Die Biene bewegt sich vorsichtig in der Hand des Kindes. Vielleicht kann es die tastende Berührung der Insektenbeine auf seiner Handfläche spüren. Alle seine Sinne sind auf die rechte Hand gerichtet. Voller Konzentration spannt der zehnjährige Diego den Handteller an. Glatt wie ein Stein und bewegungslos soll er sein, damit die Biene keinen Grund hat, ihn zu stechen. Gebannt hebt er den Unterarm so weit, bis er seine Hand vor dem Gesicht hat.

Diegos Augen kleben an den transparenten Flügeln der Biene. Grünblau und filigran. Sie zittern leicht im Sonnenlicht. Wenn er die Augen zusammenkneift, wegen der Sonne ein wenig blinzelt und über das Insekt hinwegblickt, sieht er im Hintergrund die Kaffeepflanzen, die dicht an den Schulhof heranreichen. Diego kennt den Kaffee, denn er lebt in der Zona Cafetera, einer Region in Zentralkolumbien, die so genannt wird, weil dort überwiegend Kaffee angebaut wird. Diego weiß, wie die Blüten der Kaffeepflanzen aus der Nähe aussehen. Er hat gesehen, wie die Bohnen geerntet werden und wie nach dem Regen die steilen Hänge um seinen Heimatort Farallones wie ein smaragdgrüner Wald zu leuchten beginnen, wenn die Sonne auf die noch nassen Kaffeepflanzen scheint.

Nun hat Diego noch etwas erfahren: Die Kaffeepflanzen brauchen die Biene, die auf seiner Hand herumkrabbelt, und ganz allgemein die Insekten, die in der Zona Cafetera leben. Diego verdankt sein Wissen zwei Entomologinnen, die im Auftrag der Universidad de Antioquia ausgewählte Schulen in der Zona Cafetera besuchen und den Schülerinnen und Schülern etwas über die Beziehungen der Insekten zu den Pflanzen beibringen. Das Projekt nennt sich Guardianes de la Polinización, was am treffendsten mit »Beschützer der Bestäubung« übersetzt werden kann. Die Biologen und Botaniker der Universität haben das Projekt entwickelt, nachdem in den landwirtschaftlich genutzten Gebieten Kolumbiens ein dramatischer Rückgang an Insekten festgestellt wurde. Das ist nicht allein ein kolumbianisches Problem, sondern wird weltweit beobachtet. In Deutschland gibt es Studien zufolge seit 1989 etwa 75 Prozent weniger Insekten. Viele Arten sind ausgestorben. Das ist besonders dramatisch, da die Insekten die Basis beinahe aller Ökosysteme bilden. Zum einen sind sie – hauptsächlich die Fluginsekten, darunter die Bienen – Bestäuber vieler Pflanzenarten, zum anderen sind Insekten eine wichtige Nahrung für viele Tierarten. Somit hat ein Insektensterben großen Ausmaßes zwangsläufig negative Auswirkungen auf viele Pflanzen und andere Lebewesen. Ein Grund für das

Verschwinden der Insekten ist unter anderem der verstärkte Gebrauch von Pestiziden und Herbiziden in der Landwirtschaft.

Am Ende des Besuchs der beiden Entomologinnen wird Diego stolz von sich sagen: »*Yo soy un guardián de la polinización*«. Fast so als sei er ein Superheld aus einem Comic. Der Zehnjährige möchte in Zukunft die Insekten beschützen, die die Kaffeepflanzen bestäuben, weil sie wichtig für das Überleben aller sind. Es ist Teil der Idee von Guardianes de la Polinización, dass die Kinder ihr neu erworbenes Wissen über die Insekten an die Erwachsenen weitergeben. Besonders in der Zona Cafetera hängen sehr viele Arbeitsplätze vom Ertrag der Kaffeeernte ab. Das größte und wichtigste Kaffeeanbaugebiet Kolumbiens liegt in einer Höhe von 1000 bis 2000 Metern im Zentrum der Región Andina auf dem Gebiet der *departamentos* Caldas, Risaralda, Quindio und Antioquia. Man spricht auch von der *Eje Cafetero,* der Kaffeeachse, oder dem *Tríangulo del Café,* dem Kaffeedreieck. Die Bodenbeschaffenheit und das gleichmäßige Klima in dieser Region sind für den Anbau von Kaffee hervorragend geeignet. Nach Brasilien und Vietnam steht Kolumbien heute an dritter Stelle der weltweit größten Kaffeeproduzenten. Der *USDA World Coffee Market Report* vom Juni 2017 schätzt die kolumbianische Kaffeeproduktion auf etwa 14,6 Millionen Säcke mit jeweils 60 Kilogramm. Säcke zu 60 Kilogramm gelten im internationalen Kaffeegeschäft als Standard-Maßeinheit. Etwa 730 000 Arbeitsplätze hängen heute in Kolumbien direkt – bis zu zwei Millionen indirekt – von der Kaffeeproduktion ab. Im Jahr 2016 hat Kolumbien Kaffee im Wert von 2,45 Milliarden Euro exportiert, das entspricht etwa 7,7 Prozent aller Exporte – darunter auch Kohle, Gold und Bananen. Aus den Früchten der Kaffeepflanze werden demnach Milliardenwerte generiert.

Im Wesentlichen gibt es auf der Welt zwei Sorten von Kaffee: Robusta (*Coffea canephora*) und Arabica (*Coffea arabica*). Beide Sträucher tragen Beeren, etwa so groß wie Kirschen, aus denen nach einem vier- bis sechsmonatigen Reifeprozess die Kaffeebohnen geerntet werden. Arabica-Kaffee gilt als hochwertiger, weil er über reichere Aromen und einen ausgeprägteren Geschmack verfügt. Robusta-Kaffee wächst dagegen schneller und ist widerstandsfähiger. Fast alle in Kolumbien kultivierten Kaffeepflanzen gehören heute zur Sorte Arabica. Eine Besonderheit der Kaffeepflanze ist, dass sie sich quasi selbst bestäubt, da männliche und weibliche Organe in der Blüte nah beieinanderliegen und keine Insekten brauchen. Nun ist es aber so, dass die meisten kaffeeproduzierenden Länder beständig forschen, um den Ertrag und die Widerstandsfähigkeit der Kaffeepflanzen zu optimieren. So fanden Wissenschaftler in Costa Rica heraus, dass, obwohl die Kaffeepflanze zur *autopolinización* fähig ist, Größe und Anzahl der Kaffeebohnen besser sind, wenn die Pflanze zusätzlich von Insekten bestäubt wird. Auch ist sie dann weniger anfällig gegen Schädlingsbefall. Solche Erkenntnisse sind in der Zona Cafetera der Grund, warum Projekte wie Guardianes de la Polinización initiiert und gefördert werden. Denn wie auch der *agrominero* und *cafetero* aus Íquira feststellte: Kaffee lebt!

Dass der Kaffee zu Beginn des 20. Jahrhunderts überhaupt zum zeitweilig wichtigsten Wirtschaftsfaktor in Kolumbien werden konnte, hat ebenfalls mit dem Eigenleben der Pflanzen zu tun. Bis zum Ende des 19. Jahrhunderts wurden die Europäer – damals die potentesten Abnehmer der Kaffeebohnen und somit der wichtigste Markt – größtenteils mit Kaffee aus Sri Lanka, den Philippinen und anderen südostasiatischen Ländern beliefert. Die Katastrophe ereignete sich, als dort ein bis heute von den Kaffeebauern gefürchteter Pilzbefall, der sogenannte Kaffeerost (*Hemileia vastatrix*), innerhalb weniger Jahre dermaßen viele Pflanzen vernichtete, dass der Anbau von Kaffee nicht mehr wirtschaftlich war. Die Kaffeebauern der britischen Kolonie Ceylon – das heutige Sri Lanka – stiegen komplett auf den Anbau von Tee um, was möglicherweise ein Grund dafür ist, dass noch heute in England mehr Tee als Kaffee konsumiert wird.

Jedenfalls löste der Niedergang der fernöstlichen Kaffeeanbaugebiete den rasanten Anstieg der kolumbianischen Kaffeeproduktion aus. Wenn man die Zahlen aus dieser Zeit betrachtet, erkennt man, dass es sich um einen regelrechten Boom handelte. Beginnend mit dem Jahr 1912 stieg der Kaffeeanteil an den gesamten Exporten Kolumbiens von mehr als 50 Prozent auf circa 78 Prozent im Jahr 1925. Die Gewinne waren gewaltig, da die Exporte in Devisen bezahlt wurden und sich das Wachstum in einem bis dato nicht bekannten Tempo vollzog. In den 1920er Jahren wurde der Kaffee auf diese Weise zu einem wahren Eldorado für die kolumbianische Wirtschaft.

Von 1922 bis 1926 war Pedro Nel Ospina – Bergbauingenieur, Journalist, Industrieller und Kaffeeanbauer – Präsident Kolumbiens. In Nel Ospinas Amtszeit wurde das Eisenbahnnetz zwischen den Städten der Zona Cafetera und den für den Export wichtigen Häfen an der Karibikküste um einige Hundert Streckenkilometer ausgebaut. Die Verbesserung der Infrastruktur war durch die Einnahmen aus dem Kaffeegeschäft möglich geworden. In dieser Zeit gewährte die US-amerikanische Regierung Kolumbien großzügige Kredite und Darlehen, die ebenfalls für eine Modernisierung des Landes verwendet werden sollten. Problematisch war, dass viele der Firmen, die mit dem Aufbau von Industrie, dem Bau von Straßen, Wasserwegen und Bahnlinien beauftragt wurden, selbst aus den USA stammten, und deshalb ein großer Teil der Investitionen Kolumbien wieder verließ. Als im Zuge der Weltwirtschaftskrise 1929/30 die Einnahmen aus dem Kaffeegeschäft einbrachen, wurde die Rückzahlung dieser Darlehen auf viele Jahre hinaus zu einem ernsthaften Problem für den Staatshaushalt Kolumbiens, dessen Auslandsverschuldung sich zwischen 1923 und 1928 verzehnfachte.

Mit dem Aufstieg der Kaffeeanbauern – den *cafeteros* – war in Kolumbien eine neue Klasse von Besitzenden entstanden. Anders als die traditionellen Großgrundbesitzer, die, wie der Name sagt, über große Ländereien verfügten, waren viele der *cafeteros* ehemalige Kleinbauern oder Bürger der Städte in der Zona Cafetera. Kaffeesträucher gedeihen am besten an steilen, von der Sonne beschienenen Hängen, und es erfordert keinen ausgedehnten

Grundbesitz, um eine prosperierende *finca cafetera* zu bewirtschaften.

Die Federación Nacional de Cafeteros de Colombia wurde 1927 gegründet und hat heute etwa 500 000 Mitglieder. Der im Juli 2017 gewählte Vorsitzende der Vereinigung, Roberto Vélez Vallejo, war vorher Botschafter Kolumbiens in Japan, Malaysia und den Vereinigten Arabischen Emiraten gewesen. Ziel der Federación ist es, die Interessen der Kaffeeanbauer in Politik und Wirtschaft national und international zu vertreten. Außerdem werden Bildungsprogramme und eine eigene Forschungseinrichtung betrieben.

Das Centro Nacional de Investigaciones de Café – kurz Cenicafé – ist heute eines der weltweit führenden Institute auf dem Gebiet der Kaffeeforschung. Seit mehr als 90 Jahren experimentieren die Wissenschaftler in der Nähe der Stadt Manizales und versuchen, Kaffeepflanzen und Anbaumethoden zu optimieren. Vor allem aber geht es darum, den Kaffee vor einem Befall mit Kaffeerost zu schützen. Die Pilzkrankheit, die schon die Plantagen Asiens verwüstete, tritt mittlerweile auch auf dem südamerikanischen Kontinent auf. Die Sporen befallen die Blätter, die daraufhin eine pulvrige, rostbraune und fleckige Oberfläche bekommen. Einige Zeit später fallen sie ab. Eine vom Kaffeerost befallene Pflanze stirbt entweder ganz oder trägt keine Früchte mehr. Im Jahr 1983 waren die ersten Fälle von Kaffeerost in Kolumbien bekannt geworden, doch schon Jahre vorher hatte *Cenicafé* damit begonnen, Pflanzen zu züchten, die gegen die Krankheit immun waren. Interessanterweise wird die Robusta-Sorte nicht von Kaffeerost befallen, da sie widerstandsfähiger ist. Leider können Robusta-Bohnen geschmacklich nicht mit denen der Arabica-Pflanze konkurrieren. Weshalb sie auch schlechtere Preise auf dem Weltmarkt erzielen. Nur etwa 37 Prozent des weltweiten Kaffees stammen von der Robusta-Pflanze. Den Wissenschaftlern in Manizales gelang es jedoch, beide Arten miteinander zu kreuzen und so Geschmack und Widerstandsfähigkeit zu verbinden. Die Pflanze nannten sie Colombiana. Aber auch der Kaffeerost mutierte, und in Kombination mit einer Erwärmung des Klimas, die einen Pilzbefall begünstigt, war auch die Colombiana irgendwann nicht länger immun. Im Jahr 2005 stellte Cenicafé eine Kaffeepflanze namens Castillo – benannt nach dem Wissenschaftler Jaime Castillo Zapata, der sie maßgeblich entwickelt hatte – vor, und 2016 den Cenicafé 1. Beide Pflanzen besitzen Gene, die sie gegen einen Pilzbefall weniger anfällig machen sollen. Für die Kaffeeanbauer bedeutete die Einführung einer neuen Sorte allerdings zunächst einmal eine hohe Investition. Es vergeht Zeit, bis die Pflanzen Früchte tragen, und es lässt sich schwer voraussehen, wie die neuen Bohnen auf dem Weltmarkt angenommen werden. Dazu kommen andere Probleme, wie das Insektensterben oder das periodisch auftretende Wetterphänomen El Niño, die zukünftige Ernten beeinflussen können. Heute tragen fast alle der etwa drei Millionen Kaffeepflanzen in Kolumbien Castillo-Gene in sich.

Auch wenn die *cafeteros* auf die Qualität ihrer Erzeugnisse bedacht sind, ist guter Kaffee in Kolumbien schwer zu finden. Zumindest dann, wenn man ihn vor Ort trinken will. Die qualitativ hochwertigen Kaffeebohnen sind fast ausschließlich für den Export bestimmt. Obwohl Kolumbien in den letzten Jahren im weltweiten Ranking der kaffeeproduzierenden Länder auf einem vorderen Platz rangierte, steht es im Pro-Kopf-Verbrauch seiner Bewohner relativ weit hinten, jenseits Platz 30 (Deutschland ist unter den ersten zehn). Am häufigsten trinken die Kolumbianer ihren *tinto* oder *tinto doble,* einen schwarzen Kaffee, der aus Instantkaffee zubereitet wird. Je nach Region – hauptsächlich in den Anden – wird der *tinto* mit *aguapanela* zubereitet, einer Melasse aus Zuckerrohr. Dann gibt es noch den *expreso*, der wie der *tinto* nur stärker dosiert zubereitet wird, und den *périco*, einen Milchkaffee. Der Grund für die weite Verbreitung von Instantkaffee ist, dass für die Herstellung des Kaffeeextraktes, aus dem anschließend das Pulver gemacht wird, qualitativ weniger hochwertige Bohnen verwendet werden können, als solche, die ins Ausland exportiert werden. Auch sogenannter Kaffeebruch, Bohnen, die beispielsweise durch Insekten beschädigt sind, werden gemahlen und zu Instantkaffee verarbeitet.

Allerdings gibt es auch immer mehr Kolumbianer, die Wert auf guten Kaffee legen und bereit sind, dafür etwas mehr Geld auszugeben. Sie finden ihn entweder in guten Cafés oder bei den Ketten Juan Valdez und Oma, die ähnlich wie die US-amerikanischen Starbucks-Filialen Gourmet-Kaffee anbieten. Juan Valdez gehört zur Federación Nacional de Cafeteros de Colombia und serviert – wie auch Oma – ausschließlich Kaffee, der in Kolumbien angebaut wurde. Filialen beider Ketten sind mittlerweile in fast allen Städten des Landes zu finden. Und es gibt bereits Niederlassungen von Juan Valdez im US-amerikanischen Florida, das wegen der vielen aus Lateinamerika stammenden Einwohner ein interessanter Markt für lateinamerikanische Firmen ist. Möglicherweise wird der Kaffeeanbieter aus Kolumbien dort ein ernsthafter Konkurrent für Starbucks werden.

Die hohe Qualität des kolumbianischen Kaffees kommt auch dadurch zustande, dass die Kaffeebeeren – anders als beispielsweise in Brasilien – von Hand geerntet werden. Dadurch wird vermieden, dass unreife Bohnen mit in die Ernte gelangen. Außerdem wäre der Einsatz von herkömmlichen Erntemaschinen an den steilen Hängen der Zona Cafetera auch gar nicht möglich.

»An den steilsten Hängen«, sagt Oscar, der während der Erntezeit auf der Hacienda Guayabal in der Nähe von Chinchina im *departamendo* Caldas arbeitet, »wächst der Kaffee von der besten Qualität.«

Dafür sind verschiedene Faktoren, wie Sonneneinstrahlung, Bodenbeschaffenheit und Belüftung verantwortlich. Einige der Hänge, auf denen die etwa 50 000 Kaffeepflanzen der Hacienda Guayabal wachsen, sind dermaßen steil, dass die Erntearbeiter Mühe haben, sich darauf zu halten. »In dieser Saison«, sagt Oscar, »gab es viele Unfälle. Stürze und Insekten- oder Schlangenbisse.« In den Kaffeeplantagen sind – trotz der Pestizide – Schlangen, Taranteln und etwa 100 verschiedene Vogelarten zu Hause.

In der Zona Cafetera findet die Ernte zweimal im Jahr statt. Je nach Reife des Kaffees zwischen März und Mai, und ein weiteres Mal von Oktober bis Dezember. In diesen Monaten treffen die Wanderarbeiter – zu denen auch Oscar gehört – auf der *hacienda* ein. Oscar stammt aus dem Valle del Cauca. Heute ist er mit seiner Frau und den beiden Kindern überall dort unterwegs, wo er Arbeit als Erntehelfer finden kann. Der Vierzigjährige hat eine dunkle Hautfarbe, pechschwarze Haare und einen breiten Rücken. Oscars Hände sind von Schrammen überzogen und schmutzig. Die Finger sind beinahe schwarz. »Das«, sagt er, während er seine Hände zeigt, »kommt vom Kaffee-Pflücken. Die Beeren gehen nur schwer vom Strauch ab. Das macht die Hände kaputt.«

Während er Kaffee pflückt – Beere für Beere, vorsichtig mit der Hand, um die Zweige der Pflanze nicht zu beschädigen –, denkt Oscar vor allem daran, wie er seine Familie durchbringen kann. Für die nächsten zwei Monate haben er und seine Frau Arbeit auf der Hacienda Guayabal. Sie und die anderen Wanderarbeiter leben auf dem Gelände des Betriebs in mehreren einstöckigen Gebäuden, die auf einem Hügel stehen. Es ist nicht komfortabel, aber immerhin gibt es fließendes Wasser und Elektrizität. Die Eigentümer der *hacienda* gehören zu denen, die ihre Arbeiter halbwegs gut behandeln. In dieser Erntesaison ist das Leben für Oscar trotzdem etwas härter geworden, darum macht er sich Sorgen um die Zukunft.

»In diesem Jahr sind viele Menschen aus Venezuela in Kolumbien, die Arbeit bei der Kaffeeernte suchen. Die Venezolaner arbeiten für weniger Geld und sind auch ansonsten mit weniger zufrieden. Die kommen aus einem Land, in dem sie Hunger leiden und sind froh, in Kolumbien überhaupt etwas zu verdienen und genügend zu essen zu haben.«

Für jedes Kilo Kaffee, das er pflückt, bekommt Oscar 500 Pesos, etwa 0,15 Euro. Am Tag kann er – als geübter Kaffeepflücker – bis zu 50 Kilo Kaffee ernten, und käme somit auf ungefähr 7,50 Euro. Die Lebenshaltungskosten in Kolumbien sind zwar deutlich geringer als die in Deutschland oder den anderen EU-Staaten, trotzdem reicht das Einkommen von Oscar und seiner Frau, die während der Erntesaison täglich von sechs Uhr morgens bis vier Uhr nachmittags arbeiten, gerade dazu aus, um sich und ihre beiden Kinder am Leben zu halten. Oscar sagt, er habe für den Fall, dass einer von ihnen krank werden sollte, eine kleine Rücklage gebildet.

Am Ende des Tages liefern die Erntearbeiter die Kaffeebohnen, die sie gepflückt haben, an der Waage ab. Die weißen Kunststoffsäcke stapeln sich auf der Ladefläche eines rostigen alten Lkw. Männer und Frauen gehen nebenher. Die Waage befindet sich in einem großen Holzgebäude. Oscar und die anderen sind erschöpft. T-Shirts, Hände und Gesichter sind verschwitzt und dunkel vom Staub. Die Sonne sinkt, und es ist wird etwas kühler. Ein Mann, der deutlich älter als die Übrigen ist, gehört mit zu der Truppe. Seine Augen liegen tief in den Höhlen, beinahe ein wenig unheimlich. Er trägt einen dunkelblauen Overall, schwarze Gummistiefel, und an seiner Seite baumelt eine lange Machete an einer Schnur, die er um seine Hüfte gebunden hat. Auf dem Kopf trägt er eine Baseballkappe mit der Aufschrift »*Policía*«. Trotz seines Alters und der Erschöpfung geht der Mann sehr aufrecht. Oscar scheint ihm aus dem Weg zu gehen und schultert einen Sack, um ihn ins Gebäude zu tragen.

Nachdem fast alle Säcke auf den Schultern der Männer, vom Lastwagen ins Innere des Gebäudes getragen worden sind, bleiben die meisten von ihnen drinnen und schauen beim Abwiegen zu. Ihre Augen blicken starr und misstrauisch auf die Skala und die Hände des Mannes, der die Waage bedient. Die Säcke sind vor der Waage gestapelt und kommen nach und nach an die Reihe. Die Gruppe bringt die Ernte eines Tages immer gemeinsam zur Waage und rechnet anschließend intern ab, wer wie viele Säcke Kaffee gepflückt hat. Ein Mitarbeiter der Hacienda Guayabal bedient die Waage, die aussieht, als habe sie schon einige Jahrzehnte hinter sich. Jeweils drei Säcke werden auf der eisernen Grundplatte des Gerätes gestapelt. Der Mann, der die Waage bedient, schaut konzentriert durch die Gläser seiner Brille auf die eiserne Skala vor seiner Nase, während er mit einer Hand große Gewichte aus Metall an einem Haken befestigt, um die Skala auszubalancieren. Zuerst zittert sie ein wenig, bleibt dann aber stehen. Er schreibt etwas auf einen Zettel und gibt ihn einem der Erntearbeiter. Anschließend werden die Kaffeebohnen aus den Säcken in eine Art hölzernes Auffangbecken geschüttet, das den gesamten rückwärtigen Teil des Gebäudes ausmacht. Von dort werden sie in ein weiteres großes Becken transportiert, in dem sie »gewaschen«, das heißt von ihrer Haut befreit werden. Nach diesem Schritt werden die Bohnen getrocknet und entweder geröstet oder roh weiterverkauft.

Der alte Mann mit der *Policía*-Baseballkappe tritt an den Stapel heran und möchte einen der Säcke auf die Waage wuchten. Er nimmt ihn in die Höhe – alle Anwesenden sehen, wie viel Kraft es ihn kostet –, kann ihn aber nicht hoch genug heben. Die Arme des Mannes beginnen zu zittern. Für einen Moment schwankt er, doch dann kommt ihm jemand zu Hilfe und bugsiert den Sack mit stärkeren, jüngeren Armen zur Waage. Der Alte setzt sich erschöpft auf den Stapel. Es sind auch Frauen und Kinder gekommen, um beim Abwiegen dabei zu sein. Ebenso gespannt wie die Männer, schauen sie der Prozedur zu. Die Gesichter der Kinder sind schmutzig, die der Frauen hart und ausgezehrt.

Nach dem Abwiegen kommt der Moment für die Erntearbeiter, an dem sich die Arbeit eines Tages sozusagen materialisiert. Jeder im Raum wartet darauf, dass der Mann an der Waage mitteilt, wie viele Kilo am heutigen Tag von ihnen geerntet wurden. Dann können sich die Arbeiter ausrechnen, was ihre Leistung wert war. Die Männer, Frauen und Kinder wissen, dass einige tausend Pesos mehr oder weniger in der Woche über ein neues Paar Schuhe, einen Zahnarztbesuch, eine Hose oder einfach etwas mehr oder weniger zu essen entscheiden können. All das ist am Ende des Tages in ihren ernsten und angespannten Gesichtern zu erkennen.

Für die kolumbianische Wirtschaft ist der Kaffee ein Milliardengeschäft, für die Wanderarbeiter eine harte Arbeit, die sie geradeso über die Runden bringt. Dabei nimmt die Kaffeeproduktion innerhalb der kolumbianischen Wirtschaftsgeschichte eine Sonderstellung ein, denn sie ist seit ihrem Beginn weitgehend in kolumbianischer Hand geblieben und nicht an ausländische Konzerne abgegeben worden. Bei Bananen, ein ähnlich gewinnbringendes Exportgut wie Kaffee, war das vollkommen anders.

Bananen

In der sogenannten Zona Bananera, die sich im Hinterland der Karibikküste erstreckt, befinden sich fast alle Banenplantagen Kolumbiens. Auf mehr als 65 000 Hektar, hauptsächlich in Urabá, in Antioquia, und im *departamento* Magdalena, werden dort Bananen angebaut. In der im Jahr 1963 gegründeten Asociación de bananeros de Colombia – kurz AUGURA – sind etwa 70 Prozent aller Bananenproduzenten Kolumbiens organisiert. Laut AUGURA wurden in Urabá im Jahr 2016 pro Hektar Anbaufläche etwa 1950 Kartons Bananen geerntet und insgesamt 71,9 Millionen Kartons ins Ausland exportiert. Im internationalen Bananenhandel ist ein Karton mit 20 Kilo Inhalt die gebräuchliche Maßeinheit. Von den insgesamt 1 438 000 Tonnen Bananen wurden etwa 76 Prozent in die Europäische Union geliefert. Im Jahr 2016 wurden mit dem Export von Bananen in Kolumbien insgesamt mehr als 810 Millionen Euro erwirtschaftet.

»Die Arbeit mit Bananen muss perfekt organisiert sein«, sagt ein *bananero*, ein Vorarbeiter auf einer Bananenplantage im Hinterland der Karibikküste. Die Bananenstauden stehen in dichten Reihen nebeneinander. Am Himmel hängen dunkelgraue Wolken, die so aussehen, als könnte es jeden Moment anfangen zu regnen. Die Luft ist feucht und schwül. Am Boden zwischen den Pflanzen steht Wasser in großen Pfützen, das noch vom letzten Regen stammt. Das Land ist flach, und egal, in welche Richtung man schaut, überall stehen zwei bis drei Meter hohe Bananenstauden. Der Anblick der großen, herabhängenden Blätter in ihrem gleichmäßigen Grün wirkt beinahe monoton, besonders vor dem grauen Himmel. Sobald die Früchte zu wachsen beginnen, werden die Bananenbüschel mit blauen Beuteln aus Polyethylen – genannt *bacota* – umhüllt. Die Kunststoffhüllen sollen sie vor Insekten und anderen Schädlingen schützen. Nach einigen Wochen sind die Früchte soweit herangereift – allerdings noch nicht vollständig –, dass sie geerntet werden können. Bei der Ernte schlägt ein Arbeiter – der sogenannte *cortador* – mit einer Machete das Büschel vom Stamm, während es ein zweiter – der *cargador* – aufnimmt. Auf großen Plantagen verläuft zwischen den Stauden eine Art Seilbahn, die die geernteten Büschel zu einer Waschstation transportiert. Ansonsten werden sie mit Fahrzeugen, Eseln oder per Hand bewegt. Anschließend werden die Bananen gewaschen und ein erstes Mal auf ihre Qualität hin untersucht. Zu diesem Zeitpunkt sind sie noch grün. Der vollständige Reifeprozess wird sich während des mehrwöchigen Transports per Schiff nach Europa oder Nordamerika fortsetzen. Der gesamte Prozess vom Anbau der Bananenstaude, über den klimatisierten Transport, bis ins Supermarktregal eines anderen Landes ist damit außerordentlich effizient organisiert.

Wie alle Agrarprodukte, sind auch Bananen anfällig gegen Schädlinge, Temperaturschwankungen oder unvorhergesehene Trockenheit. Eine Bananenplantage erfordert permanente Pflege und Aufmerksamkeit. Auf großen Plantagen sind Sprühflugzeuge stationiert, die wöchentlich die Pflanzen mit Herbiziden und Pestiziden besprühen. Start- und Landebahn liegen inmitten der Bananenstauden. Am Ende, so das Kalkül der Anbieter, sollen die Kunden perfekt aussehende, gelbe Bananen im Supermarktregal vorfinden. Früchte, die Flecken oder Verformungen aufweisen, werden schon bei der Ernte in Kolumbien aussortiert. Dies ist die erste von drei *rechazos* –Kontrollen, bei denen Bananen, die den Qualitätsansprüchen nicht genügen, ausgesondert werden. Eine zweite Kontrolle findet während der Verpackung statt, und eine dritte – stichprobenartig – bevor die Kartons mit den Früchten in den Häfen von Santa Marta, Barranquilla oder Cartagena auf Schiffe verladen werden. Wenn sich in einer Lkw-Ladung auch nur ein einziger Karton mit mangelhaften Bananen findet, wird die gesamte Wagenladung abgelehnt. Bei allen drei *rechazos* werden insgesamt zwischen fünf und zehn Prozent der Bananen ausgesondert. Aus ihnen wird entweder Bioethanol hergestellt, oder sie werden auf dem kolumbianischen Markt verkauft. Wie beim Kaffee ist auch bei den Bananen die beste Qualität für den Export bestimmt. Etwa 80 Prozent aller Bananenernten Kolumbiens werden exportiert.

Im Land selbst werden wesentlich mehr *plátanos,* Kochbananen, als die uns bekannten Bananen gegessen. Die Früchte müssen zuerst zubereitet werden, damit sie schmecken. Am verbreitetsten sind die sogenannten *patacones*, bei denen das Fruchtfleisch der Kochbanane plattgeklopft und anschließend gebraten oder frittiert wird.

In Europa und Nordamerika – den Regionen, in die heute die Mehrzahl aller Bananen Kolumbiens exportiert werden – war die Frucht bis zum Ende des 19. Jahrhunderts weitgehend unbekannt. Dass sie so populär wurde und heute ein fester Bestandteil der Ernährungsgewohnheiten ist, hat vor allen Dingen mit dem Aufstieg der United Fruit Company zu tun. Das US-amerikanische Unternehmen wurde im Jahr 1899 gegründet, nachdem die Boston Fruit Company mit der Tropical Trading and Transport Company fusionierte. Als Kopf des neu entstandenen Unternehmens galt der in New York geborene Geschäftsmann Minor Cooper Keith, der zuvor in Costa Rica die Tropical Trading and Transport Company gegründet hatte.

Ursprünglich war Minor C. Keith 1871 in das mittelamerikanische Land gekommen, um mit seinem Onkel, im Auftrag der Regierung, eine Eisenbahnverbindung von den Kaffeeanbaugebieten im Landesinneren zur Atlantikküste zu bauen. Der Bau der Eisenbahn gestaltete sich von Beginn an außerordentlich schwierig, da eine undurchdringliche Natur und Krankheiten das Vorankommen der Arbeiten erschwerten. Drei von Minor C. Keiths Brüdern und sein Onkel starben während der Bauarbeiten. Die Regierung Costa Ricas hatte schon bald Schwierigkeiten ein solches Großprojekt zu finanzieren und schloss darum ein Abkommen mit Minor C. Keith, der mittlerweile das Projekt leitete. Darin sollten dem Geschäftsmann große Flächen Land entlang der Bahnlinie – etwa fünf Prozent des Staatsgebietes Costa Ricas – überlassen werden, und zudem sollte er 99 Jahre lang Pacht für die Nutzung der Bahnlinie gezahlt bekommen. Der Unternehmer stellte sie daraufhin auf eigene Kosten fertig. In Costa Rica begann Minor C. Keith damit, Bananen und andere tropische Früchte anzubauen und in die USA zu verschiffen. Dabei brachten Bananen mit Abstand die größten Gewinne.

Minor C. Keith kaufte mit Hilfe von Geschäftspartnern auch in Panama und Kolumbien große Flächen Land, um darauf Bananen anzubauen. Bananenstauden wachsen außergewöhnlich schnell und tragen nach etwa neun bis zwölf Monaten die ersten Früchte. Schon bald verschiffte die Tropical Trading and Transport Company erhebliche Mengen in die USA und auch nach Europa. Gleichzeitig betrieb die Gesellschaft gezielt Werbung in den Abnehmerländern, um die tropische Frucht als ein billiges und außerordentlich gesundes Nahrungsmittel zu propagieren. Bereits in dieser Zeit entwickelte Keith eine Strategie, der später auch die United Fruit Company folgen sollte. Alle zum Export nötigen Arbeitsschritte, vom Bananenanbau über den Transport bis zum Verkauf, sollten in der Hand der Firma bleiben. Die United Fruit Company – deren Vizepräsident Minor C. Keith bis zu seinem Tod 1929 war – besaß eine ganze Flotte eigener Handelsschiffe, sowie Anteile und Nutzungsrechte an Bahnlinien in Ländern Mittel- und Südamerikas. Damit war die Gesellschaft in der Lage, die Bananenproduktion quasi autonom zu gestalten. Im *departamento* Magdalena in Kolumbien, wo die Gesellschaft seit ihren Anfängen aktiv war, lebten die Bananenarbeiter in Wohnsiedlungen der United Fruit Company und kauften in Geschäften ein, die ebenfalls der Gesellschaft gehörten. Ein Teil des Lohns wurde ihnen in Gutscheinen ausgestellt, die in den gesellschaftseigenen Läden einzulösen waren. So entwickelte sich eine starke Abhängigkeit der Bananenarbeiter von der United Fruit Company.

Gleichzeitig nahmen Repräsentanten der Gesellschaft starken Einfluss auf die Regierungen der Länder, in denen sie Bananenplantagen betrieben. Minor C. Keith selbst hatte in die Präsidentenfamilie Costa Ricas eingeheiratet. Im Jahr 1904 sicherte die Regierung Guatemalas der United Fruit Company sehr großzügige Steuererleichterungen und Nutzungsrechte für die Eisenbahn des Landes zu. Durch Korruption, Intrigen und die Unterstützung von Politikern und Parteien, die ihre Interessen vertraten, schuf die United Fruit Company ein Imperium in Zentral- und Südamerika.

Die Geschäftspolitik der Gesellschaft in Honduras inspirierte den US-amerikanischen Autor O. Henry zu dem – seitdem verbreiteten – Begriff »Bananenrepublik«. O. Henry hatte auf der Flucht vor einer Anklage wegen Veruntreuung von Geldern die Vereinigten Staaten verlassen und sechs Monate lang in dem zentralamerikanischen Land gelebt. Dort wurde er Zeuge davon, wie die United Fruit Company, dank ihrer Beeinflussung einer korrupten Regierung, ihre Interessen durchsetzte. Im Jahr 1904 erschien sein Werk Cabbages and Kings, in dem O. Henry die Geschäfte eines Großkonzerns und Bananenimperiums, in dem unschwer die United Fruit Company zu erkennen ist, in einem fiktiven mittelamerikanischen Land beschreibt, und dabei erstmals von einer Bananenrepublik spricht.

In Kolumbien verschärften sich die Spannungen zwischen den Arbeitern auf den Bananenplantagen in der Zona Bananera und der United Fruit Company während der 1920er Jahre. Die etwa 25 000 Bananenarbeiter forderten höhere Löhne, eine angemessenere Unterbringung und insgesamt bessere Arbeitsbedingungen. Als besonders unfair empfanden sie, dass die Nicht-Kolumbianer – vornehmlich US-Amerikaner – unter den Angestellten bevorzugt wurden. Ihre Löhne waren zum Teil doppelt so hoch wie die der kolumbianischen Arbeiter. Die kolumbianische Regierung hatte zwar in der Zeit nach dem Ersten Weltkrieg, die kurzfristig von einem allgemeinen wirtschaftlichen Aufschwung gekennzeichnet war, Gesetzte verabschiedet, die die Situation der Arbeiter im Land verbessern sollten. Darin wurde ein arbeitsfreier Sonntag, medizinische Versorgung und ein Streikrecht zugesichert. In der Praxis zeigten diese Gesetzte jedoch keine große Wirkung, und im Fall der United Fruit Company wurden sie schlichtweg nicht angewendet. Der ausländische Großkonzern hatte mit seinen Bananenplantagen quasi exterritoriale Niederlassungen auf kolumbianischem Hoheitsgebiet geschaffen.

Im Jahr 1928 wurden die Proteste der Bananenarbeiter im departamento Magdalena radikaler. Vor Wut und aus Frustration darüber, dass die United Fruit Company ihre Forderungen ignorierte, begannen sie, Teile der Anlagen und Plantagen zu zerstören. Am 5. Dezember 1928 fand eine Demonstration von Bananenarbeitern auf dem zentralen Platz des Ortes Ciénaga in der Nähe der Küstenstadt Santa Marta statt. Während der Demonstration eröffnete eine Einheit der kolumbianischen Armee mit Maschinengewehren das Feuer auf die Demonstranten. Das Ereignis wurde als masacre de las bananeras – das Massaker an den Bananenarbeitern – bekannt. Die Armee und die United Fruit Company bemühten sich, alle Spuren möglichst unauffällig zu beseitigen. Tote und Verwundete wurden schnell abtransportiert. Darum liegen die Schätzungen über die Zahl der Opfer weit auseinander. Die Armee sprach von etwa 50, Arbeiter und Anwohner von einigen tausend Toten. Der Autor Gabriel García Márquez hat das Massaker an den Bananenarbeitern und den Einfluss der United Fruit Company in seinem 1967 erschienenen Roman Cien años de soledad – Hundert Jahre Einsamkeit – eindrücklich beschrieben.

Der kolumbianische General Cortés Vargas, der den Einsatz der Armee befohlen hatte, rechtfertigte seine Entscheidung damit, dass es sich bei der Demonstration um eine kommunistische

Verschwörung gehandelt habe. Trotzdem setzte das Parlament in Bogotá eine Untersuchungskommission ein. In den Monaten, die auf das Massaker folgten, bereiste der Abgeordnete Jorge Eliécer Gaitán – der später als Präsidentschaftskandidat ermordet werden sollte – die Zona Bananera. Gaitán sprach mit Augenzeugen und sammelte Beweise für eine Verwicklung zwischen der United Fruit Company und der kolumbianischen Armee, die er dem Parlament vorlegte. Später verteidigte sich General Cortés Vargas damit, dass vor der Küste Kolumbiens US-amerikanische Kriegsschiffe gelegen hätten und im Falle eines Nichteingreifens der Kolumbianer, US-Truppen angelandet wären, um den Aufstand niederzuschlagen. Gaitán entgegnete daraufhin, mit den Kugeln, die der General auf die Bananenarbeiter hatte abfeuern lassen, hätte er sich besser den Invasoren entgegenstellen sollen.

Im Zuge der Parlamentsdebatte und der eingesetzten Untersuchungskommission wurde deutlich, dass sich die damalige kolumbianische Regierung den Interessen der United Fruit Company beugte. Viele Kolumbianer empörte diese offensichtliche Machtlosigkeit ihrer Regierung gegenüber einem ausländischen Konzern. Auch darum führte Jorge Eliécer Gaitán Jahre später einen Wahlkampf, in dem er den etablierten Politikern und Parteien Kolumbiens vorwarf, den US-amerikanischen Imperialismus im Land zu unterstützen.

Die Gewerkschaft der Bananenarbeiter – heute sind die meisten von ihnen im *Sindicato Nacional de Trabajadores de la Industria Agropecuaria (SINTRAINAGRO)* organisiert – gewann nach dem Zweiten Weltkrieg an Einfluss, und es gelang ihr in einem veränderten politischen Klima – die kolumbianischen Politiker waren damals darum bemüht, zumindest nach außen, die Interessen ihres Landes zu schützen –, Forderungen nach mehr Lohn und besseren Arbeitsbedingungen durchzusetzen. Daraufhin ging die United Fruit Company dazu über, lokale Subunternehmer in der Bananenproduktion zu beschäftigen. Auf diese Weise reduzierte die Gesellschaft ihre direkte Verantwortung für die kolumbianischen Unternehmungen. Nachdem die Umsätze der United Fruit Company während der 1960er und 1970er Jahre zurückgegangen waren, wurde die Gesellschaft umstrukturiert und fusionierte mit anderen Unternehmen unter dem Namen United Brands International. Im Jahr 1984 wurde aus dieser Gesellschaft dann Chiquita Brands International, eine Firma, die auch heute noch unter diesem Namen Bananen anbaut und diese vor allem in Europa und Nordamerika vertreibt.

Die traurige Geschichte der Einflussnahme ausländischer Großkonzerne in der Zona Bananera endete nicht mit dem Massaker an den Bananenarbeitern. Im Jahr 2016 ließ ein US-Gericht in Florida eine Klage von rund 4000 Kolumbianern und US-Bürgern zu, die Schadensersatz für den Tod ihrer Angehörigen von Chiquita Brands International forderten. Zuvor war bekannt geworden, dass die Firma *paramilitares* und linke Guerillas-Einheiten – darunter die FARC und die ELN – bezahlt hatte, um ihre Bananenplantagen zu »schützen«. Der Schutz dieser – von den Vereinigten Staaten als terroristische und kriminelle Organisationen eingestuften – Gruppierungen beinhaltete auch die Einschüchterung und wahrscheinlich die Ermordung von Gewerkschaftsmitgliedern und aufmüpfigen Arbeitern. Bereits im Jahr 2007 war Chiquita Brands International vom US-Justizministerium zu einer Strafe von 25 Millionen US-Dollar verurteilt worden. Die kolumbianische Regierung forderte bislang vergeblich die Auslieferung der verantwortlichen US-Bürger, die im Namen von Chiquita Brands International die Vereinbarungen mit den Kriminellen getroffen hatten. Allein die paramilitärischen AUC sollen zwischen 1997 und 2004 etwa 1,7 Millionen US-Dollar und umfangreiche Waffenlieferungen erhalten haben.

Im Jahr 2017 veröffentlichte die kolumbianische online-Plattform Verdad abierta Dokumente, die das National Archive in Washington zuvor freigegeben hatte. Es handelt sich um den Schriftverkehr, in dem die Geschäftsführung von Chiquita Brands International die Zahlungen an Terrororganisationen rechtfertigt. Einer der Verantwortlichen schreibt, das sei »eben der Preis dafür, wenn man in Kolumbien Geschäfte machen will«.

In der Zona Bananera haben die internationalen Konzerne eine mitunter zynische und menschenverachtende Geschäftspolitik betrieben und durch die Finanzierung terroristischer Organisationen die Souveränität des kolumbianischen Staates verletzt und untergraben.

Das Massaker an den Bananenarbeitern symbolisiert bis heute für viele Kolumbianer die imperialistische und neokoloniale Haltung einiger internationaler Konzerne. Die weit verbreitete Ablehnung gegenüber den Vereinigten Staaten wird auch von den *narcotraficantes*, den Drogenkriminellen, ausgenutzt, um ihr gesetzloses Handeln zynisch zu rechtfertigen. Sie behaupten, dass der kolumbianische Staat unfähig, korrupt und lediglich eine Marionette der USA sei. Indem sie Kokain in großem Ausmaß in den Vereinigten Staaten verkauften, würden sie einen Teil des Reichtums, der den Kolumbianern genommen wurde, zurück ins Land holen.

Es scheint, dass sowohl viele internationalen Konzerne als auch die Drogenkartelle vor allem von der schon beschriebenen »Geisteshaltung Eldorado« angeleitet werden, nur an schnellem Profit orientiert sind und dabei wenig Rücksicht auf die Bevölkerung und die Umwelt nehmen.

Kokain

Wer möchte, kann sich in einem der Cafés in Bogotás Altstadt La Candelaria einen *té de coca* bestellen. Es ist vollkommen legal, den Aufguss aus getrockneten Blättern des Kokastrauchs zu konsumieren. Der Kokatee schmeckt in etwa so wie Grüner Tee und hat eine ähnliche Wirkung. Er soll, wenn man ihn regelmäßig zu sich nimmt, die Verdauung fördern, Stress abbauen, den Kreislauf anregen und überhaupt das Wohlbefinden steigern. Die getrockneten Kokablätter werden auch ganz legal in Bioläden und Geschäften für Naturmedizin verkauft. Es gibt sogar staatlich kontrollierte Kokaplantagen, auf denen Pflanzen angebaut werden, die für medizinische Zwecke und den rituellen Gebrauch bei indigenen Völkern bestimmt sind. Auf die Heilkraft der Kokapflanze berufen sich auch die Straßenverkäufer, die auf einem Platz im Zentrum Medellíns lautstark »*Coca*!« und »*Marihuana*!« anpreisen. Passanten gehen vorbei, Taxis hupen und eine Handvoll Polizisten steht ungerührt vor dem Eingang einer Metro-Station. Für einen Europäer, der als erstes an verbotene Drogen denkt, hat die Szene etwas Skurriles. Dabei sollen die Rufe »*Coca*!« und »*Marihuana*!« lediglich für Salben und Tinkturen werben, die von Potenzproblemen bis zu Rheumatismus gegen fast alle Krankheiten auf der Welt helfen können. Die Straßenverkäufer werden nicht müde, die Vorzüge der Pflanzen anzupreisen. Die Einfuhr von solchen Koka- und Hanfprodukten nach Deutschland beziehungsweise Europa ist allerdings grundsätzlich verboten.

Der etwa ein bis zwei Meter hohe Kokastrauch hat spröde Äste, an denen harte, grüne Blätter wachsen. Es gibt mehrere Arten von Kokasträuchern, die meisten von ihnen sollen am besten in Höhen zwischen 1000 und 2000 Meter gedeihen. Sie benötigen ein trockenes, heißes Klima. Ich habe jedoch auch schon Kokapflanzen in den feuchtheißen Küstenregionen oder im Amazonasgebiet gesehen. Aufgrund der guten Bedingungen wächst die Kokapflanze an vielen Orten in Kolumbien und war bereits den Ureinwohnern Südamerikas bekannt. Diese wussten um die stimulierende Wirkung, die der Verzehr der Kokablätter hervorrufen konnte. In der Kultur der Arhuacos, einer indigenen Gruppe, die in der Sierra Nevada de Santa Marta – einem bis zu 5775 Meter hohem Gebirgszug in der Nähe der Karibikküste – lebt, hat die Kokapflanze einen hohen Stellenwert. Männliche Arhuacos tragen stets ihren *poporo* bei sich. Dabei handelt es sich um ein Behältnis – etwa so groß, dass es in einer hohlen Handfläche Platz findet – das aus einem ausgehöhlten Kürbis hergestellt wird. Der *poporo* ist mit einem Pulver aus fein gemahlenen Muschelschalen gefüllt. Das Pulver aus dem *poporo* wird gemeinsam mit einigen Kokablättern – in der Sprache der Arhuacos *ayú* genannt – im Mund zerkaut. Durch den Muschelkalk werden die in den Blättern enthaltenen Wirkstoffe verstärkt und freigesetzt. Um das Pulver zum Mund zu führen, benutzen die Arhuacos einen Stab aus Holz, den *palo,* den sie an einem Ende mit Speichel anfeuchten, damit der Muschelkalk daran haftet. Für die Arhuacos symbolisiert das Eintauchen des *palo* in den *poporo* auch die Vereinigung von Mann und Frau. An der Schwelle zum Erwachsenenalter bekommt ein männlicher Arhuaco seinen *poporo* überreicht. Die Arhuacos tragen Kokablätter, *poporo* und *palo* in einer *mochila* genannten traditionellen Tasche mit sich. Kokablätter werden während ritueller Anlässe gekaut, aber auch dann, wenn sich Arhuacos begegnen und miteinander ein Gespräch beginnen.

In der Sierra Nevada de Santa Marta leben außer den Arhuacos noch drei weitere indigene Gruppen – Wiwa, Kogi und Kankuamo –, die zwar miteinander verwandt sind, jedoch unterschiedliche Kulturen entwickelt haben. Eines haben sie jedoch gemeinsam: den Gebrauch des *poporo* und das Kauen von Kokablättern.

Den Spaniern und später den Kreolen war bekannt, dass die Ureinwohner Südamerikas Kokablätter konsumierten, aber – anders als beispielsweise beim Kaffee – blieb ihnen der Kokakonsum stets suspekt. Die Spanier tolerierten das Kauen von Kokablättern bei den indigenen Sklaven der Gold- und Silberminen, da sie die leistungssteigernde Wirkung des Kokakonsums beobachten konnten. Das Kauen der Blätter half gegen Höhenkrankheit sowie Müdigkeit und schien außerdem das Gefühl von Hunger und Durst zu betäuben. Möglicherweise verkannten die Spanier während der Kolonialzeit – Kokasträucher wachsen auf dem Gebiet Kolumbiens, Ecuadors, Perus und Boliviens – auch in diesem Fall die Möglichkeiten, die ihnen die neuentdeckte Pflanze eröffnet hätte. In den Ritualen der indigenen Kulturen wurden die Kokablätter nicht als berauschende Substanz oder bewusstseinserweiternde Droge angesehen und entsprechend verwendet. Das Kauen der Kokablätter hatte lediglich eine milde und leicht stimulierende Wirkung.

Das änderte sich im Jahr 1860, als der Göttinger Chemiker Albert Niemann in seinem Labor mit einigen Kokablättern experimentierte, die eine Expedition aus Südamerika mitgebracht hatte. Niemann gelang es, den Wirkstoff – ein Alkaloid – aus den Blättern zu isolieren und gab ihm den Namen »Kokain«. Die Wirkung des chemisch gewonnenen Kokains war ungleich stärker, als es beim Kauen der Kokablätter der Fall ist, und die Medizin war begeistert. Kokain wurde unter anderem dazu benutzt, die Opium- oder Alkoholabhängigkeit von Suchtpatienten zu behandeln. In den Vereinigten Staaten kam im Jahr 1886 ein Getränk mit dem Namen Coca-Cola auf den Markt, das bis zu Beginn des 20. Jahrhunderts angeblich Kokain enthielt. Der Wiener Psychiater Sigmund Freud verschrieb seinen Patienten Kokain und nahm selbst welches. Als jedoch immer mehr über die gefährlichen Nebenwirkungen der Droge – Psychosen, Hirnschäden und Herzprobleme – bekannt wurde, sah man davon ab, Kokain in der medizinischen Praxis und in der Coca-Cola zu verwenden.

In den 1920er Jahre gab es eine Kokainwelle in Europa, während der viele Künstler und Intellektuelle die Droge konsumierten. Sie ebbte jedoch schnell wieder ab. Im Nachkriegseuropa und in Nordamerika waren Drogen wie Marihuana, Opium oder Heroin populärer. Schließlich war es ein Kolumbianer, der maßgeblich für die weltweite Verbreitung von Kokain sorgen sollte. Pablo Emilio Escobar Gaviria, geboren 1949 in Rionegro, wuchs in Envigado auf, einem Vorort der Metropole Medellín. Zeitzeugen berichten, dass schon der jugendliche Escobar zu einer gewissen Haltlosigkeit neigte, die sich im weiteren Verlauf seines Lebens zu einer starken kriminellen Energie entwickeln sollte. Pablo Escobar gehörte als Teenager in Medellín einer Gruppe an, die sich für den *nadaismo* begeisterte, eine avantgardistische Protestbewegung und Kunstrichtung, die in Kolumbien entstand und vom europäischen Dadaismus, Existenzialismus und Nihilismus inspiriert war. Die Nadaisten machten durch provokante Aktionen auf sich aufmerksam, zum Beispiel verbrannten sie öffentlich Werke der klassischen Literatur.

Pablo Escobar strebte jedoch schon bald nach mehr und begann eine Laufbahn als Kleinkrimineller in Medellín. Er stahl Autos, schmuggelte Zigaretten und Marihuana, beging Raubüberfälle. Durch seine Aktivitäten gewann er den Respekt der Unterwelt Medellíns und wurde so etwas wie »ein anerkannter Krimineller«. Mit der Zeit begannen er und seine Bande, Menschen zu entführen, um sie gegen die Zahlung eines Lösegeldes wieder freizulassen oder andernfalls zu ermorden.

Während der 1970er Jahre wurde Kokain in den USA zu einer sehr populären Droge. Da die Nebenwirkungen nicht so schnell sichtbar wurden, wie beispielsweise beim Heroin, glaubten die Konsumenten an einen gefahrlosen, sogar leistungsfördernden Konsum. Das Image einer »Erfolgsdroge«, mit der ein entsprechender Lebensstil assoziiert wurde, entstand auch dadurch, dass sich Künstler, Schauspieler und Spitzensportler öffentlich zu ihrem Kokainkonsum bekannten.

Pablo Escobar nutzte die Gunst der Stunde und stieg ins Kokaingeschäft ein. Zuerst schmuggelte er Kokain, das zu dieser Zeit hauptsächlich in Peru, Ecuador und Bolivien angebaut wurde, noch eigenhändig über die Grenze nach Kolumbien, um es in die USA weiterzuverkaufen. Als Nachfrage und Gewinn immer größer wurden, begann Pablo Escobar damit, eine industrielle Kokainproduktion, mit entsprechendem Vertrieb, in Kolumbien aufzubauen. Hatte er anfangs noch in Kilogramm gerechnet, waren es schon bald Tonnen, die er in eigenen Flugzeugen nach Florida transportieren ließ. Im Jahr 1978 waren es Schätzungen zufolge noch etwa 35 Kilo Kokain, die pro Monat in die USA geschmuggelt wurden. Zwei Jahre später hatte sich die Menge auf mehrere Tonnen vervielfacht. Der größte Teil des Kokains kam aus Kolumbien. In der ersten Hälfte der 1980er Jahre wurden mit dem Kokainhandel in Kolumbien etwa sieben Milliarden US-Dollar pro Jahr umgesetzt. Dies überstieg die Einnahmen, die in dieser Zeit mit dem Export von Kaffee erwirtschaftet wurden. Der Kokainhandel brachte somit große Mengen an Geld ins Land, das teilweise von den Kriminellen in legale Geschäfte wie Bergbau, Agrarwirtschaft, Immobilien und Industrie reinvestiert wurde. Kokain wurde zum Eldorado für diejenigen, die damit Geschäfte machten, und sorgte für einen gesamtwirtschaftlichen Aufschwung in Kolumbien.

Pablo Escobar ließ mitten im Dschungel, tief im Süden des Landes, eine ganze Kokainfabrik aus dem Boden stampfen, die er *Tranquilandia* nannte. Dort arbeiteten etwa 1000 Menschen, um die geschredderten Kokablätter in einem chemischen Prozess unter Beimischung von Benzin, Abflussreiniger, Zementpulver und manchmal Batteriesäure zur *pasta básica de cocaina* weiterzuverarbeiten. Diese Rohmasse ist der Grundstoff, aus dem später Kokain hergestellt wird. Zur *Tranquilandia* gehörten acht Start-und Landebahnen für die Flugzeuge, die die Drogen transportierten. Andernorts wurden große Flächen gerodet und mit Kokasträuchern bepflanzt. Pablo Escobar schuf ein System, in dem er – ähnlich wie bei der United Fruit Company – alle Schritte, von der Ernte bis zum Verkauf der Erzeugnisse, kontrollieren konnte. So entstand ein effizient organisiertes Netzwerk krimineller Unternehmen, das als Medellín-Kartell in die Geschichte einging.

Die *narcos* um Pablo Escobar nahmen so viel Geld ein, dass sie sich nicht mehr die Mühe machten, die Dollarbündel zu zählen, sondern sie stattdessen kiloweise abwogen. Noch heute suchen Kolumbianer nach den legendären Geldverstecken, die Pablo Escobar angeblich überall im Land anlegen ließ, um im Falle seines Untertauchens über ausreichende Reserven zu verfügen. Pablo Escobar wurde mehrmals auf der Liste der reichsten Menschen der Welt, die vom US-amerikanischen Forbes-Magazin veröffentlicht wird, genannt. Das Medellín-Kartell hatte jedoch auch Konkurrenten und lieferte sich mit dem Cartel de Cali, benannt nach der gleichnamigen Stadt, einen regelrechten Krieg um die Vorherrschaft im Drogengeschäft. Dieser Krieg wurde mit

Schusswaffen und Autobomben in den Städten ausgetragen und kostete Tausende von Menschenleben.

Parallel zu seinem Aufstieg als Drogenkönig versuchte sich Pablo Escobar, in der Politik und Gesellschaft Kolumbiens zu etablieren. Er saß im Stadtrat von Medellín, war Herausgeber einer Tageszeitung und wurde 1982 als Abgeordneter der liberalen Partei in den Kongress gewählt. Pablo Escobar finanzierte soziale Projekte – unter anderem den Bau von Schulen, Krankenhäusern und Kindergärten –, was ihm bis heute Sympathie in Teilen der ärmeren Bevölkerung Medellíns sichert. Selbstverständlich ist das soziale Engagement des Verbrecherkönigs kritisch zu beurteilen. Einerseits kritisierte er den kolumbianischen Staat, indem er ihm Korruption und Unfähigkeit vorwarf, und versuchte sich als ein moderner Robin Hood darzustellen, der das Geld der Reichen – inklusive der USA – nach unten umverteilte. Andererseits bestach er selbst Richter und Politiker und wendete rücksichtslos brutale Gewalt an, um seinen Reichtum zu mehren. Die sozialen Projekte und sein politisches Wirken dienten vor allem dazu, ihm gesellschaftliche Anerkennung zu verleihen und seine eigene Person damit unangreifbar zu machen. Daher hält sich die Legende vom patriarchalischen Wohltäter und Schutzpatron der vom Staat Vernachlässigten hartnäckig am Leben.

Bis heute ist Pablo Escobar auch unter dem Beinamen *El patrón* bekannt. Sein Amt als Kongressabgeordneter schützte ihn lange Zeit vor Strafverfolgung. Allerdings erhöhten die USA, die sich zunehmend mit dem Kokainproblem im eigenen Land konfrontiert sahen, den Druck auf die kolumbianische Regierung, etwas gegen die Drogenkartelle zu unternehmen. Schließlich forderten sie die Auslieferung Pablo Escobars an die US-amerikanische Justiz. Nachdem im Jahr 1984 ein Attentat auf den kolumbianischen Justizminister Lara verübt worden war, wurde Pablo Escobar – der verdächtigt wurde, hinter dem Attentat zu stecken – sein Mandat als Abgeordneter aberkannt. Lara hatte mit der US-amerikanischen Antidrogenbehörde DEA kooperiert und sich für ein Auslieferungsabkommen mit den USA eingesetzt.

Nach dem Mord an Lara verließ Pablo Escobar Kolumbien für eine Weile. Nach einem kurzen Aufenthalt in Panama, gewährten ihm die *Sandinistas* Nicaraguas 1984 vorübergehend Asyl. Einige Monate später kehrte Escobar allerdings wieder nach Kolumbien zurück und begann damit, einen regelrechten Krieg gegen den Staat zu führen, um eine Kooperation in der Drogenbekämpfung mit den USA zu verhindern. Seine Leute ermordeten wahllos Polizisten und Regierungsangehörige. Gerüchteweise finanzierte das Medellín-Kartell im November 1985 einen Angriff der linksgerichteten Guerillagruppe M-19 auf das Justizministerium in Bogotá, bei dem beinahe das gesamte Gebäude zerstört und viele Akten vernichtet wurden. Ein Sohn Pablo Escobars behauptete später, dass das Schwert Simón Bolívars, das ebenfalls die M-19 aus einem Museum in Bogotá gestohlen hatte, in den Besitz Pablo Escobars übergegangen sei und für eine Weile in einem seiner Häuser an der Wand gehangen habe. Erst nachdem 1989 die M-19 ein Friedensabkommen mit der Regierung geschlossen habe, sei das Schwert zurückgegeben worden.

Durch seinen Krieg gegen den kolumbianischen Staat wurde Pablo Escobar zum Narco-Terroristen. Als er im Jahr 1989 ein Verkehrsflugzeug in die Luft sprengen ließ, in dem auch US-amerikanische Staatsbürger saßen, erklärten die USA ihm den Krieg und stockten die Hilfe für die Drogenbekämpfung in Kolumbien massiv auf. Pablo Escobar verhandelte mit der Regierung in Bogotá – das Auslieferungsabkommen war mittlerweile unter fadenscheinigen Gründen wieder aufgekündigt worden – über eine Kapitulation. Am Ende baute er sich in Abstimmung mit der Regierung ein eigenes Gefängnis auf einem Hügel oberhalb Medellíns. Der Bau von La Catedral trug weiter zur Legende von Pablo Escobar bei. Die private Haftanstalt, in die 1991 die führenden Köpfe des Medellín-Kartells auf Druck der USA einzogen, war überaus luxuriös ausgestattet und verfügte über eine Sauna, eine Diskothek, einen Swimmingpool und einen Fußballplatz. Auf Letzterem spielten die *narcos* gegen die kolumbianische Nationalmannschaft, die sie nach La Catedral eingeladen hatten.

Doch die *narcos* verbrachten ihren Gefängnisaufenthalt nicht nur mit harmlosen Freizeitvergnügen, sondern führten ihr Imperium von La Catedral aus weiter. Die Wachmannschaften standen längst auf der Gehaltsliste des Medellín-Kartells. Als Pablo Escobar jedoch zwei Geschäftspartner, die sich geweigert hatten, einen höheren Anteil aus den Erlösen im Kokainhandel an ihn abzuführen, in La Catedral ermorden ließ, ging er zu weit. Die kolumbianische Regierung beschloss, ihn fortan in einem besser gesicherten Militärgefängnis zu inhaftieren. Im Juli 1992 machte sich der stellvertretende Justizminister Kolumbiens auf den Weg nach La Catedral, um die Verlegung vorzubereiten. Als er mit dem Hubschrauber dort eintraf, nahmen ihn die Kriminellen als Geisel. Nach Verhandlungen und einem längeren Feuergefecht zwischen Sicherheitskräften und Angehörigen des Kartells konnte der Politiker zwar befreit werden, jedoch waren Pablo Escobar und andere Angehörige des Medellín-Kartells durch einen Tunnel entkommen.

Die Kriminellen tauchten im Labyrinth der Häuser Medellíns unter. In den USA hatte man den Anschlag auf das Verkehrsflugzeug und andere Verbrechen, die Pablo Escobar zur Last gelegt wurden, nicht vergessen. Die US-amerikanische Justiz hatte in der Zwischenzeit weitreichende rechtliche Grundlagen dafür geschaffen, um Drogenkriminelle auch im Ausland zu bekämpfen. Notfalls auch ohne Zustimmung der Regierungen der Länder, in denen die Vereinigten Staaten agieren wollten. Schon bald nach der Flucht Pablo Escobars entsandten die USA eine kleine Streitmacht nach Medellín. Agenten der CIA und der DEA, Navy Seals, Marines, Soldaten der Delta Force und Spionageflugzeuge, die über Medellín kreisten, machten Jagd auf Pablo Escobar. Kolumbianische Spezialeinheiten und paramilitärische Gruppen beteiligten sich an der Suche. Wie schon in der Vergangenheit kam es zu heftigen Auseinandersetzungen im Stadtgebiet von Medellín. Es endete damit, dass Pablo Escobar im Dezember 1993 während der Flucht über ein Hausdach im Bezirk Laureles erschossen wurde. Damit galt das Medellín-Kartell als zerschlagen.

Aber auch 25 Jahre später lebt die Legende von *El patrón* in Medellín und über Kolumbien hinaus weiter. Ebenso wie den Mythos vom Eldorado, gibt es heute den Mythos Pablo Escobar. Das Leben des Drogenbosses, der sich der Supermacht USA entgegengestellt und einen glamourösen Lebensstil gepflegt hat, bietet immer noch genug Stoff für Filme, Fernsehserien und Romane. In Medellín werden T-Shirts mit seinem Konterfeit verkauft und Sightseeing-Touren zu den Originalschauplätzen seines Lebens – bis hin zum Grab Escobars – angeboten. Einstige Weggefährten wie der Auftragsmörder Jhon Jairo Velásquez geben heute Interviews, in denen sie das Medellín-Kartell glorifizieren, und sind gern gesehene Gäste in Talkshows. Ohne Zweifel hat Pablo Escobar das Bild Kolumbiens in der Welt und die Geschichte des Landes während der 1970er bis 1990er Jahre geprägt.

Mit dem Ende des Medellín-Kartells kam der Drogenhandel allerdings nicht zum Erliegen. Es gab genug Kriminelle, die bereit waren, das entstandene Machtvakuum zu füllen. Außerdem handelten Guerillaorganisationen, wie die FARC und die ELN sowie die *paramilitares*, ebenfalls mit Kokain. Aus der harten Reaktion der USA auf die Aktivitäten des Medellín-Kartells zog die neue Generation der *narcos* vor allem den Schluss, dass es in Zukunft klüger wäre, sich unauffälliger zu verhalten, als es der exzentrische Drogenboss getan hatte.

Bis heute ist Kolumbien der größte Kokainproduzent der Welt. Nach Angaben der Vereinten Nationen wurden im Jahr 2016 etwa 866 Tonnen Kokain hier produziert. Für 2017/18 wird ein weiterer Anstieg erwartet. Die Anbauflächen haben sich von etwa 96 000 Hektar im Jahr 2015 auf etwa 146 000 Hektar im Jahr 2016 vergrößert. Dies geschah durch massive, illegale Abholzungen. Damit hat sich die Kokainproduktion in wenigen Jahren beinahe verdoppelt. Der Preis für Kokablätter ist im Jahr 2017 ebenfalls gestiegen, was wiederum die Erwartung bestätigt, dass sich wegen der steigenden Nachfrage die Anbauflächen noch weiter vergrößern werden.

Einer der Gründe für den Anstieg der Kokainproduktion ist der Friedensprozess mit den Guerillagruppen. Im Zuge der Verhandlungen wurde die Bekämpfung des Kokainanbaus durch Sprühflugzeuge eingestellt. Diese hatten Pflanzengifte wie Glyphosat über den Kokaplantagen verteilt. Außerdem drängen verstärkt kriminelle Organisationen in die Gebiete, aus denen sich die Guerilla zurückgezogen hat, und versuchen den Kokaanbau dort zu kontrollieren. Tatsächlich wuchsen die Anbauflächen in den zuvor von den Guerillas dominierten Gebieten der *departamentos* Norte de Santander, Putumayo und Nariño in den vergangenen Jahren am stärksten.

Die kolumbianische Regierung plant, den Kokabauern Alternativen zum Anbau von Kokasträuchern anzubieten. Auch das kann absurderweise erst einmal dazu führen, dass kurzfristig mehr Kokapflanzen angebaut werden. Die betroffenen Bauern spekulieren darauf, mehr Geld für alternatives Saatgut zu bekommen, je größer die von ihnen bewirtschaftete Fläche ist. Dagegen spricht jedoch, dass die Kokabauern in vielen Fällen nicht die Eigentümer des genutzten Landes sind, sondern es lediglich im Auftrag von Hintermännern bestellen. Für eine langfristige Bekämpfung der Kokainproduktion kommt es darauf an, möglichst vielen Menschen legale Alternativen anzubieten. Der Anbau von Kaffee und anderen Agrarprodukten könnte – vorausgesetzt, die notwendige Sicherheit und Stabilität sind gewährleistet – eine solche Alternative in den Kokaanbaugebieten sein.

Die Drogenkartelle konnten nur darum so mächtig werden und den kolumbianischen Staat zeitweise existentiell bedrohen, weil sich viele Kolumbianer von der Möglichkeit ausgeschlossen fühlten, auf legale Weise ein menschenwürdiges Leben zu führen. Darum akzeptierten sie die Drogenkriminalität oder nahmen sogar aktiv daran teil. Die Beispiele Gold, Kaffee und Bananen haben jedoch gezeigt, dass die reichen natürlichen Ressourcen Kolumbiens für viele Menschen dauerhaften Wohlstand generieren könnten, solange man nicht der »Geisteshaltung Eldorado« verfällt, sondern verantwortungsvoll und nachhaltig damit umgeht.

Die fünf Kolumbien

Amazonía

Ich schaue aus dem Fenster des Flugzeugs. Ungefähr 10 000 Meter unter mir befindet sich eine große grüne Fläche, die sich bis zum Horizont erstreckt. Eine halbe Stunde später sieht es immer noch genauso aus. Einzelne Wolken schweben unter dem Flugzeug in der Luft. Ihre vertikale Ausdehnung ist gewaltig, sie müssen sich über mehrere hundert Meter in die Höhe türmen. Manche sind weiß, andere grau. Zwischen den Wolken ist der blaue Himmel zu erkennen. Irgendwann sieht man einen Fluss, der sich braun und kurvenreich durch das Grün schlängelt. Er verliert sich in der Ferne. Nach einer Weile taucht ein weiterer, wesentlich breiterer Fluss auf. Ich kann keine Städte und keine Straßen entdecken. Kolumbien, denke ich bei diesem Anblick, sieht je nachdem, in welche Himmelsrichtung man reist, vollkommen anders aus. Kolumbianer sagen darum, es gebe »fünf verschiedene Kolumbien«. Damit meinen sie verschiedenen Regionen des Landes, die eine stark unterschiedliche Geographie voneinander aufweisen. Eigentlich sind es sogar sechs, wenn man eine Inselgruppe in der Karibik mitzählt: Amazonía, Andina, Orinoquía, Caribe, Pacífico, Insular.

Das Flugzeug fliegt nach Süden. Aus dem Grün ist ein Blaugrün geworden. Wieder taucht ein Fluss auf, er ist größer als die vorherigen, immer wieder sind kleine grüne Inseln darauf zu sehen. Die Maschine sinkt. Als sie aus den Wolken hervorkommt, ist der Fluss immer noch zu sehen. Aus geringerer Entfernung wirkt er jetzt noch breiter. In dem endlosen Grün sind schon einzelne Baumwipfel zu erkennen. Am Horizont sieht es so aus, als würde der große Fluss in den Himmel fließen. Die Schatten der Wolken tanzen im Vorbeifliegen über den Wald unter mir. Das rote Anschnallzeichen leuchtet auf, und ich erkenne, dass der Fluss der Amazonas sein muss. Zwischen den Wolkentürmen entstehen zwei bunt leuchtende Regenbögen. Ich muss bei ihrem Anblick daran denken, dass dort unten eine berauschende Vielfalt mit Hunderttausenden von Tier- und Pflanzenarten existiert, aber nur sehr wenige Menschen dort leben. Es ist eine der artenreichsten und für den Menschen unzugänglichsten Regionen der Erde.

Das Amazonasgebiet im Süden Kolumbiens umfasst etwa 403 000 Quadratkilometer. Das ist ungefähr ein Drittel des gesamten Staatsgebietes. Die Region Amazonía besteht aus den *departamentos* Amazonas, Putumayo, Caquetá und den südlichen Teilen von Guainía, Guaviare und Vaupés. Im etwa 109 665 Quadratkilometer großen *departamento* Amazonas, was etwa der Größe Ostdeutschlands entspricht, leben jedoch lediglich etwa 75 000 Menschen. Viele von ihnen gehören zu den 44 indigenen Völkern, die zum Teil seit mehr als 5000 Jahren in der Region ansässig sind.

Leticia ist die Hauptstadt des *departamentos* und liegt am nördlichen Flussufer des Amazonas. Etwa die Hälfte aller Einwohner der Provinz lebt in Leticia. Das südliche Ufer des Amazonas gehört zu Peru. Unmittelbar östlich von Leticia verläuft die brasilianisch-kolumbianische Grenze. Die Stadt Tabatinga liegt auf brasilianischem Territorium. Leticia und Tabatinga gehen heute fließend ineinander über. Es gibt in der Regel keine Grenzkontrollen, wenn man das Stadtgebiet nicht verlässt. Man kann ohne Probleme beispielsweise mit dem Motorradtaxi zwischen dem kolumbianischen und dem brasilianischen Teil wechseln.

Bereits seit dem 19. Jahrhundert befand sich auf dem Gebiet des heutigen Leticias ein peruanischer Handelsposten und Hafen am Amazonas. Durch eine Gebietsabtretung Perus im Jahr 1922 wurde Leticia Kolumbien zugesprochen, das dadurch einen wichtigen Zugang zum Amazonas erhielt. In den Folgejahren kam es jedoch zu Streitigkeiten zwischen den beiden Ländern, die 1932 zum Kolumbianisch-Peruanischen Krieg führten. Der wurde auch in Leticia ausgetragen, heute steht ein Kriegerdenkmal in einem zentralen Park der Stadt. In den 1980er und 1990er Jahren hielten sich viele Drogenkriminelle in Leticia auf, da die Nähe zu Brasilien und Peru sowie der unzugängliche Dschungel deren Geschäfte begünstigten. Leticia war berüchtigt und galt in Kolumbien als eine weitere Hochburg der Kriminalität. In den 2000er Jahren eroberten Militär und Polizei die Stadt zurück und stellten nach und nach die Ordnung wieder her.

Um heute innerhalb Kolumbiens nach Leticia zu gelangen, gibt es nur zwei praktikable Möglichkeiten. Entweder man fliegt dorthin, oder reist von Puerto Asís – gelegen im *departamento* Putumayo – auf dem Río Putumayo. Dieser Fluss mündet auf brasilianischem Territorium in den Amazonas, flussaufwärts liegt Leticia. Die Reise auf den Flüssen dauert etwa zwei Wochen. Der Regenwald des Amazonasgebietes ist seit Hunderten von Jahren undurchdringlich. Darum haben auch die *conquistadores* – abgesehen von den Siedlungen und Missionen entlang der Flussufer – dort nie richtig Fuß fassen können. Francisco de Orellana war der erste Europäer, der in den Jahren 1541 und 1542 den Amazonas in beinahe gesamter Länge befuhr. De Orellana war in Ecuador mit einer Expedition aufgebrochen, um das sagenhafte Eldorado zu finden und kämpfte sich unter großen Strapazen durch den Dschungel. Als die Regenzeit einsetzte, wurde er mit einer Gruppe seiner Männer vom Haupttrupp getrennt und konnte wegen des ansteigenden Wassers nicht auf dem Fluss zurückfahren. Nach einer monatelangen Reise erreichte de Orellana schließlich das Mündungsgebiet im heutigen Brasilien. Der Name des Flusses Río Amazonas resultiert aus Berichten der Expedition, in denen beschrieben wird, wie sie von weiblichen Kriegerinnen – den Amazonen in den griechischen Mythen ähnlich – angegriffen wurde. Francisco de Orellana verschwand einige Jahre später während einer zweiten Expedition am Amazonas.

Nachdem ich in Leticia gelandet war, ließ ich mich mit einem Dreirad-Taxi zum Hotel fahren. Auf mich wirkte die Stadt wie eine verschlafene Provinzhauptstadt. Der Besitzer des *mototaxis* stammte aus Medellín und lebte seit einigen Jahren in Leticia, wo er sich wegen seiner Ehefrau angesiedelt hatte. Es sei ruhig und weitgehend friedlich geworden, sagte er, wies mich aber trotzdem auf das nahegelegene Hotel Anaconda hin, das zu Zeiten der *narcotraficantes* wegen der Partys und Schießereien, die dort stattgefunden hatten, legendär war. In Leticia herrscht heute eine starke Militärpräsenz. Provinzregierung, Justiz, Gefängnis und alle Banken befinden sich in dem Ort, außerdem zwei Universitäten und zahlreiche Hotels sowie Herbergen. Verwaltung und Tourismus sind die wichtigsten Arbeitgeber und Einnahmequellen Leticias.

Luzdary, eine junge Umweltaktivistin, mit der ich mich einmal in der Stadt traf, sagte, es gebe zwar mittlerweile mehr Studenten an den Universitäten der Stadt. Die meisten von ihnen zögen aber nach dem Abschluss ihres Studiums in andere Städte Kolumbiens, weil sie dort mehr verdienen würden und überhaupt ein besseres Jobangebot herrsche. Allerdings ist, seit Großraumflugzeuge den Flughafen der Stadt anfliegen können, auch eine Art Öko-Tourismus stark im Kommen, und viele Einwohner Leticias versuchen, an dieser Entwicklung zu partizipieren, indem sie sich als Boots- oder Fremdenführer verdingen oder Unterkünfte in indigenen Siedlungen vermitteln. Außerdem gibt es immer mehr Forschungsprojekte nationaler und internationaler Einrichtungen in der Amazonasregion. Für viele der daran beteiligten Wissenschaftler und Mitarbeiter ist Leticia und sein Hafen eine wichtige Basis oder Durchgangsstation. Gleiches gilt für den Handel und den Weitertransport von Waren und Menschen in die am Amazonas gelegenen Dörfer.

Kurze Zeit später gehöre auch ich zu diesen Amazonas-Reisenden. Nachdem ich mit dem Boot ein gutes Stück gefahren bin, stehe ich an einem abgelegenen Ufer des Amazonas. Es regnet. Das Wasser stürzt vom Himmel. Von einem Moment auf den nächsten lässt sich nicht mehr sagen, wo der feste Boden am Ufer endet. Die Strömung reißt Teile der aufgeweichten Uferböschung mit sich. Das braune Wasser bildet Strudel, in denen abgerissene Äste und Blätter kreiseln. Ich stehe bis zu den Knöcheln in rutschigem Schlamm. Drei Meter entfernt schöpft Reinaldo Wasser aus einem schmalen Boot. Ich suche mit meinen Füßen Halt und überlege, auf welchem Weg ich am sichersten zu ihm gelangen könnte. Meine Kleidung, der Rucksack, alles trieft und ist schwer vor Nässe. Ich bin mit Reinaldo unterwegs, um für eine Zeitschrift über den Fang von Piranhas zu berichten. Die meisten Menschen müssen, wenn sie das Wort »Amazonas« hören, zwangsläufig auch an den legendären Raubfisch denken. Er gehört zum Image des Amazonas irgendwie dazu, obwohl es Piranhas auch in anderen Flüssen Kolumbiens, beispielsweise dem Río Orinoco, gibt. Der weltweit gebrauchte Begriff Piranha (im Spanischen *piraña*) entstammt dem Portugiesischen und setzt sich aus zwei Worten zusammen: »Fisch« und »Zähne«.

»Wenn ich jetzt ins Wasser falle«, rufe ich Reinaldo zu, »*uchuma*?« Dabei deute ich mit den Händen ein Zubeißen an.

Mein Begleiter schüttelt den Kopf. Dabei tropft das Regenwasser vom Schirm seiner zerschlissenen Baseballkappe. Ein weiteres Stück Uferböschung löst sich und rutscht in den Fluss. Ich mache einen zugleich tastenden und gleitenden Schritt das Ufer hinab.

»*Uchuma*« bedeutet Piranha auf Tikuna. Die Tikuna, zu denen auch Reinaldo gehört, sind eine indigene Gruppe, die entlang des Amazonas auf brasilianischem, kolumbianischem und peruanischem Territorium beheimatet ist. Schätzungen zufolge leben etwa 30 000 bis 40 000 Tikuna am Amazonas.

Wenn auch nicht trockenen Fußes, so schaffe ich es doch ins Boot, ohne ins Wasser zu fallen. Nach dem dritten Versuch springt der Außenbordmotor mit einem Knattern an, und mein Begleiter steuert das Boot auf den Fluss hinaus. Der Regen lässt nun zum Glück etwas nach. Das Hemd klebt schon kalt und nass am Rücken. Zu meinen Füßen liegen zwei Angelruten im Boot.

»*Uchuma*?« Diesmal nickt Reinaldo und zeigt grinsend seine weißen Zähne. Die Tikuna fischen im Amazonas und in dessen

Nebenflüssen. Neben Früchten und Gemüse ist Fisch ihre hauptsächliche Nahrungsquelle. »Bereits die Kinder«, so Reinaldo, »werden mit zum Fischen genommen. Sie sollen es so früh wie möglich lernen. Ich erinnere mich daran, dass ein Junge seinen ersten Fisch gefangen hatte. Er war überglücklich über den Fang, hob ihn hoch und küsste ihn voller Begeisterung. Es war ein Piranha. Der biss ihm ein großes Stück aus der Unterlippe heraus.«

Reinaldo zeigt mir eine dreieckige Narbe an seinem Unterarm: »*Uchuma*!« Der Fisch war mit anderen im Netz gefangen. Reinaldo hatte ihn übersehen und beim Herausnehmen des Fangs verbiss er sich in seinen Arm. »Eigentlich«, so sagt Reinaldo, »sind die Piranhas nur während der Trockenzeit aggressiv.« Wegen der sinkenden Wasserstände finden sie dann nicht mehr genügend Nahrung. Der Terminus Trockenzeit bedeutet, dass es deutlich weniger regnet und der Wasserstand des Flusses um einige Meter fällt. Damit ist auch die Erosion der Uferböschung erklärt, die ich während des Unwetters sehe. Der Amazonas führt also gerade wenig Wasser, denke ich, und ist voll von aggressiven Piranhas.

In den letzten Tagen habe ich mich allmorgendlich im Fluss gewaschen. So wie alle Bewohner von San Martín de Amacayacu, einem Dorf auf der kolumbianischen Seite des Flusses. Ich hatte mich zwar gefragt, wie viel Sinn es ergibt, sich mit einer antibakteriellen Seife in Flusswasser zu waschen, aber dann einfach das getan, was die Einheimischen tun.

»Wenn du ausrutschst oder stolperst«, hatte mich Reinaldo gewarnt, als wir in den Wald gingen, um die Zweige für die Angelruten aus einem *Espintana* genannten Baum zu schneiden, »halte dich bloß nirgendwo fest. Du kannst nicht wissen, was du dann in den Händen hältst.«

»Eine Anakonda womöglich?«

Reinaldo konnte darüber nicht lachen und antwortete knapp: »Giftige Pflanzen oder Insekten!«

Für die Tikuna hat alles im Regenwald eine besondere Bedeutung, und sie erzählen eine wunderschöne Legende von der Entstehung der Welt: Die Götter schufen einen Baum, der von den

Tieren bewohnt wurde. In den obersten Ästen lebten die Faultiere. Sie schliefen den ganzen Tag lang. Die Götter befahlen den Eichhörnchen, die Faultiere zu wecken. Als die Eichhörnchen in die Krone des Baumes kletterten, stürzte er um. Damit war die Welt geboren. Aus dem Stamm des Baums wurde der mächtige Amazonas, aus den Zweigen und Ästen die Nebenflüsse. Die Tiere lebten fortan in dieser Welt; später kam der Mensch hinzu.

Während des Regens hatte es nach Weltuntergang ausgesehen, nun haben sich die Elemente wieder beruhigt. Wolkentürme, wie ich sie vom Flugzeug aus bewundert habe, sehe ich nun vom Amazonas aus in den Himmel hinaufsteigen. Reinaldo steuert das Boot flussaufwärts. Geschickt manövriert er es in Ufernähe, um das Boot nicht der starken Strömung in der Flussmitte auszusetzen. Gelegentlich kommen uns andere Wasserfahrzeuge entgegen. Menschen und Güter, ein Patrouillenboot der kolumbianischen Armee. Die Munitionsgurte des Maschinengewehrs im Bug schimmern kupferfarben in der Sonne. Meine Kleidung trocknet am Körper. Reinaldo stellt den Motor ab und lässt das Boot behutsam in eine Bucht hineingleiten. Dort ist die Wasseroberfläche glatt und unbewegt. Das Himmelsblau spiegelt sich darin. Ein umgestürzter Baum liegt im Wasser. In den Zweigen sitzt ein großer Raubvogel. Der gelbe Schnabel und die Krallen heben sich leuchtend vom Grün der Blätter ab.

»Piranhas«, sagt Reinaldo, »bevorzugen die Stellen im Fluss, an denen die Strömung am schwächsten ist. Dort lauern sie auf Beute.«

Auch ohne das Knattern des Außenbordmotors, ist der Regenwald nicht ruhig. Es zwitschert, gluckst, raunt und fiepst von überallher. Die Vögel, Insekten, Affen, Frösche und andere Wald- und Flussbewohner sorgen für eine eindrucksvolle Geräuschkulisse.

Wir bereiten unsere Angeln vor. Etwa zweieinhalb Meter handelsübliche Angelschnur werden an ein Ende von jedem *Espintana*-Zweig gebunden. Am Ende der Schnur befindet sich ein scharfer Haken aus Metall. Angelschnur und Haken – früher wurden Dornen und Lianen verwandt – stammen aus industrieller Produktion. In einer Unterhaltung hatte Reinaldo betont, wie wichtig ihm die Tradition des Stammes sei. Er sei konservativ und glaube daran, dass die Bräuche der Vorfahren immer noch ihre Berechtigung hätten. Der Wald und der Fluss seien die Lebensgrundlage der Tikuna, daran habe sich seit ewigen Zeiten nicht viel geändert. Trotzdem mache beispielsweise ein Außenbordmotor das Leben etwas leichter.

Das Boot treibt träge in der Mitte der Bucht. Reinaldo nimmt ein großes Messer in die Hand und schneidet die Köderfische in kleine Stücke, sodass sie auf den Haken passen.

»Zuerst«, sagt er, »lockt man die Piranhas an.«

Haken samt Köder sinken langsam ins Wasser. Um den Fischen das Vorhandensein eines Beutetieres zu simulieren, taucht Reinaldo auch die Spitze der Rute ins Wasser und führt aus dem Handgelenk schnell hintereinander zuckende Bewegungen aus. Dort wo der *Espintana*-Zweig das Wasser berührt, bilden sich konzentrische Kreise. Kleine Wellen laufen so durch das Wasser und signalisieren potenziellen Jägern Bewegung, sprich Beute.

»Wenn du einen Fisch an der Angel hast«, rät mir Reinaldo, »schleudere ihn mit einem Schwung ins Boot.«

»Auch einen Pirarucu?«, scherze ich. Der Pirarucu ist einer der größten Fische im Amazonas. Er wird bis zu zwei Meter lang und mehr als 120 Kilo schwer. Ein solches Exemplar würde das Boot mit Sicherheit nicht verkraften. Reinaldo findet das – wie schon die Anakonda zuvor – nicht zum Lachen. Die Angelschnur hängt unbewegt im Wasser. Nichts geschieht.

»Wir brauchen Kurare«, versuche ich es noch einmal mit Humor. Kurare ist ein Nervengift, das die Indigenen am Amazonas aus Pflanzen herstellen. Es wird bei der Jagd – entweder mit dem Blasrohr oder dem Bogen – an den Spitzen der Pfeile verwandt oder beim Fischfang ins Wasser gegeben. Schon kleinste Mengen lähmen die Atmung der Säugetiere und Fische. Es wirkt ebenso bei Menschen. Ein Tikuna erzählte mir von Unfällen, die bei der

Jagd oder bei der Herstellung Menschen das Leben gekostet haben. Kurare ist ein starkes Gift, die Herstellung wird traditionell von Schamanen überwacht und folgt strengen Regeln. Erstaunlicherweise ist der Verzehr von mit Kurare getöteten Tieren für den Menschen nicht gefährlich. Bei dem Thema Kurare taut Reinaldo auf.

»Es wird immer noch benutzt, obwohl es bei uns im Dorf niemand mehr selbst herstellt. Fünf Tagesmärsche nördlich lebt eine Gruppe im Dschungel, die es macht. Von denen kaufen wir es. Ein Teelöffel Kurare kostet etwa 60 000 bis 100 000 Pesos.« Das entspricht circa 20 bis 35 Euro und ist viel Geld für einen Amazonasbewohner.

Die Praxis des Fischfangs mit Kurare, sagt Reinaldo, wurde mittlerweile aufgegeben. Zum einen ist es nicht mehr legal, und zum anderen tötet das Gift sämtliche Lebewesen im Wasser, auch Jungfische, die für den Artenerhalt wichtig sind. Ob so ferne Dinge wie Legalität und Gesetz im hintersten Winkel des Amazonas tatsächlich ein Grund sind, etwas nicht zu tun, bleibt für mich jedoch fraglich. Während wir so beschaulich fischen, erzählt mir Reinaldo von dem Jahr, das er im Gefängnis von Leticia zugebracht hat. Er war 2001 wegen Drogenschmuggels festgenommen und verurteilt worden. Der Tikuna hatte mit seinem Boot Kokain für ein Drogenkartell transportiert. Im Amazonasgebiet gibt es angeblich viele versteckte Drogenlabore samt Pisten für Kleinflugzeuge. Das Dreiländereck Kolumbien – Peru – Brasilien ist wegen des dichten Dschungels kaum zu kontrollieren. Die *narcotraficantes* heuern häufig ortskundige Bewohner für den Transport der Drogen an. »Bis vor ein paar Jahren«, erzählt Reinaldo mit Blick auf seine Angel, »war es ein gewohnter Anblick, Leichen den Amazonas hinabtreiben zu sehen.«

Außer den Drogenkriminellen treiben auch illegale Goldgräber und Holzfäller in den Regenwäldern ihr Unwesen. Die Schäden, die sie dem Ökosystem zufügen, sind durchaus beträchtlich und eine weitere Herausforderung für die kolumbianische Regierung.

Plötzlich blitzt dicht unter der Wasseroberfläche etwas Rotes auf. »*Uchuma*«, sagt mein Begleiter leise. Der sogenannte Rote Piranha hat an den Seiten und der Unterseite seines Körpers rote Schuppen. Ich spüre ein Zupfen und Zerren an der Schnur. Mit einem schnellen Ruck hole ich sie ein. Etwas fällt klatschend ins Boot. »*Uchuma*!«, sagt Reinaldo anerkennend. »*Por fin*«, antworte ich ihm, »endlich«. Der Fisch ist etwa so groß wie die Hand eines Mannes. Bis zum Einbruch der Dämmerung fangen wir noch fünf weitere. Zusammen ergibt das eine gute Mahlzeit. Es wird schnell dunkel. Am Himmel sind bereits die ersten Sterne zu sehen. Im Schein einer Stirnlampe wirft der Tikuna den Außenbordmotor an.

Die Welt der Tikuna am Amazonas, der Regenwald und die Piranhas – denke ich, als ich zum Flughafen von Leticia zurückkehre – gehören zum Spektakulärsten, das sich in Kolumbien finden lässt. Es ist vor allem darum spektakulär, weil es auch für viele Kolumbianer eine vollkommen fremde Welt darstellt. Während hier die wenigsten Menschen leben, sind in Andina die meisten Kolumbianer zu Hause: etwa 29 Millionen Menschen. Diese Region erstreckt sich vom Süden bis in den Norden Kolumbiens. Drei parallel zueinander verlaufende Kordilleren der Anden – die *cordilleras occidental*, *central* und *oriental* – bilden ihr Zentrum. In der Región Andina wiederum, ist das *departamento* Antioquia, mit sieben Millionen Bewohnern, eines der bevölkerungsreichsten des Landes.

Andina und Orinoquía

Rionegro liegt mitten in Antioquia. Als ich aus dem Flughafengebäude trete, spüre ich die kühle Luft. Eine grüne Bergkette am Horizont verschwindet im Nebel. Ich gehe zu den Bussen, die vor dem Flughafen warten. Mit dem *collectivo* braucht man etwa eine Stunde bis in die Innenstadt von Medellín. Zuerst fahren wir durch eine hügelige Landschaft. Luxuriöse Einfamilienhäuser, Einkaufszentren und Gärtnereinen wechseln sich entlang der Straße ab. Dann beginnt eine kurvenreiche Abfahrt. Medellín liegt in einem langgezogenen Tal, dem Valle de Aburrá, etwa 1500 Meter über dem Meeresspiegel. Der Kleinbus rast die Serpentinen hinunter in die einige hundert Höhenmeter tiefer gelegene Stadt. Obwohl der Bus schnell fährt, wird er auf der mehrspurigen Straße von ganzen Schwärmen von Motorradfahrern überholt. Sie legen sich rasant in die engen Kurven. Die langen Haare der Fahrerinnen und Beifahrerrinnen flattern im Wind. Nach jeder Kurve gerät Medellín unter uns wieder ins Blickfeld, jedes Mal ein Stück näher. Ein ganzer Wald von Hochhäusern schmiegt sich an die Hänge des Stadtteils El Poblado, dazwischen stehen Palmen und über allem hängt eine, in der Sonne leuchtende, Dunstglocke. El Poblado ist einer der nobleren Stadtteile von Medellín – boomend und außerordentlich dicht bebaut. Nach zwei weiteren Kurven liegen die ersten Wohnanlagen, mit ihren dreißigstöckigen Türmen, schon über uns. Aus dem Busfenster sehe ich, wie eine zweimotorige Propellermaschine ins Tal hinabsinkt, um auf dem innerstädtischen Flughafen von Medellín zu landen. Dicht am Bus schießt ein Fahrzeug vorbei, aus dem elektronische Musik dröhnt. Auf der Gegenfahrbahn quält sich eine Gruppe von Mountainbike-Fahrern den Berg hinauf. Ihre bunten Trikots leuchten in der Sonne. Mir kommt es vor, als tauche ich in eine Stadt ein, deren Wellen mir schon auf den ersten Metern entgegenschlagen.

Die Einwohner Medellíns sowie die der *departamentos* Antioquia, Caldas, Quindío und Risaralda bezeichnen sich als *paisa*. Der Begriff kommt von *paisano*, was mit Landsmann, aber auch Bauer übersetzt werden kann. In jedem Fall fühlen sich die *paisa* dem von ihnen bewohnten Land verbunden, sei es nun die vier Millionen Einwohner zählende Stadt Medellín oder die ländliche Zona Cafetera. *Paisa* zu sein bedeutet, man ist gastfreundlich, geschäftstüchtig, denkt immer positiv und – ganz wichtig – ist anders als die übrigen Bewohner Kolumbiens.

Es gibt eine Reihe von Sprüchen, die zwar scherzhaft geäußert, aber von richtigen *paisa* durchaus ernst genommen werden. »Was sind die drei gößten Lügen der *paisa?*«, fragte mich einmal ein Mitarbeiter der Universidad de Antioquia. Ich zuckte die Schultern. »*Mañana te pago. El último pa que nos vamos. La puntica no más*«. Ich verstand es auf Anhieb: »Ich bezahle dich morgen. Nur noch einen, dann gehen wir«, und ein wenig schlüpfrig: »Nur die Spitze.«

Der Stolz der *paisa* ist nicht ganz unbegründet. Antioquia und die umliegenden *departamentos* sind, unter anderem wegen der reichen Goldvorkommen und der Zona Cafetera, die wohlhabendsten in ganz Kolumbien. Unter den *paisa* gibt es überdurchschnittlich viele erfolgreiche Unternehmer, Politiker und ehemalige Staatspräsidenten. Das freie Unternehmertum der *paisa* wird gerühmt und ist tatsächlich in allen sozialen Schichten anzutreffen. Überall begegnet einem jemand, der etwas verkaufen will oder die Möglichkeit zu einem tollen Geschäft anbietet.

Einmal traf ich vor einem Supermarkt auf einen Mann, der gleichzeitig Pornofilme und frische Mangos anbot. Als ich freundlich ablehnte, sagte er, morgen früh habe er auch erstklassige Avocados. Dieses Phänomen des *rebusque* – anzutreffen in ganz Kolumbien – ist unter den *paisa* besonders ausgeprägt. Wörtlich übersetzen lässt sich *rebusque* nicht. Zumindest nicht zutreffend. Es ist eine ständige Suche, die Notwendigkeit – aber auch Fähigkeit – gemeint, Möglichkeiten aufzutun, um Geld zu verdienen. Für die einen ist es ein Durchschlagen von Tag zu Tag. Für die anderen ein groß angelegtes Geschäftsmodell.

In der Kleinstadt Jardín begegnete ich Doña Susana. Sie war um die 60 Jahre alt, wirkte aber jünger. Das straff zu einem Zopf gebundene Haar ließ sie streng aussehen. Doña Susana hatte angefangen, Süßspeisen auf der Straße zu verkaufen, um ihren arbeitslosen Sohn und dessen Familie zu unterstützen. Jeden Morgen packte sie einige Portionen *arroz con leche* in eine Styropor-Box und stellte sich damit auf den zentralen Platz Jardíns. Das Geschäft lief von Beginn an ziemlich gut, schon bald schleppte

Doña Susana zwei Styropor-Kühler auf die *plaza mayor* und bereitete raffiniertere Varianten mit Früchten zu. Jardín ist circa 130 Kilometer von Medellín entfernt, an den Wochenenden kommen viele Besucher in die idyllische Stadt. Der Eigentümer einer Restaurantkette war so begeistert von Doña Susanas Kreationen, dass er ihr den Auftrag gab, seine Restaurants in Medellín mehrmals in der Woche damit zu beliefern. Als ich sie traf, betrieb Doña Susana dank des Großauftrags eine Bäckerei. Sie hatte mit Freundinnen ein Unternehmen gegründet. Mehrere ihrer Lieferwagen standen vor der Tür.

Sogar der fragwürdige unternehmerische Erfolg Pabo Escobars – der sich zu Lebzeiten in der Rolle eines *super-paisa* gefiel – wird von vielen *paisa* anerkannt. Immerhin hatte er es geschafft, im weltweiten Drogenhandel an die Spitze zu gelangen.

Gracias a dios, sind diese Zeiten jedoch vorbei. Nach mehreren rigorosen und teilweise brutalen Befriedungskampagnen durch Militär und Polizei ist es gelungen, aus Medellín – das einst als die gefährlichste Stadt der Welt galt – eine moderne Metropole zu machen, in der man sich ganz normal bewegen kann. Früher lebten die wohlhabenden Bürger in Medellín möglichst nah an der Talsohle, die Elendsviertel wuchsen an den Hängen in die Höhe. Durch den Zustrom Vertriebener entstanden chaotische, ungeplante Bebauungen, die auch heute noch einem Labyrinth gleichen.

Ich schlängele mich durch die schmalen Gassen zwischen Häusern, die aus unverputzten Hohlblocksteinen erbaut sind, einen Hügel hinauf. Manchmal öffnet sich eine Lücke zwischen den Hauswänden und gibt den Blick nach unten auf Wellblechdächer und zahllose rotbraune Mauern frei. Ein Hund schläft auf einem Balkon, seine Pfoten hängen zwischen den Stäben des Geländers hindurch. Salsa-Musik schallt aus einem Fenster. Die Comuna 13 – ein Viertel im Osten Medellíns – war früher eine Hochburg der Guerilla. FARC und ELN versteckten Geiseln und Waffen in dem labyrinthähnlichen Wohngebiet. Die Polizei traute sich nicht mehr dorthin, und die Bewohner waren entweder sich selbst oder der Guerilla überlassen. Eine Anwohnerin erzählt mir: »Irgendwann bin ich einfach nicht mehr aus dem Haus gegangen. Nur noch, wenn es unbedingt nötig war. Es war zu gefährlich. Die Straßen waren nach Einbruch der Dunkelheit leer.«

Die Frau ist 50 Jahre alt und lebt seit ihrer Kindheit in dem Viertel. Später zeigt sie mir ein Einschussloch in einer Wand ihres Hauses. »Die Kugel hat während der Operación Orión eingeschlagen.« Im Oktober 2002 hatte die Regierung Álvaro Uribe – später ein entschiedener Gegner des Friedensabkommens mit der FARC – das Militär von der Kette gelassen. Eine Streitmacht aus Armee, Polizei und den berüchtigten *paramilitares* marschierte, unterstützt von Kampfhubschraubern und Panzerwagen, in die Comuna 13 ein. Am Ende der Operation gab es in dem Viertel keine Guerilla mehr, aber – kein Wunder bei einer solchen Gewaltanwendung in einem dicht besiedelten Stadtteil – auch viele Anwohner waren ums Leben gekommen, wurden verwundet oder waren spurlos verschwunden.

Jedenfalls konnte die Stadtverwaltung nach dem Großangriff ohne nennenswerten Widerstand eine gigantische elektrische Rolltreppenanlage in die Hügel der Comuna 13 bauen lassen. Die Menschen, so sagt eine Anwohnerin, hätten zwar damals lieber Schulen gehabt, die näher an ihrem Viertel gelegen und den Kindern einen gefährlichen Schulweg erspart hätten, aber die Rolltreppen eigneten sich eben besser, um die Epoche einer Modernisierung und Umgestaltung der Stadt nach außen hin zu symbolisieren. Medellín, so hatten die Stadtplaner und Politiker beschlossen, sollte nach den Jahren der Drogenkriege ein freundlicheres Gesicht bekommen und eine lebens- und liebenswerte Stadt werden. Also wurden Seilbahnen in die Problemviertel auf den Hügeln gebaut, die wiederum an ein modernes Metrosystem angeschlossen waren. Es gab andere Maßnahmen zur Verbesserung der Infrastruktur. Die Stadt wurde wirklich sicherer, aber vor allem stiegen die Immobilienpreise. Medellín erlebt seit Jahren einen Bauboom, und Kritiker des Friedensprozesses werfen den Planern des neu entstandenen Medellíns vor, dass einige von ihnen hohe Profite mit diversen Bauprojekten und Immobiliengeschäften gemacht haben. Das lässt sich nur sehr schwer überprüfen, ist aber durchaus möglich. In Kolumbien ist es manchmal schwierig, zwischen Recht und Unrecht, Tätern und Opfern zu unterscheiden. Den Touristen, die vor den Rolltreppen stehen und sich auf geführten Touren durch das Viertel die Bedeutung irgendwelcher Graffiti erklären lassen, ist das jedenfalls nicht bewusst.

Die Drogengelder fließen heute immer noch nach Medellín. Sogar in größerem Ausmaß als zu Zeiten Pablo Escobars, denn die Kokainproduktion hat sich seit damals vervielfacht. Da die Stadt heute kein Schlachtfeld mehr ist, eignet sie sich bestens dafür, diese Gelder anzulegen und in legale Unternehmen oder Bauprojekte zu investieren.

Ich hatte mich einmal für ein paar Wochen in einem Fitnessstudio angemeldet. Dort standen auf mehreren Etagen, in einer ziemlich exklusiven Wohnlage, die teuersten Geräte. Es trainierte dort kaum jemand, meistens war es ziemlich leer. Mir war schon vorher aufgefallen, dass es in der Stadt auffallend viele ähnliche *gimnasios* gab. Ich fragte einen Mann, der mit mir trainierte, wie sich das Studio mit so wenigen Kunden über Wasser halten könne. »Es ist eine *lavadero de plata*«, sagte er, eine Geldwaschanlage.

Viele Einwohner Medellíns, mit denen ich im Laufe der Zeit gesprochen habe, sind der Ansicht, dass der Frieden und die Ruhe in der Stadt fragil sind. Die Kriminellen haben sich untereinander arrangiert und so etwas wie einen Waffenstillstand geschlossen, um von den Vorteilen der prosperierenden Wirtschaft und des Baubooms zu profitieren. Den Politikern kommt das ebenfalls gelegen. Doch es gibt auch heute Gegenden, in denen Auseinandersetzungen mit Gewalt ausgetragen werden. Nach Morden und Übergriffen weigerten sich 2017 die Bus- und Taxifahrer, weiterhin in Teile des Viertels Altavista zu fahren. Dort haben die *bandas* das Sagen. Im Frühjahr 2017 hat die Regierung eine Spezialeinheit der Armee aufgestellt und in Medellín stationiert, die eigens für den Kampf auf urbanem Terrain ausgebildet wurde. Ich habe die Fuerzas Especiales Urbanas No. 7 einmal während eines Einsatzes für eine Reportage begleitet. Es war gespenstisch, die *comandos* mit ihren schallgedämpften Maschinenpistolen durch ein ebensolches Labyrinth wie die Comuna 13 vorrücken zu sehen. Die Soldaten spähten vorsichtig um jede Ecke. Während einer vorwärts ging, schaute der andere zurück, die Waffe schussbereit. Aus dem Gewirr der Häuser war der Lärm von Feuerwerkskörpern zu hören.

»Die *bandas* benutzen Feuerwerk, um sich Botschaften zu schicken«, erklärte mir ein Offizier. »Die wissen, dass wir die Telefone abhören.«

Die Zivilisten, denen die Soldaten begegneten, hoben zum Teil ihre Smartphones um zu filmen. Den *comandos* machte das nichts aus. »Operationen in Städten«, sagte einer von ihnen, »finden zwangsläufig immer in der Öffentlichkeit statt. Es gibt Zeugen. Wir sind dazu ausgebildet worden, uns richtig zu verhalten.«

Wahrscheinlich ist auch das etwas, das man aus der Operación Orión gelernt hat.

Die meisten *paisa* sind froh darüber, nicht in Bogotá leben zu müssen. Wenn jemand aus beruflichen Gründen dorthin ziehen muss, wird er oft bedauert. Das Klima in Bogotá ist kälter als in Medellín, das wegen seiner konstant milden Temperaturen auch »Stadt des ewigen Frühlings« genannt wird. Aber mit »kälter« meinen die *medellinense*, die Einwohner Medellíns, nicht nur die meteorologischen Temperaturen, sondern auch das Miteinander. Sie bezeichnen die Bevölkerung Bogotás, die *bogotanos* als *cachacos* und *rolos*. Das soll bedeuten, dass es sich um einen zugeknöpften Menschenschlag handelt – Krawattenträger aus der Hauptstadt eben. Bogotá und Medellín sind die bedeutendsten Städte in der Región Andina. Sie sind sehr unterschiedlich, rivalisieren teilweise miteinander. In den 1920er Jahren gab es Unabhängigkeitsbestrebungen der Provinz Antioquia, als dort eine separatistische Bewegung mit dem Namen »País A« entstand.

Doch trotz der wirtschaftlichen Stärken Medellíns beziehungsweise Antioquias behielt Bogotá seine Bedeutung als politisches Zentrum Kolumbiens. Der Status Bogotás als Hauptstadt Kolumbiens kommt auch dadurch zum Ausdruck, dass das Stadtgebiet als distrito capital, kurz Bogotá, D. C., betrachtet wird und anders als das umliegende departamento Cundinamarca der zentralen Regierung direkt untersteht.

Bogotás Rolle als Hauptstadt ist unumstritten, alle politischen Institutionen – Senat, Parlament, Präsidentenpalast und sämtliche Ministerien – haben hier ihren Sitz. Dramatische politische Entwicklungen, wie der bogotazo nach der Ermordung Gaitáns, nahmen hier ihren Anfang. Traditionell finden Demonstrationen und Kundgebungen politischer Parteien oftmals auf der zentralen Plaza Bolívar, in Sichtweite des Präsidentenpalastes statt. Das Oberkommando der Streitkräfte, die Militärakademie und die Polizeihochschule befinden sich ebenfalls innerhalb oder in der Nähe Bogotás. Die Stadt ist seit jeher der Fixpunkt staatlicher Macht in Kolumbien.

Bogotá hat fast dreimal so viele Einwohner wie Medellín und sieht schon auf den ersten Blick anders aus. Die Stadt ist nicht so modern wie das neu entstandene Medellín, in dem es kaum noch historische Gebäude, dafür aber jede Menge Wolkenkratzer gibt. In der Altstadt von Bogotá, La Candelaria, stehen noch die Paläste, Kirchen und Wohnhäuser aus der Kolonialzeit. Moderne Wohn-und Geschäftsviertel finden sich eher am Rande des Zentrums. Die Straßen sind beinahe überall in der Stadt voll mit Bussen, Lastwagen und Pkw Ständig entstehen Staus, und es dauert sprichwörtlich Stunden, um von einem Ende Bogotás an das andere zu gelangen.

Eine der originellsten Ideen, dem allgegenwärtigen Verkehrschaos zu begegnen, hatte Antanas Mockus, der von 1995 bis 1997 und von 2001 bis 2003 Bürgermeister Bogotás war. Mockus stellte kostümierte Clowns an die Kreuzungen der Stadt, die sich pantomimisch über die Unsitte der Autofahrer lustig machten, trotz roter Ampeln einfach drauflos zu fahren und so die Kreuzungen zu blockieren. Der Erfolg der Clowns hielt sich in Grenzen, die Dauerstaus gibt es bis heute, aber die Maßnahme kam bei den Bürgern Bogotás gut an. Überhaupt gewann Antanas Mockus durch sein exzentrisches Auftreten und seinen unkonventionellen Regierungsstil als Bürgermeister viel Sympathie. Einmal erschien Mockus, der Philosophie und Mathematik studiert hatte, mit einem rosafarbenen Spielzeugschwert bewaffnet zu einem Termin im Präsidentenpalast. Ein anderes Mal hielt er einen Vortrag an der Universidad Nacional de Colombia, bei dem die Studenten ihm nicht genügend Aufmerksamkeit schenkten und sich stattdessen laut unterhielten. Daraufhin drehte Mockus ihnen auf dem Podium den Rücken zu, ließ seine Hose herunter und zeigte den Studenten seinen blanken Hintern. Über Bogotá hinaus wurde Antanas Mockus als der Urheber des *ley zanahoria* bekannt, des »Karottengesetztes«. Es besagt, dass nach ein Uhr nachts kein Alkohol mehr ausgeschenkt oder in der Öffentlichkeit getrunken werden darf. Die Bezeichnung *ley zanahoria* entstand aus einem Wortspiel mit *sana*, was gesund bedeutet, und *zanahoria*, Karotte, dessen Anfang ähnlich klingt.

Abgesehen von den exzentrischen Auftritten und spektakulären Maßnahmen ist Mockus jedoch seit Jahrzehnten ein seriöser Politiker, der sich um Einfluss und Macht im politischen System Kolumbiens bemüht. 2006 kandidierte er mit der Wählervereinigung Visionarios con Antanas bei den Senats- und Präsidentschaftswahlen. Damals wurde er von dem konservativen Álvaro Uribe geschlagen. Nach den Parlamentswahlen 2018 zog Antanas Mockus als Abgeordneter der Alianza Verde (Grüne Vereinigung) in den Senat ein. Schon während seiner Amtszeit als Bürgermeister Bogotás hatte er sich verstärkt ökologischen Problemen, wie der Wasserverschwendung, gewidmet und auch Benzin höher besteuern lassen.

Wenn man inmitten der Autos und Menschen im Zentrum Bogotás steht und über Probleme wie Müllentsorgung oder Benzinsteuern nachdenkt, kann man sich nur schwer vorstellen, dass zwei Autostunden westlich von dort wieder ein »anderes Kolumbien« beginnt, in dem diese Dinge kaum eine Rolle spielen: Los Llanos Orientales. Die Llanos bestehen hauptsächlich aus Grasland und Savannen. Besonders während der Regenzeit zwischen April und Oktober gibt es hier ausreichend Wasser. Das ist die wichtigste Voraussetzung für die Lebensgrundlage der *llaneros*: die Viehzucht. Das Gras wächst dann schneller, und die fischreichen Seen und Flüsse schwellen an.

Wind streicht über die langen Gräser und versetzt sie damit in eine Wellenbewegung, die sich über die weite Ebene hin fortsetzt. Der Bus taucht, einem Schiff gleich, auf einer langen, geraden Straße in die Ebene hinab. Am Himmel fliegt ein weißer Reiher. Auf dem Sitz gegenüber hat ein *vaquero*, ein kolumbianischer Cowboy, platzgenommen. Der Mann trägt Stiefel, die besser zum Reiten als zum Busfahren geeignet sind, und den typischen, breitkrempigen Hut der *llaneros*. Sein Blick ist auf den Horizont gerichtet. Irgendwo auf freier Strecke hält der Bus. Neben der Straße wartet ein anderer *vaquero* mit zwei Pferden. Mein Sitznachbar steigt aus. Der Bus fährt weiter. Ich drehe mich um und sehe, wie die beiden Reiter in langsamem Tempo in die Ebene traben. Auf dem Bildschirm im Mittelgang des Busses läuft derweil ein Actionfilm.

Die *llaneros* pflegen einen Lebensstil, der entstanden ist, bevor unter den Savannen Öl- und Gasvorkommen entdeckt wurden und auch bevor die industrielle Viehzucht in den Llanos Orientales eingeführt wurde. Vor einigen hundert Jahren wurden die Llanos von den ersten europäischen Kolonisten aus Antioquia oder dem heutigen Venezuela kommend besiedelt. In Kolumbien liegen die Llanos auf dem Gebiet der *departamentos* Arauca, Casanare, Vichada, Meta und die nördlichen Teile von Guainía, Guaviare und Vaupés. Sie grenzen an Venezuela. Auf dem Gebiet der Llanos leben zum einen indigene Gruppen – darunter die Betoye, Hitnu, Piapoco, Sáliba, Nasa, Achagua und Sikuané –, zum anderen die *llaneros*, Viehhirten europäischer, afrikanischer und indigener Abstammung. Spricht man mit einem *llanero* und fragt ihn, was einen Bewohner der Llanos von den übrigen Kolumbianern unterscheidet, fallen ihm umgehend die wichtigsten Eigenschaften ein: »Ein *llanero* ist mutig und liebt das Risiko, manchmal arrogant, aber immer gastfreundlich«, sagt mein Gegenüber in typisch nasalem Tonfall. »Er ist ehrlich und sagt offen seine Meinung, und vor allem ist ein echter Bewohner der Llanos ein guter Reiter und freiheitsliebend.«

Der Lebensunterhalt vieler *llaneros* basiert auf der Rinderzucht, deren historische Anfänge auf die Missionen der Jesuiten in den Jahren 1659 bis 1767 in der Region zurückgehen. Vielleicht ist ja etwas dran, dass die Freiheitsliebe der *llaneros* daher rührt, dass sie seit Generationen auf den Rücken ihrer Pferde über die weiten Ebenen reiten, in denen sie häufig Rindern, aber seltener anderen Menschen begegnen. Jedenfalls spielten während der Befreiungskriege in Kolumbien und Venezuela die berittenen Gruppen aus den Llanos eine wichtige Rolle bei den Kämpfen gegen die Spanier.

Der Bus macht eine Pause. Auf einem Grill vor einer Raststätte brät Fleisch. Aus dem Lautsprecher an der Wand ist Musik zu hören. Es ist *música joropo*, beschwingt und wiegend, wie der Wind in den Gräsern der Landschaft. Die *llaneros* haben einen eigenen Tanz, den *joropo*. Die Musik dazu wird von einem kleinen Ensemble auf einer Harfe, einer Gitarre, Rasseln und einer Art Ratsche, genannt *matraca*, gespielt. Die Anzahl der Instrumente variiert, die traditionellen Kostüme bleiben gleich. Die Frauen tragen bunte Röcke, die sich während der schwungvollen Drehungen heben und bauschen. Die Männer tragen Hüte. Der *joropo* wird in den Llanos Kolumbiens und Venezuelas getanzt. Ein Lied, das oft in den Llanos Orientales zu hören ist, trägt den Titel *Alma Llanera*, darin werden die Seele der Landschaft und die der Menschen besungen. Der Refrain des Liedes bezieht sich auf den Río Arauca, der von Kolumbien nach Venezuela fließt, und an dessen Ufern der *llanero* geboren wurde. Er versteht sich als einen Bruder der Vögel, des Wassers und der Sonne.

Hier in den östlichen Weiten Kolumbiens haben die Menschen einen starken und ganz eigenen Bezug zur Landschaft, in der sie leben. Im Fall der Llanos führen ihre Bewohner die oben erwähnten Charaktereigenschaften auf die Weite der Landschaft zurück, die fast die Hälfte des Landes ausmacht. Nur in den Llanos konnten sie entstehen und nur hier wollen die *llaneros* ihr seit Generationen gewohntes Leben führen. Durch die steigende Fleischnachfrage auf dem Weltmarkt gibt es hier seit Jahren ein stetes Wachstum.

Als ich die Llanos Orientales eines Abends wieder verlasse, sehe ich vom Auto aus, vor einem flammenden Abendhimmel, die Silhouetten der Buckelrinder, die scheinbar unbeweglich auf den Hügeln stehen.

Caribe y Pacífico

Diesmal fahre ich selbst. Ich bin unterwegs zur Karibikküste, der Región Caribe. Nördlich von Bogotá führt die Straße zum ersten Mal hoch in die Anden. Der betagte Mietwagen schafft es im ersten Gang gerade so die Passstraße hinauf. Manchmal rinnt Wasser, das vom Berg hinunterfließt, über die Fahrbahn. An einer Stelle ist die Hälfte der Asphaltdecke weggebrochen und in die Tiefe gerutscht. In einer Kurve ist das Rauschen eines Wasserfalls zu hören. Auf dieser Straße fahren unzählige Lkw, die zu den großen Häfen der Karibikküste – Santa Marta, Barranquilla oder Cartagena – unterwegs sind oder von dorther kommen. Im Dunkeln leuchten viele Lastwagen wie Raumschiffe in einem Science-Fiction-Film. Die Besitzer haben bunte Neonbeleuchtung an der Unterseite der Fahrzeuge und Anhänger angebracht, damit sehen sie aus, als würden sie über die Straßen schweben. Andere Fahrzeuge sind erschreckenderweise überhaupt nicht beleuchtet. An einem Container, der auf einem Anhänger vor mir den Berg hinauf transportiert wird, haben sich zwei Fahrradfahrer festgehakt und lassen sich mitziehen. Für viele Jugendliche, die in den Andendörfern leben, ist es ein Freizeitvergnügen, sich mit einem selbstgebauten Haken an einen Lkw anzuhängen. Auf der Bergkuppe klinken sie sich aus und sausen zurück ins Tal. Wie alles auf diesen stark befahrenen und schlecht gesicherten Straßen ist auch das nicht ungefährlich. Die Lichter der Fahrzeuge bilden eine endlose Kette in der Dunkelheit. Von der höchsten Stelle des Berges schlängeln sie sich wieder hinab in die Tiefe in Richtung Küste. Je näher das Meer kommt, desto wärmer wird es.

In der Región Caribe leben circa elf Millionen Menschen. Sie erstreckt sich über das gesamte nördliche Kolumbien, von der Grenze zu Panama bis nach La Guajira. An dieser Küste entstanden die ersten Siedlungen der Spanier. Cartagena de Indias wurde im Jahr 1533 gegründet und war damals der wichtigste Hafen Kolumbiens. Die Sklavenschiffe aus Westafrika liefen hier ein, Gold wurde verladen und nach Spanien verschifft. Die Nachfahren der afrikanischen Sklaven sind heute ein fester Bestandteil der Bevölkerung Kolumbiens. Besonders in den Küstenregionen sieht man viele Afrokolumbianer. Nach dem Ende der Sklaverei Mitte des 19. Jahrhunderts sind sie in der Nähe der Küsten geblieben. Das Erste, was in den Begegnungen mit den Menschen der Küstenregionen auffällt, ist die veränderte Sprache. Sie sprechen zwar Spanisch, es hört sich jedoch anders an. Zum Beispiel wird aus »*buenas tardes*« (Guten Tag) manchmal einfach nur ein verwaschenes »*taaardes*«. Am Morgen ist dann auch ein gedehntes »*diaas*« oder nur »*buenaas*« zu vernehmen. Teile der Worte gehen im breiten Singsang der Aussprache unter. Es wirkt so, als bestimme hier ein anderer Rhythmus das Leben.

In der Altstadt von Cartagena bin ich mit Carlos Castillo verabredet. Der Achtzigjährige war Mathematikprofessor an der Universität und unterrichtet heute immer noch, wenn auch nicht mehr so häufig wie früher. Seine Nichte aus Medellín hat mir einige Briefe und Dokumente für ihn mitgegeben. Außerdem, sagte sie, sei Onkel Carlos ein interessanter Gesprächspartner. Als ich ihn am späten Nachmittag anrufe, um zu fragen, ob er Zeit hat, sagt er spontan zu. Allerdings habe er beim Korrigieren von Klausuren schon einige *roncito* getrunken. Darum könne er nicht mehr selbst fahren, sondern würde mit dem Taxi kommen.

Das Wort *roncito* bezeichnet eine ganze Reihe möglicher Getränke, deren wichtigster Bestandteil aber immer *el ron*, der Rum, ist. Dabei wird der Rum mit Coca-Cola oder anderen Softdrinks vermischt getrunken. Der *roncito* ist an der Karibikküste weit verbreitet. Ein alkoholfreies Getränk, das in der Küstenregion traditionell zum Essen angeboten wird, ist der *guarapo* oder *guandolo*. Fälschlicherweise wird dieses Getränk manchmal als Zuckerwasser bezeichnet, dabei hat es mit einem Zuckerwasser, wie man es in Europa kennt, nichts zu tun. Tatsächlich handelt es sich um eine Mischung aus *panela*, einer getrockneten Zuckerrohr-Melasse, und Zitronensaft, die mit viel Eis getrunken sehr erfrischend und nicht übermäßig süß ist. Allerdings wird auch der *guarapo* gern fermentiert oder mit Rum vermischt und als alkoholisches Getränk konsumiert.

Carlos Castillo und ich wollen uns auf einem zentralen Platz mit vielen Cafés treffen, und da ich noch etwas früh dran bin, schaue ich mich ein wenig in der Altstadt um. Der historische Teil des kolumbianischen Cartagenas ist von einem Festungswall umgeben. Dahinter liegen enge Gassen, über deren Kopfsteinpflaster Kutschen rumpeln und Motorräder knattern. Die Häuser wurden im Stil der Kolonialarchitektur erbaut und sind größtenteils aufwendig renoviert worden. Fast an jeder Ecke gibt es Hotels, Restaurants und teure Boutiquen. In den Gassen sind auffallend viele sonnengebräunte Touristen unterwegs. Die meisten davon mit Rucksäcken. Irgendwo ruft eine Frau auf Deutsch nach ihrem Kind, und fast überall ist Musik zu hören. Cartagena war schon immer eine aufgewühlte, dynamische Stadt. Die Unabhängigkeitsbewegung nahm hier ihren Anfang, als die Bewohner kurzerhand den spanischen Statthalter absetzten. Bevor Simón Bolívar Bogotá einnahm, kämpfte er mit der Unterstützung der Bürger Cartagenas an der Karibikküste. Sie hätten damals ihre Stadt gern als Mittelpunkt eines unabhängigen Kolumbiens gesehen und hatten nach der Befreiung sogar schon eine eigene Währung samt Nationalflagge ausgegeben. Doch dann setzte sich Bogotá als Hauptstadt eines zentralistisch regierten Großkolumbiens durch.

Während ich auf den Anruf von Carlos Castillo warte, stelle ich mir vor, wie es ausgesehen haben muss, als die spanischen Galeonen im Hafen der Stadt vor Anker lagen. Diese Schiffe waren die einzige Verbindung zwischen Europa und Südamerika. Die Küstenregion Kolumbiens war somit Europa auf gewisse Weise am nächsten.

Doch auf dem Seeweg lauerten Gefahren, manchmal sogar in Sichtweise Cartagenas. Im Jahr 2015 machte ein spektakulärer Unterwasserfund Schlagzeilen. Vor 300 Jahren, im Juni 1708, war die San José, ein spanisches Schiff, beladen mit Gold, Silber und Diamanten, vor dem Hafen von Cartagena von britischen Kriegsschiffen versenkt worden. Die San José war eines der größten Schiffe der spanischen Flotte, mit mehr als 500 Mann Besatzung und etwa 60 Kanonen an Bord. Dementsprechend groß musste auch die Ladung gewesen sein. Jahrhundertelang suchten Schatzsucher und Unterwasserarchäologen nach dem Wrack. Nachdem es 2015 gefunden worden war, entbrannte ein internationaler Rechtsstreit darüber, wem die Schätze an Bord – deren Wert auf 3 bis 17 Milliarden Euro (!) geschätzt wird – gehören sollten. Der kolumbianische Präsident Santos meldete Ansprüche an, da das Wrack in den Hoheitsgewässern Kolumbiens liegt. Eine US-amerikanische Bergungsfirma pochte auf einen Vertrag, der bereits in den 1980er Jahren mit dem kolumbianischen Staat geschlossen worden war, und zu guter Letzt prüfte Spanien, ob es Ansprüche anmelden könne. Präsident Santos kündigte an, die Überreste der San José zu heben und ein Museum in Cartagena bauen zu lassen, in dem sie gezeigt werden sollten. Im Juni 2018 schrieb Santos einen Brief an die spanische Regierung, in dem er eine Zusammenarbeit bei der Bergung der San José vorschlug. Die Spanier kündigten an, dass Angebot annehmen zu wollen. Der Rechtsstreit mit der US-amerikanischen Bergungsfirma dauert an.

Cartagena war aufgrund des internationalen Handels immer auch eine Stadt, in der nicht nur Handelswaren ausgetauscht wurden, sondern auch ein Austausch der Ideen und Kulturen stattfand. Dabei waren es nicht nur Europäer, die in Cartagena südamerikanischen Boden betraten und ihre Kultur dorthin mitbrachten, sondern auch Hunderttausende von Sklaven aus Afrika, die gegen ihren Willen nach Cartagena verschifft wurden. In der Architektur der Stadt weist nur noch sehr wenig auf die Kais hin, an denen die Sklavenschiffe anlegten, oder auf die Orte, an denen die Menschen untergebracht und auf grauenhafte Weise versteigert oder verkauft wurden.

Die Überlieferungen berichten von verstörenden Szenen menschlichen Leids, wenn ein solches Sklavenschiff in Cartagena festmachte. Auf der mehrwöchigen Überfahrt starben viele Menschen, andere erkrankten auf den chronisch überfüllten Schiffen. Ein Pater der Jesuiten, der seit Anfang des 17. Jahrhunderts in Cartagena lebte, wurde Augenzeuge der Gräuel. Unüblich für die damalige Zeit, begab er sich fortan, wann immer ein Sklavenschiff anlegte, mit Wasser, Nahrung und Medikamenten zu den Kais, um die Menschen zu versorgen, oder ihnen, im schlimmsten Fall, die Sterbesakramente zu erteilen. Die Kirche war so angesehen, dass das Handeln des Geistlichen zumindest geduldet wurde. Außerdem hatten die Besitzer der Sklaven ein Interesse an deren Gesundheit. Pater Pedro Claver Corberó starb 1654 in Cartagena. Später wurde er heiliggesprochen. In Europa ist San Pedro Claver weitgehend unbekannt, obwohl die Sklaventransporte, die die Dimension einer Völkerwanderung annahmen, von Europäern veranlasst und durchgeführt wurden. In Kolumbien ist der Heilige wegen seines humanitären Engagements berühmt. Als der Friedensvertrag zwischen der FARC und der kolumbianischen Regierung im September 2016 unterzeichnet werden sollte, fiel die Wahl auf Cartagena, als dem Ort, an dem die Zeremonie stattfinden sollte. Präsident Santos begründete die Entscheidung mit dem Wirken von San Pedro Claver in der Stadt: »San Pedro Claver war ein großer Kämpfer für die Menschenrechte. Der Friedensprozess greift eine seiner Charaktereigenschaften auf, indem er die Opfer und die Menschenrechte in das Zentrum der Konfliktlösung stellt.«

Auf der Stirnseite des Platzes, auf dem ich mich mit Carlos Castillo treffen möchte, befindet sich die Iglesia de San Pedro Claver, eine mächtige Kirche, in der die Gebeine des Heiligen bestattet sind. Zwei Türme und ein breites Portal beherrschen den Blick. Seitlich davon stehen einige Palmen. Gegen Abend sind viele Menschen auf dem Platz unterwegs. Gruppen von Jugendlichen, Touristen und Straßenmusikanten, die die Cafés abklappern.

Nachdem ich mich so in der Betrachtung der Geschichte verloren habe, fällt mir auf, dass Carlos Castillo schon eine ganze Weile überfällig ist und sich auch nicht noch einmal gemeldet hat. Ich wähle seine Nummer: Nichts. Zehn Minuten später ruft er zurück. Es gebe da ein kleines Problem, sagt er. Er sei doch in sein Auto gestiegen und losgefahren, allerdings hätten sich wohl die Verkehrsregeln in jüngster Zeit geändert. Er habe davon nichts mitbekommen, jedenfalls dort, wo er sonst immer – ja wirklich immer – lang fahren würde, sei auf einmal eine Einbahnstraße entstanden. Natürlich sei er, wie gewohnt – nur leider diesmal in der falschen Richtung – in die Straße eingebogen. Und wie es das Pech und der Zufall wollten, habe ihn dabei die Polizei angehalten. Das, so sagt der achtzigjährige Mathematiker, sei aber überhaupt kein Problem. Er komme nur etwas später, weil er die Polizisten habe bestechen müssen. Das habe ihn etwas Zeit gekostet. Nun würde er sich ein Taxi nehmen. Bis gleich.

Carlos Castillo sieht aus wie eine südamerikanische Variante des US-Schauspielers Walter Matthau. Knubbelige Nase, knautschiges Gesicht und dichtes, zurückgekämmtes Haar. Als ihn die Bedienung des Cafés, in dem wir uns treffen, fragt, ob er ein *Agulia* oder ein *Aguila light* trinken möchte – beides in Kolumbien hergestelltes Bier – schaut er sie missbilligend an. *Agulia light* sei nichts für Männer, sagt er. Jedenfalls nichts für maskuline Männer. Und da wir schon beim Thema wären, fährt er fort, er habe momentan etwas Ärger an der Universität, da er einige Studenten, die sich geweigert hätten, eine Arbeit auf Papier – ja richtigem Papier – zu schreiben und stattdessen eine Computerdatei abgeben wollten, als *maricas*, Schwuchtel, bezeichnet habe. Wäre aber kein Problem, der Rektor sei ein alter Freund von ihm.

Bei Carlos Castillo ist der *machismo* offensichtlich ausgeprägt. Ich muss an den wahrscheinlich ebenso exzentrischen Akademiker Antanas Mockus aus Bogotá denken, der den Studenten seinen Hintern gezeigt hat.

Übrigens hat auch der kolumbianische Schriftsteller Gabriel García Márquez in Cartagena gelebt und zunächst Jura studiert. Damit war García Márquez wohl nicht besonders glücklich. Später arbeitete er als Journalist bei einer Zeitung Cartagenas. In seiner Autobiographie erzählt er von den unzähligen *roncitos*, die er in dieser Zeit – teilweise bis zum Umfallen – getrunken habe. García Márquez starb 2014 in Mexiko, wo er jahrzehntelang lebte. Ein Teil seiner Asche ist im Sockel einer Büste auf dem Universitätsgelände in Cartagena beigesetzt worden. García Márquez hat sich immer wieder in Cartagena aufgehalten und fühlte sich der Karibikküste – von der er stammte – zeitlebens verbunden.

Carlos Castillo sagt, dass sich Cartagena verändert habe. Jenseits der historischen Altstadt sei eine Skyline entstanden, die an Miami erinnere. Auf der anderen Seite der Stadt gäbe es Viertel, die immer noch ohne Strom und Wasser auskommen müssten. Die Altstadt zeige nur einen Teil der Geschichte Cartagenas, aber es gäbe auch noch andere Orte, an denen die Vergangenheit Spuren hinterlassen habe. San Basilio de Palenque zum Beispiel, sei ein Dorf, das während der Kolonialzeit von geflohenen Sklaven gegründet wurde, die sich dort versteckt hatten und deren Nachkommen heute noch dort lebten. Ich nehme mir vor, das Dorf zu besuchen.

Nach unserem Gespräch begleite ich Carlos Castillo zu einem Taxistand. Die gelben Fahrzeuge stehen in einer langen Reihe am Rand der Altstadt. Vor einem Supermarkt hängt ein riesiges Plakat, das für *Aguila light* wirbt. Carlos Castillo schaut in die andere

Richtung. Ich helfe ihm beim Einsteigen ins Taxi. Beim Abschied sagt er: »Alle meine Freundinnen wussten, wie man Rum trinkt, und sie verstanden etwas vom Schachspiel.« Ich winke ihm nach, bis die roten Rücklichter des Taxis um eine Hausecke verschwinden.

Am nächsten Morgen beschließe ich, nach San Basilio de Palenque zu fahren. Der Ort soll etwa 70 Kilometer südlich von Cartagena liegen. Schon als ich das Hotel verlasse und zum Auto gehe, beginnt es in Strömen zu regnen. Später sagt mir der Kassierer an einer Tankstelle, es sei der erste Regen seit vielen Wochen. Während ich von der Küste ins Landesinnere fahre, folgt mir der Regen vom Meer. Unter einer Überführung haben sich ungefähr 50 Motorradfahrer untergestellt, um Schutz vor den Wassermassen zu suchen. Die Scheiben meines Autos beschlagen. Seitenstraßen, die tiefer als die Fahrbahn liegen, stehen ganz unter Wasser. Auf den Weiden entlang der Hauptstraße haben sich sogar die Pferde bei den Bäumen untergestellt.

San Basilio de Palenque liegt in der Nähe des Ortes Malagana. Kurz vor dem Ortseingang von Malagana sehe ich ein Hotel an der Straße. Ich parke den schlammbespritzten Wagen und gehe hinein. Auf der Terrasse trinke ich einen *guarapo* und bestelle etwas zu essen. Eine alte Frau, die an Krücken geht, setzt sich zu mir. Elisa, eine Afrokolumbianerin, wurde in Cartagena geboren und ist dort aufgewachsen. Sie sagt, sie sei über 80 Jahre alt. Vielleicht, so denke ich, hat sie zur selben Zeit wie Gabriel García Márquez in der Stadt gelebt. Auf jeden Fall hat sie eine interessante Lebensgeschichte. Elisa wurde von Nonnen erzogen und war dann Krankenschwester in der kolumbianischen Marine, deren Hauptquartier sich in Cartagena befindet. Dort infizierte sie sich, sagt sie, wahrscheinlich mit Polio. Danach konnte sie sich nicht mehr bewegen und lag zwei Jahre lang in einem Armeekrankenhaus in Bogotá. Irgendwann ging es ihr soweit besser, dass sie sich in einen Rollstuhl setzen konnte. Später war Elisa dazu in der Lage, sich auf Krücken fortzubewegen und zu einer Schwester nach

Malagana zu ziehen, bei der sie seitdem lebt. Malagana, sagt Elisa, sei *tierra del mango*, eine gute Gegend für den Anbau von Mangos. Mehr als 30 verschiedene Arten würden hier wachsen. Eigentlich hätte das Leben ziemlich angenehm sein können, aber die Einwohner hätten immer Streit wegen irgendetwas miteinander gehabt. Darum habe man vor Jahrzehnten beschlossen, den Ort aufzuteilen. Die Hälfte der Bewohner sei einfach woanders hingezogen. Der neue Ort wird *Evitar* genannt, zu Deutsch: aus dem Weg gehen. Ohne die genauen Hintergründe zu kennen, die die Dorfbewohner zu dieser Lösung bewogen haben, muss ich an den Begriff *colombianada* denken. *Colombianadas* sind Dinge oder Handlungen, die auf so kreative und unkonventionelle Weise dazu dienen, Herausforderungen zu bewältigen, dass man sie meist als skurril bezeichnen kann. Die Menschen der Región Caribe stehen in dem Ruf, bei der Erfindung von *colombianadas* besonders begabt zu sein.

Kurz nachdem mich Elisa auf Krücken davon humpelnd verlassen hat, sehe ich auf der Straße vor dem Hotel ein ausgezeichnetes Beispiel für eine *colombianada*. Es hat inzwischen aufgehört zu regnen. Brummend nähert sich ein Moped. Hinter dem Lenker sitzt eine junge Frau in buntem Kleid. Mit dem Rücken zu ihr, entgegengesetzt zur Fahrtrichtung, eine weitere, ebenso junge und bunt gekleidete Frau. Sie hat beide Arme ausgestreckt und hält mit den Händen einen mannshohen Kühlschrank fest, der auf zwei Skateboards hinter dem Motorrad hergezogen wird. Das Ganze geschieht im Schritttempo. Qualm steigt in blauen Wolken aus dem Auspuff des Mopeds. Ein Reisebus weicht schlingernd und hupend aus. Als sie auf meiner Höhe sind, muss ich lachen. Die beiden Frauen drehen die Köpfe zu mir und lachen ebenfalls. Und so entfernt sich das Gespann auf der Landstraße.

Ich nehme mir ein Zimmer in dem Hotel. Am Abend gehe ich zu Fuß die letzten paar hundert Meter nach Malagana. Auf dem Dorfplatz schwimmen leere Plastikflaschen und Müll in den Regenpfützen, die während des Tages entstanden sind. Zwei Polizisten fahren auf einem Motorrad um den Platz. An einer Seite stehen die *mototaxis*, Motorräder, auf denen Fahrgäste auf dem Soziussitz mitgenommen werden. Im Hotel hat man mir gesagt, die Straße nach San Basilio de Palenque sei wegen des Regens mit dem Pkw nicht befahrbar. Ich kann mich nicht mehr daran erinnern, auf wie vielen Reisen in Kolumbien ich das schon gehört habe: »Die Straße ist wegen des Regens nicht passierbar.« Das Land hat nun einmal ein extremes Klima und eine schlechte Infrastruktur. Jedenfalls entscheide ich, in Malangana ein *mototaxi* für den kommenden Tag zu bestellen und mir bei dieser Gelegenheit den Ort anzuschauen. Nachdem ich das getan und einen Fruchtsaft an einem Stand getrunken habe, an dem aus überdimensionalen Lautsprechern Reggaeton-Musik dröhnte, mache ich mich auf den Heimweg. Unterwegs durch die schlammigen Gassen sprechen mich zwei etwa zehnjährige Jungen an:

»*Good morning mister how are you*«, sagt der erste von ihnen.

»*Buenas noches. It's evening. Good evening*«, sage ich, »*I'm fine*«. Die beiden lernen offensichtlich Englisch und sind überglücklich, ein wenig Sprachpraxis zu bekommen. Wir gehen ein Stück weit zusammen die dunkle Landstraße in Richtung Hotel entlang und plaudern. Die Kinder sind sehr höflich. Am Ende wünschen sie mir »*Good night*« und umarmen mich sogar.

Am Morgen holt mich der Fahrer des *mototaxis* ab, um mich nach San Basilio de Palenque zu bringen. Die Sonne scheint. Die Straße, obwohl teilweise nicht asphaltiert, sieht ganz in Ordnung aus. Wahrscheinlich hätte ich auch selbst fahren können. Trotzdem genieße ich die Fahrt auf dem Motorrad. Sonnenstrahlen blitzen zwischen den Bäumen, während wir an ihnen vorbeifahren.

San Basilio de Palenque wurde von geflohenen Sklaven gegründet. Es ist schwierig, den genauen Zeitpunkt zu bestimmen, an dem sie sich dauerhaft an dem Ort niederließen, aus dem dann das Dorf entstand. Vermutlich geschah es im Verlauf des 17. Jahrhunderts. In einer zeitgenössischen Chronik aus Cartagena ist erstmals im Jahr 1713 von dem Ort die Rede, doch da dürfte es ihn schon eine Weile gegeben haben. Der Bischof von

Cartagena sicherte den *palenqueros* das Recht zu, unbehelligt in ihrem Dorf zu leben. Jedoch nur unter der Bedingung, den Status quo zu erhalten und nicht zu einer Anlaufstelle für weitere geflohene Sklaven zu werden. In dieser Zeit war San Basilio de Palenque nicht das einzige Wehrdorf in Kolumbien, in dem sich ehemalige Sklaven gegen die Nachstellungen der Obrigkeit und der Sklavenhalter verteidigten. Der Begriff *palenque* leitet sich von Palisade oder Befestigung ab. In der Regel wurden die *palenques* von ihren Bewohnern an so abgelegenen, schwer erreichbaren und versteckten Orten gebaut, dass sie möglichst schwer zu finden sein würden. Dort mussten die Menschen zwar im Verborgenen leben, dafür aber waren sie frei. Kam es doch zur Konfrontation mit Sklavenhaltern oder spanischen Truppen, verteidigten sich die Bewohner bis aufs Äußerste, anstatt zurück in die Sklaverei zu gehen. *Palenques* gab es nicht nur im Hinterland der Karibikküste, sondern auch in den Küstengebieten der Región Pacificio. Bis heute ist die Pazifikküste von dichten Dschungeln bewachsen. Es regnet dort deutlich mehr als an der Karibikküste, und es gibt wesentlich weniger Groß- oder Hafenstädte. Buenaventura, Quibdó und ganz im Süden Tumaco sind die größten Städte am Pazifik. *Palenques* wie San Basilio de Palenque haben sich dort in ihrer ursprünglichen Form nicht erhalten.

Die warme Luft trägt die Gerüche heran. Das erste, das mir in San Basilio de Palenque begegnet, ist ein durchaus angenehmer Geruch nach Erde, Blumen, Müll und Essen. Der Motorradfahrer hat mich in der Mitte des Dorfes abgesetzt. Die Straßen bestehen aus rötlicher Erde. Manche Häuser haben Dächer aus Schilfrohr, andere solche aus Wellblech. Ein Mann kommt mit seinem Esel die Dorfstraße entlang. Das Tier ist mit Ästen beladen. Ich grüße, der Mann grüßt zurück. Ich begleite ihn zu einem Baum, in dessen Schatten andere Männer sitzen. John ist einer von ihnen. Er ist so etwas wie der inoffizielle Fremdenführer in San Basilio de Palenque.

»San Basilio de Palenque ist auch darum etwas Besonderes«,

sagt John, »weil es hier möglich war, die afrikanischen Bräuche und Kulturen am Leben zu erhalten. In der Sklaverei war es den Menschen verboten, ihre Religionen und Zeremonien zu praktizieren, hier taten sie es. Und es entstand eine neue Sprache. Die geflohenen Sklaven kamen ja aus vielen Ländern Afrikas, sprachen darum auch unterschiedlich und mussten lernen, sich untereinander zu verständigen.«

John spricht die Worte gedehnt und langsam. Eine Frau kommt vorbei. Sie trägt ein großes Aluminiumgefäß auf dem Kopf. »Es entstand die *lengua palenquero*«, fährt John fort, »eine Sprache, die in den *palenques* gesprochen wurde. Sie enthält Elemente aus dem Spanischen, Französischen, Portugiesischen und aus einigen Bantu-Sprachen Afrikas.«

John spult diese Informationen schnell und gekonnt ab. Darum frage ich ihn, ob denn oft Besucher in den Ort kommen.

»Täglich. Ganze Gruppen. Die meisten von ihnen kommen aus Cartagena und wollen San Basilio de Palenque sehen. Es ist das einzige *palenque*, das es heute noch in Kolumbien gibt.« John ist sichtlich stolz. »Das Wichtigste ist unsere Musik. Sie ist Teil der afrikanischen Kultur, die wir hier bewahren. Es gibt auch einmal im Jahr ein großes Musikfestival, zu dem Besucher aus ganz Kolumbien anreisen.«

Die Afrikaner brachten aus ihrer Heimat – neben den Sprachen und den Religionen – auch ihre Musik mit in die Neue Welt. Mit ihr verbanden sie die Erinnerung an die verlorene Heimat; sie war ein Teil ihrer Identität, die sie bewahren wollten.

»Die Musik«, sagt John, während im Baum über uns die Vögel zwitschern, »war für die Menschen wichtig, um zu überleben. In mehr als einer Hinsicht. Die Trommeln dienten dazu, Nachrichten zu übermitteln. Wenn die Afrikaner Trommeln hörten, konnten sie darin Botschaften erkennen. Die Trommler der *cimarrones* [ein weiterer Begriff für die geflohenen Sklaven, wie er auch in Kuba verwendet wird] haben die Botschaft der Freiheit verbreitet.«

Ein Motorrad fährt langsam vorbei. John lädt mich zu einem

Rundgang durch San Basilio de Palenque ein. Wir verlassen den Schatten des Baumes und gehen die aufgeheizte Straße entlang. Es riecht nach Rauch, der aus dem Innenhof eines Hauses aufsteigt. Eine Frau rührt mit einer Kelle in einem großen Topf, der auf einer Feuerstelle aus Ziegelsteinen steht. Einige Hühner scharren in ihrer Nähe am Boden. Die Frau trägt einen kunstvoll geflochtenen Zopf. Ihre schwarzen Haare müssen sehr lang sein, denn der Zopf ist an vielen Stellen raffiniert geknotet und liegt eng verschlungen am Kopf an. Die außergewöhnliche Frisur ist mir aufgefallen und John erklärt mir, dass es sich dabei um eine örtliche Besonderheit handelt. »Diese Art Zöpfe zu flechten«, sagt er, »ist in den *palenques* entstanden. Was du siehst, ist viel mehr als ein schöner Zopf. Damals waren es Landkarten: Aus den *palenques* sind Menschen auf die Plantagen gegangen, um anderen Sklaven, die fliehen wollten, zu helfen, und um ihnen den Weg zu den *palenques* zu zeigen. Die konnten denen nicht einfach eine Landkarte geben. Wäre die in falsche Hände geraten, wäre das Versteck verraten gewesen. Also wurde der Weg mit den Knoten und dem Flechten der Haare beschrieben. Soundso viele Knoten gaben die Entfernung an, das Muster die Richtung.«

Die Frau lächelt uns zu und legt einen Deckel auf den Topf.

»Und noch mehr«, sagt John. »In den Frisuren wurden auch Gold und Saatgut, wie zum Beispiel Mais, geschmuggelt. Teilweise gab es einen Handel zwischen den Indigenen und den *cimarrones*.« Ein paar Hütten weiter ist Wäsche zum Trocknen auf einer Kaktee ausgebreitet worden. Die bunten T-Shirts und anderen Kleidungstücke hängen an den Stacheln der exotischen Pflanze.

Vor einer Turnhalle steht die Büste eines Boxers. »Kid Pambelé«, sagt John im Vorbeigehen, »war Weltmeister und wurde 1945 hier geboren. Er ist der einzige Kolumbianer, der es im Boxen zu so großer internationaler Anerkennung gebracht hat.« Ich frage, was aus Kid Pambelé geworden ist. »Er lebt in einem Armenviertel von Cartagena.«

Zum Abschied des Rundgangs durch San Basilio de Palenque besuchen wir einen der Musiker, der die Musik der *palenques* berühmt gemacht hat. Der dreiundachtzigjährige Rafael Cassiani sitzt mit bloßem Oberkörper im Schatten einer Mauer an der Rückseite seines Hauses. Zwischen den grauen Haaren auf seiner dunklen Brust hängt ein Orden, den ihm einer der kolumbianischen Staatspräsidenten für seine Verdienste um die Kultur verliehen hat. Cassiani stammt aus San Basilio de Palenque. Er ist mit dem »Sexteto Tabalá« in Europa und Nordamerika aufgetreten. In Südamerika und der Karibik sowieso. Während wir plaudern, klimpert er auf einer *marimbula*, die zwischen seinen Füßen steht. Das Instrument besteht aus einem Kasten, an dessen Vorderseite, vor einem Resonanzloch, Metallzungen angebracht sind. Rafael Cassiani sagt, es sei ein typisch afrikanisches Instrument. Aus dem Haus hört man den Fernseher. Der Nachrichtensprecher berichtet etwas über die Situation in Venezuela. »In Caracas habe ich schon gespielt«, bemerkt er und beginnt ruhig zur *marimbula* zu singen. Ich muss an langsam tropfendes Wasser denken. »*Maravilloso. Súper*«, sage ich leise.

Beim Abschied riecht die Luft immer noch so angenehm wie am Morgen. Kinder in Schuluniformen kommen mir auf der Straße zurück nach Malagana entgegen. In das Hotel ist mittlerweile ein kanadisches Filmteam eingezogen, das einen Dokumentarfilm über San Basilio de Palenque drehen will. Am Swimmingpool wechsele ich einige Worte mit dem Regisseur. Das Dorf wird ihm gefallen, denke ich: Es ist bunt, exotisch und voller Musik. Der Nachmittag ist heiß. Ein Hund kommt heran und trinkt Wasser aus dem Pool. Ich tauche im Schwimmbecken unter. In den blauen Kacheln des Beckens spiegelt sich eine weiße Wolke, die am Himmel vorüberzieht.

San Andrés y Providencia

Tage später muss ich an genau diesen Moment im Schwimmbecken denken, als ein großer Rochen vor mir hergleitet. Der Fisch bewegt sich knapp über dem sandigen Boden. Wenn ich mich ihm nähere und ein Stück weiter heranschwimme, läuft eine Wellenbewegung durch den flachen Körper, und er bewegt sich vorwärts. Um mich herum ist es hell, Lichtreflexe tanzen durchs Wasser. Kleinere Fische schwimmen in mein Blickfeld. Ich tauche kurz auf, um Luft zu holen, dann wieder unter. Der Rochen ist noch da. Ich mache einen entschlosseneren Schwimmzug, der Fisch schwimmt, schneller schwebend, in tieferes Wasser. Die Ränder seines blauen Körpers, der zugleich die Funktion einer Flosse hat, schimmern bei jeder Bewegung hell vor dem Dunkelblau der Tiefe. Es sieht so aus, als würde die Bewegung eine leuchtende Spur hinterlassen. Später schwimme ich zurück an den Strand und schaue auf das türkisblaue Meer.

Ich bin auf der Insel San Andrés – Teil der Región Insular – die zwar zu Kolumbien gehört, jedoch näher an Nicaragua als am kolumbianischen Festland liegt. Die Inselgruppe San Andrés y Providencia – ein eigenes *departamento* – ist etwa anderthalb Flugstunden, circa 900 Kilometer, von Cartagena entfernt und liegt circa 200 Kilometer vor der nicaraguanischen Küste in der Karibik. Auf den beiden Inseln leben insgesamt etwa 80 000 Menschen.

Seit dem 16. Jahrhundert wurden die Inseln von den Niederländern, den Briten, den Spaniern und von Piraten bewohnt. Unter Letzteren war auch der berüchtigte Henry Morgan, der im Jahr 1671 Panama-Stadt verwüstetet und, nach seinen Raubzügen in der Karibik sogar in den Adelsstand erhoben, zum britischen Vizegouverneur der Kolonie Jamaika ernannt wurde. Der Legende nach soll Kapitän Morgan irgendwo in der Karibik, auf einer abgelegenen Insel, einen sagenhaften Schatz aus seiner Piraten-Beute versteckt haben. Die Piraten überfielen vor allem Schiffe, die, wie die vor Cartagena versenkte San José, Gold, Silber und Diamanten aus den Kolonien nach Europa transportierten. Die Erzählungen über die Schatzinsel inspirierten während der 1880er Jahre den Autor Robert Louis Stevenson zu seiner gleichnamigen Erzählung. Viele Einwohner der beiden Inseln sind davon überzeugt, dass der Schatz von Henry Morgan immer noch irgendwo in ihrer Umgebung versteckt ist.

Eine auffällige Felsformation auf Providencia trägt den Namen Morgan's Head. Die englischsprachige Bezeichnung hat man jedoch nicht gewählt, um dem Piraten Respekt zu erweisen, sondern weil auf San Andrés y Providencia Englisch gesprochen wird. Genauer gesagt, ein Kreolen-Englisch, das auch Elemente aus dem Spanischen und aus afrikanischen Sprachen enthält. An den Schulen von San Andrés y Providencia wird sowohl das inseleigene Kreolen-Englisch, wie auch Spanisch unterrichtet.

»*Dat barrio is dangerous*«, hatte der Taxifahrer, der mich vom Flughafen in San Andrés zum Hotel fuhr, gesagt. »*Dey have problems with a lot of delicuentes*«, warnte er mich vor den Verbrechern in der Stadt.

Die Inselgruppe profitierte in den letzten Jahren stark von einer Zunahme des Tourismus. Viele Kolumbianer kommen mit dem Flugzeug vom Festland, um hier zu Tauchen oder einen schönen Strandurlaub zu verbringen. Ein anderes, leider wichtiges Standbein der Inselökonomie ist aber der Drogenhandel. Die Inseln liegen strategisch günstig zwischen Kolumbien und Nordamerika und eignen sich darum als Zwischenstation für geheime Transporte. Die Einheimischen kennen die Gewässer und werden von den Drogenkartellen angeheuert, um die Schnellboote nach Honduras, Florida oder sonst wohin zu steuern. Das ist hauptsächlich auf Providencia, der kleineren der beiden Inseln, der Fall, da es dort nicht so viele Verdienstmöglichkeiten wie auf San Andrés gibt. Von den etwa 80 000 Insulanern, leben circa 74 000 auf San Andrés. Nach Recherchen einheimischer Journalisten, sind von den etwa 6000 Kolumbianern, die auf Providencia leben, in den letzten Jahren etwa 800 Menschen verschwunden. Einige von ihnen verbüßen lange Haftstrafen wegen Drogenschmuggels in den USA, von anderen fehlt jede Spur.

Bevor der Katamaran den Hafen von San Andrés in Richtung Providencia verlässt, verteilt die Besatzung Tabletten gegen Seekrankheit. Jeder der 50 Passagiere an Bord bekommt eine, plus einen kleinen Plastikbeutel mit Trinkwasser. Der Innenraum des Katamarans besteht aus Sitzreihen für die Passagiere und einem hohen Drehsessel, in dem der Kapitän vor seinem Steuerrad Platz genommen hat. Sobald wir die offene See erreichen, gibt er Vollgas, um die 90 Kilometer zwischen den beiden Inseln möglichst schnell zurückzulegen. Das Schiff ist stark motorisiert, bei jeder Welle schlägt der Rumpf hart aufs Wasser. Der Kapitän trägt weiße Kleidung, einen weißen Bart und eine verspiegelte Pilotenbrille, wie sie in den 1970er Jahren – der Zeit seiner Jugend – modern war. Das blaue Meer spiegelt sich in den Brillengläsern. Er wirft einen Blick auf den Kompass und den Gashebel, auf dem seine Hand ruht. Danach legt er mit der anderen Hand eine Musikkassette in den Rekorder neben dem Funkgerät. *By the rivers of Babylon*, danach Abba, schließlich läuft Country-Musik. Alles ziemlich laut, damit man trotz Motorenlärm etwas davon hört.

Und dann übergibt sich der erste Passagier. Ein muskulöser Afrokolumbianer auf dem Sitz vor mir würgt seinen Mageninhalt in eine Plastiktüte. Ich frage mich, ob es am Seegang oder an der Musik liegt. Um den Hals des Mannes hängt eine schwere Goldkette, die bei seinen zuckenden Bewegungen hin und her baumelt. Jemand reicht ihm Wasser. In den nächsten zwei Stunden teilt die Crew des Katamarans noch viele weitere Tüten an Reisende aus, denen es ähnlich schlecht geht. Irgendwann fällt auch die Klimaanlage aus. Ich bin erleichtert, als wir nach etwa drei Stunden in den Hafen der Insel Providencia einlaufen. Motoren und Musik werden gedrosselt und auch der Seegang wird schlagartig ruhiger, als sich der Katamaran in der geschützten Bucht befindet. Der Kapitän legt am einzigen Kai neben einem Frachter an. Die Passagiere gehen von Bord und verlieren sich in den Straßen des kleinen, *Oldtown* genannten Ortes. Eine Frau, die während der Überfahrt neben mir gesessen hatte, bleibt kurz stehen, um sich zu verabschieden. Sie hat mir erzählt, dass sie

Providencia seit mehr als 30 Jahren kennt, weil sie immer wieder aus Bogotá zum Tauchen hierherkommt. Das letzte Mal liegt schon eine Weile zurück. Nun wirft sie einen Blick auf die Häuser des Ortes. An vielen blättert die Farbe von den Holzwänden ab. Vor einem Gebäude steht ein Auto mit vier platten Reifen. Die Frau aus Bogotá wirft einen Blick auf die Szenerie und sagt: »Der Drogenhandel scheint nicht gut zu laufen. Früher hatten die Menschen hier mehr Geld, die Häuser waren immer bunt und frisch gestrichen.«

Von einer schmalen Brücke aus schaue ich auf die Bucht. Ein Kind rudert in einem alten Kühlschrank von einem Ufer zum anderen. Das Wasser ist kristallklar und türkisblau, wie auf San Andrés. Um den Kühlschrank herum schwimmt in großen Kreisen ein Rochen. Der Fisch hat helle Punkte auf der Oberseite seines Körpers. In der Mitte der Bucht steigt der Junge geschickt auf die Kante einer Seitenwand des Kühlschranks, balanciert einen Moment und springt dann kopfüber ins Wasser.

Später miete ich ein Fahrrad und fahre damit über die Insel. An einem felsigen Küstenabschnitt gehe ich schwimmen. Vorher bitte ich den Besitzer eines kleinen Ladens, solange auf das Fahrrad aufzupassen. Obwohl er erst um die 30 ist, nennt er sich *Viejo Jack*, der alte Jack. Viejo Jack hat lange Rastalocken, seine Vorfahren stammen aus Jamaika. Während San Andrés und Providencia unter britischer Verwaltung und unter der Herrschaft der zumeist englischstämmigen Piraten standen, kamen viele Jamaikaner auf die Inseln und siedelten sich dort an. Vielleicht ist darum auch heute der Reggae dort so populär. Man hört die Musik in den vielen Strandbars und sieht immer wieder Insulaner, die ihre Haare in den markanten Dreadlocks tragen. Nach dem Schwimmen greift Viejo Jack im Gespräch das Thema auf und erläutert mir seine – vom Reggae inspirierte – Lebensphilosophie. Eigentlich, sagte er, stamme er aus San Andrés, habe aber hier den Laden aufgemacht, weil es ruhiger sei.

»*No stress*«, lässt er mich wissen. »*Dat is a paradise here.*«

Ich pflichte ihm bei, die Insel und das Meer sehen wirklich paradiesisch aus. »Gott hat den Menschen ins Paradies gesetzt«, sagt Viejo Jack, »das hätte er nicht getan, wenn er gewollt hätte, dass wir arbeiten.« Daraus schlussfolgert der Inselbewohner: »Also ist es eine Sünde, zu arbeiten.«

Dann kommt ein Nachbar vorbei, um ein Bier zu trinken. Als er mich sieht, sagt er:

»*Why you are a white man and I'm black man?*«

»*Don't worry, my heart is black*«, sage ich, ein wenig unangenehm berührt von seinem alkoholisierten Gerede.

Vielleicht ist dies die richtige Stelle, um etwas über den Begriff *gringo* zu sagen, dem man in Kolumbien als Ausländer oft begegnet. Als Europäer werde ich mitunter als *gringo* bezeichnet und habe immer wieder Kolumbianer nach der Bedeutung und dem Ursprung des Wortes gefragt.

»Was genau ist denn ein *gringo*?«, wollte ich einmal von einem Mitreisenden auf einer Busfahrt wissen. Der Mann machte einen gebildeten Eindruck und hatte ein junges Paar aus Europa, das mit dem Rucksack unterwegs war, als *gringos* bezeichnet.

»Nun, jemand, der nicht von hier ist«, sagte er.

»Also ist ein Mensch aus China, der nach Kolumbien kommt, ein *gringo*?«, fragte ich.

»Nein«, sagte der Mann bestimmt. »Der ist ein Chinese.«

»*Ah ya.* Aber jemand aus dem Kongo, aus Afrika? Der stammt doch auch nicht aus Kolumbien. Ist er ein *gringo*?«

»Eher nicht«, zögerte der Mann. »*Gringos* sehen anders aus. So wie die Menschen in den USA.«

»Barack Obama? Wäre er ein *gringo*?«

»Vielleicht«. Festlegen wollte sich mein Gesprächspartner in diesem Punkt nicht.

Ich vermute, dass die Bezeichnung gringo ursprünglich etwas mit der Hautfarbe und der geographischen Herkunft zu tun hat. Dabei ist das Wort – zumindest in Kolumbien – nicht zwangsläufig negativ gemeint. Zum Beispiel werden Kinder, bei denen ein Elternteil Europäisch oder Nordamerikanisch und das andere

Kolumbianisch ist, auch schon mal wohlwollend als kleine gringitos bezeichnet. Wahrscheinlich kommt es wie so oft darauf an, von wem und in welchem Zusammenhang das Wort gringo gebraucht wird.

Der Ursprung des Begriffes ist noch weniger zu bestimmen oder zu erklären. Zumindest nicht in Kolumbien. Viele Kolumbianer sagen, *gringo* sei in der Zeit entstanden, als viele US-amerikanische Soldaten in der Nähe des Panamakanals stationiert gewesen seien und die Einheimischen, wegen der grünen Uniformen der Soldaten, »*Green Go*!« gefordert hätten – das US-Militär solle das Land verlassen. Nun waren aber die Uniformen der US-Soldaten in Panama zu Beginn des 20. Jahrhunderts nicht grün, sondern khakifarben oder weiß. Außerdem tauchte der Begriff *gringo* schon vor dieser Zeit und an anderen Orten in Lateinamerika – zum Beispiel in Mexiko – auf. Es existiert auch die Erklärung, mit *gringo* seien englischsprachige Ausländer gemeint. Damit würde – zumindest teilweise und vom kolumbianischen Festland aus betrachtet – auch aus Viejo Jack ein *gringo*.

Vor meiner Rückkehr auf ebendieses Festland treffe ich am Flughafen von San Andrés einen Mann aus Cali, der mit mir an Bord des Katamarans war. Mit schmerzverzerrtem Gesicht erzählt er mir seine Leidensgeschichte. Auf der Rückfahrt von Providencia nach San Andrés war ihm schlecht geworden, und er hatte die einzige Toilette an Bord des Schiffes aufgesucht. Dort stürzte er wegen des Seegangs und verletzte sich dabei die Rippen. Zur selben Zeit verschloss ein Besatzungsmitglied wahrscheinlich aus Sicherheitsgründen die Toilettentür. Wegen der lauten Musik und dem Motorengeräusch konnte sich der Mann aus Cali nicht bemerkbar machen und verbrachte die Zeit bis zur Ankunft in San Andrés in der unbequemen Lage. Ich wünsche ihm gute Besserung und eine gute Reise.

Neben der Start- und Landebahn stehen Flugabwehrgeschütze, Soldaten sitzen darum herum. Es ist ein merkwürdiger Anblick inmitten der Touristen, die mit ihrem Gepäck und Strandsachen auf ein Verkehrsflugzeug zugehen. Aber schon seit Jahrzehnten ist der territoriale Status von San Andrés y Providencia ein Streitpunkt zwischen den Regierungen Nicaraguas und Kolumbiens. Teilweise wird dieser Streit auch mit militärischen Drohungen verbunden, darum stehen die Geschütze auf dem Flughafen der Inselhauptstadt. Bei den Unstimmigkeiten zwischen den beiden Ländern geht es vor allem um die Größe der Hoheitsgebiete in den Gewässern um die Inseln.

Nach dem Start kann ich aus dem Flugzeug auf das Meer hinunterschauen. Am Anfang war es das Grün des Amazonasgebietes, das aus großer Höhe so unendlich weit aussah; nun ist es das Blau der Karibik. Ich denke inzwischen, dass es viel mehr als lediglich fünf verschiedene Kolumbien gibt. Reinaldo, der Tikuna am Amazonas, die *paisa* Medellíns, die ehrgeizigen Politiker in Bogotá, die Tänzer der Llanos, der Mathematikprofessor aus Cartagena, die Nachfahren der afrikanischen Sklaven in San Basilio de Palenque und auch Viejo Jack auf San Andrés – alle sind sie Kolumbien. Die geographischen Unterschiede des Landes sind wegen ihrer natürlichen Vielfalt beeindruckend, aber noch mehr ist es die kulturelle Vielfalt, die im Laufe der Zeit entstanden ist. Beides ist untrennbar miteinander verbunden.

Zu Beginn des 19. Jahrhunderts trat Alexander von Humboldt, der die Fähigkeit besaß, all diese unterschiedlichen Dinge in ihrer Gesamtheit zu betrachten, eine spektakuläre Forschungsreise an, auf der er sich in Kolumbien entlang des Río Magdalena bewegte.

Auf den Spuren Humboldts am Río Magdalena

Der Río Magdalena endet, der Atlantik liegt vor mir. Das Flusswasser hat eine andere Farbe als das Meerwasser, in das es sich ergießt. Vor der Flussmündung vermischt sich beides und erscheint braun und blaugrau. Die Skyline von Barranquilla ist im Dunst der Mittagshitze zu sehen. In der Sonne ist es heiß, doch es weht ein kühler Wind über das Wasser. Wellen schlagen an den Damm, der aus großen Felsbrocken errichtet worden ist, um die Flussmündung zu schützen. Gäbe es ihn nicht, würden sich die Sedimente, die mit der Strömung in die Flussmündung getragen werden, ablagern, und die großen Schiffe könnten den Río Magdalena nicht mehr bis zum Hafen von Barranquilla passieren. Doch auch so muss die Fahrrinne regelmäßig ausgebaggert werden.

Am äußersten Punkt des Dammes, *la punta* genannt, steht César und lässt von einer großen Rolle Angelschnur ins Leere laufen. Bei jeder Welle, die auf die Felsen trifft, spritzt die Gischt bis zu der Stelle, an der César steht. Er stemmt seine Füße in den Gummistiefeln fest in eine Lücke zwischen den Steinen, um den Halt nicht zu verlieren. Die Angelschnur läuft schnell über einen Schaumstoffverband, den sich César zum Schutz vor der scharfen Angelschnur um seinen rechten Zeigefinger gebunden hat. Die Angelschnur läuft nicht ins Wasser hinab, sondern zieht in einer flachen Kurve himmelwärts. Weiter draußen, über dem Meer, ist ein Rechteck am Himmel zu sehen. Es ist ein Drachen, an dem das andere Ende von Césars Angelschnur befestigt ist.

»Am mittleren Teil der Angel sind in bestimmten Abständen Haken befestigt«, sagt der Fischer. »Die hängen bis ins Wasser, jedoch nicht zu tief. Wenn mehrere Fische angebissen haben, ziehen sie den Drachen nach unten.« Wenn das geschieht, weiß César, dass genügend oder ausreichend schwere Fische angebissen haben, und er holt die Angel ein. Der Vater von drei Kindern gehört der Asociación de los Pescadores Artesanal de Barranquilla an und ist einer der wenigen Fischer, der die Methode beherrscht, mit einem *cometa*, einem Drachen, zu fischen.

»Wegen des Windes im Mündungsgebiet des Río Magdalena«, sagt er, »ist diese Technik schon vor langer Zeit entstanden. Auf diese Weise lässt sich die Angel viel weiter ausbringen, als es ohne einen Drachen der Fall wäre. Vor der Flussmündung finden sich die größten Fische.«

Die Fische kommen aus dem Meer in den Bereich der Flussmündung, weil sie dort Nahrung finden. Im Río Magdalena lebt eine Vielzahl kleinerer Fische, die von den großen, im Meer lebenden, gejagt werden. Die Formationen von Pelikanen, die über dem Flusslauf kreisen und sich, wenn sie Beute gefunden haben, ins Wasser hinabstürzen, weisen ebenfalls darauf hin.

Die Stelle, an der César mit seinem Drachen steht, markiert das Ende des – etwa 1540 Kilometer langen – Río Magdalena. Der Fluss entspringt in den Anden, im Süden Kolumbiens, und fließt in nördlicher Richtung bis Barranquilla, wo er in den Atlantik mündet. Der Río Magdalena war bereits in der Vergangenheit als Wasserstraße eine wichtige Verkehrsverbindung Kolumbiens. Die Spanier befuhren ihn mit dem Ziel, möglichst weit ins Landesinnere zu gelangen. Der *conquistador* Rodrigo Galván de Bastidas war dabei, mit seinen Schiffen die Karibikküste zwischen dem Cabo de la Vela und dem Golfo de Urabá zu erkunden, als er im April 1501 auf die Mündung des Flusses stieß. Er gab ihm den Namen einer Heiligen: Río Grande de la Magdalena. Mit dem Voranschreiten der spanischen Eroberung entstanden immer mehr befestigte Siedlungen und Niederlassungen entlang des Río Magdalena.

Schon lange bevor die Spanier dem Fluss den Namen einer Heiligen gegeben hatte, hatten an ihm Menschen gelebt. Die Ureinwohner nannten ihn *Guacacallo*, *Yauma* oder *Caripuana*.

Heute sagen viele Kolumbianer auch einfach *el río*, wenn sie vom Río Magdalena sprechen, denn er ist tatsächlich »Der Fluss« Kolumbiens. Eine wirtschaftliche und kulturelle Lebensader, die sich wie eine Achse in nord-südlicher Richtung durch das Land zieht.

Die Kolumbianer verbinden außerdem den Namen eines Deutschen mit dem Río Magdalena: Alexander von Humboldt. Er reiste zu Beginn des 19. Jahrhunderts im Rahmen seiner legendären amerikanischen Forschungsreise auf dem Fluss ins Landesinnere Kolumbiens.

Humboldt war von Europa aus in Richtung Südamerika aufgebrochen. Von Beginn an hatte er mit erheblichen logistischen und organisatorischen Schwierigkeiten zu kämpfen, da er seine Weltreise in schweren Kriegszeiten unternahm. In Europa tobten die Napoleonischen Kriege, deren Folgen auch auf den Weltmeeren sowie in den süd- und mittelamerikanischen Kolonien zu spüren waren. Humboldt hatte Jahre der Vorbereitungen darauf verwandt, um von der spanischen Krone die notwendigen Genehmigungen für eine Expedition in die Vizekönigreiche zu bekommen. Diplomatisch geschickt wies Humboldt auch darauf hin, dass er Geologe sei – er hatte unter anderem an der Bergakademie Freiberg in Sachsen studiert –, und dass das von ihm auf den Expeditionen in Lateinamerika erworbene Wissen den Spaniern nützlich für den Abbau der Bodenschätze in den Kolonien sein könne. Tatsächlich erstellte Humboldt später eine Expertise über die Gold-und Silberminen Kolumbiens. Letztendlich führte seine Strategie zum Erfolg, doch es galt nun, auf der Anreise die Seeblockaden der Engländer zu umgehen und den Kriegshandlungen nach Möglichkeit auszuweichen.

Alexander von Humboldt traf im März 1801 mit dem Schiff in Cartagena ein. Von dort aus reiste er über Land in Richtung Río Magdalena. Auf seinem Weg sammelte er beflissen Exponate und Forschungsobjekte. In der Nähe des Ortes Mahates – der wiederum in der Nähe San Basilio de Palenques liegt – sezierte Humboldt, seinen Aufzeichnungen zufolge, zum ersten Mal das

Gehirn eines Papageien. Dank eines gemeinsamen Projektes der Universität Potsdam und der Staatsbibliothek zu Berlin/Preußischer Kulturbesitz sind heute die mehrere Tausend Seiten umfassenden »Amerikanischen Reisetagebücher« Humboldts, entstanden in den Jahren 1799 bis 1804, online einsehbar. Es ist spannend, den Aufzeichnungen des Gelehrten zu folgen, doch mühevoll, seine Handschrift zu entziffern. Zum Teil sind die Tagebücher auf Französisch – der bevorzugten Sprache der internationalen Wissenschaft im 19. Jahrhundert – verfasst.

»Das war schon damals das Besondere an Humboldt«, sagt die Biologin Brigitte Luis Guillermo Baptiste, die heute das Instituto de Investigación de Recursos Biológicos Alexander von Humboldt in Bogotá leitet, »dass er seine Informationen geteilt und allen zugänglich gemacht hat.« Das Büro von Brigitte Baptiste befindet sich in einem modern eingerichteten Pavillon am Hang eines Hügels oberhalb von Bogotá. Auf dem Institutsgelände befinden sich weitere Büros und eine Bibliothek. Das Institut betreibt Forschungsprojekte in ganz Kolumbien.

»Humboldt«, sagt die Südamerikanerin, »hat Kolumbien mit anderen Augen gesehen, als es bis dahin die Spanier getan haben. Ganz klar war er vom Geist der Aufklärung beeinflusst. Diese Art zu Denken kam von Goethe. Humboldt hat wissenschaftlich geforscht, aber er wollte auch wissen, wie sich etwas anfühlt.«

Während ich am Río Magdalena unterwegs bin, muss ich oft an mein Gespräch mit Brigitte Baptiste denken.

In dem Ort Barranca Nueva bestieg die Expedition Humboldts ein Boot. Humboldt beschreibt in seinen Aufzeichnungen, wie mühsam die einheimischen Ruderer – mehr als 20 Mann – das 23,5 Meter lange Holzboot den Río Magdalena stromaufwärts bugsieren. Er ist beeindruckt von ihrer Kraft und Geschicklichkeit, bedauert aber auch die Härten ihres Daseins. In Mompóx (früher Mompos) notiert er:

»Mompós ist einer der heißesten Orte in Amerika. Dazu der Krokodilgeruch! Wenn abends, von sieben, acht Uhr an, die

Mädchen Wasser schöpfen, und die Krokodile, das Menschenfleisch riechend, sich der Mole nähern, glaubt man oft, es sei eins im nächsten Zimmer, so heftig ist der Moschusgestank. Trotz der Hitze und der Moskitos (sie stechen durch die baumwollenen Beinkleider hindurch, ich machte die Probe) habe ich in Mompós viel gearbeitet, über ein Dutzend junge Krokodile zerschnitten, ihre Anatomie gezeichnet und besonders sehr sorgfältige Versuche über die Atmung der Krokodile angestellt.«

In dem Ort Plato – auf seinem Weg nach Mompóx muss Alexander von Humboldt daran vorbeigekommen sein – stehe ich am Ufer des Río Magdalena. Ich frage Esther, eine Lehrerin aus Plato, die im Sammeltaxi mit mir aus der Stadt Carmen de Bolívar gekommen ist, ob es im Río Magdalena Krokodile gibt.

»*Dios mío*, nein«, antwortet sie.

»Warum nicht?«, frage ich nach. Ich weiß ja, dank Alexander von Humboldts Aufzeichnungen, dass es sie zumindest früher einmal gegeben hatte.

»Weil sie gefährlich sind«, lautet Estehrs bestimmte Antwort. Darin liegt wohl eine gewisse Logik. Man hat die Krokodile im Río Magdalena weitgehend ausgerottet, weil sie gelegentlich den Menschen gefährlich wurden.

»In der Nähe von Plato«, fügt die Lehrerin hinzu, »haben die *paramilitares* Krokodile in einem Teich gehalten, um ihnen Menschen vorzuwerfen. Im Jahr 2010 ist der Teich während der Regenzeit über die Ufer getreten und die Krokodile sind entkommen.«

Vielleicht haben ja doch einige Exemplare in der freien Wildbahn überlebt und sich so wieder Krokodile angesiedelt. Jedenfalls hat in Plato die Legende vom *hombre caiman* ihren Ursprung. Viele Menschen, die auf Hunderten von Kilometern entlang der Ufer des Río Magdalena leben, glauben fest an die Existenz dieses Wesens, das den Oberkörper eines Mannes und die Beine sowie den Schwanz eines Krokodils hat. Der *hombre caiman* lauert im Fluss – ganz so, wie es Humboldt bei den wasserholenden Mädchen in seinem Tagebuch beschreibt – darauf, dass sich junge Frauen dem Wasser nähern. Dann holt er sie sich. Dem *hombre caiman* sind aber angeblich auch schon Kinder, alte Männer und Haustiere zum Opfer gefallen. Er wird für eine lange Reihe ungeklärter Todesfälle am Río Magdalena verantwortlich gemacht. In Plato stehen drei Denkmale, die das Monster zeigen. Beim Ältesten davon, das auf einem Platz in der Mitte der Stadt steht, ist ein Arm abgebrochen. Die jüngste Schöpfung – eine große Bronze-Statue – zeigt einen *hombre caiman* mit deutlich mehr Muskeln als seine Vorgänger. Eine Gruppe Jugendlicher macht davor ein Selfie mit dem Smartphone, »King Kong«, ruft mir einer zu.

Am Abend bin ich mit dem Soziologen Guillermo Antonio Choperena verabredet. Er lebt seit mehr als 70 Jahren in Plato und ist – neben seinem kulturellen und sozialen Engagement – ein eifriger und akribischer Chronist der Stadt. Von ihm hoffe ich, etwas über die Hintergründe des Mythos vom *hombre caiman* zu erfahren. Nachdem die Sonne untergegangen ist, gehe ich vom Hotel aus in Richtung seines Hauses. In den Straßen steht immer noch die Hitze des Tages. Die Menschen stellen Stühle vor die Türen ihrer Häuser und sitzen, in Erwartung der ein wenig kühleren Abendluft, in Gruppen oder allein auf dem Bürgersteig. Eine Runde älterer Männer spielt Karten. Guillermo Antonio Choperena lebt in der Nähe des Río Magdalenas. In Flussnähe ist es schwüler und heißer als in den etwas höher gelegenen Teilen Platos. Ich überquere eine leere Kreuzung. Am Himmel steht kein einziger Stern, er ist tiefschwarz. In einem Beerdigungsinstitut, das sich in einem Eckhaus befindet, ist ein Sarg aufgebahrt. Ich kann ihn durch die großen Fenster, die an beiden Seiten bis auf den Boden hinunterreichen, gut erkennen. Der Raum ist neonhell erleuchtet. Um den Sarg herum stehen weiße Plastikstühle. Weit und breit ist kein Mensch zu sehen. An der Wand hängt ein großes, weißes Kruzifix. Über der Eingangstür leuchtet ein Schriftzug: *La eternidad*, die Ewigkeit. In der menschenleeren Stille ist das Summen der Neonröhren das einzige Geräusch.

Guillermo Antonio Choperena wohnt in einem Haus aus dem 19. Jahrhundert. Vor der großen, hölzernen Eingangstür stehen

Stühle unter einem Vordach der Veranda. An zwei Säulen ist eine Hängematte befestigt. Choperena öffnet mir mit einer Zigarette im Mundwinkel und Sandalen an den Füßen. Er trägt ein schwarzes T-Shirt und eine bequeme weiße Hose. Der über Siebzigjährige sieht aus, als sei er in seiner Jugend einmal ein sportlicher Mann gewesen. Im Inneren des Hauses sieht man auf den ersten Blick, dass es sich bei ihm um einen belesenen Menschen handelt. In vielen Ecken stapeln sich Bücher und Zeitungen. In den Regalen finden sich außerdem Schallplatten und CDs. An den Wänden hängen gerahmte Plakate eines Filmfestivals, das vor Jahrzehnten in Barranquilla stattgefunden hat. Choperena stellt eine Kerze auf einen kleinen Tisch zwischen uns und rückt einen Ventilator näher heran, damit wir im Luftzug sitzen können.

»Heute habe ich noch Strom«, sagt er, »wenn ich morgen die Rechnung nicht bezahle, wird er abgestellt.« Dann schenkt er sich ein Glas Rum ein und zieht an seiner Zigarette. Ich sage ihm, dass mir sein Haus gut gefalle.

»Es wurde kurz nach der Unabhängigkeit gebaut.« Er nennt die Namen der Erbauer und der Hausbesitzer, die auf sie folgten. Er ist Experte, was die Geschichte Platos angeht.

»Diese Straßen hier sind die ältesten der Stadt«, sagt Choperena. »Im November und Dezember kommt der Fluss manchmal bis in die Nähe der Häuser. Während der Regenzeit im Jahr 2010 stand mein Haus einen Meter unter Wasser. Viele Bücher und Teile meines Archivs wurden zerstört.«

Guillermo Antonio Choperena hat an mehreren Drehbüchern und Filmprojekten mitgearbeitet, die das Leben der Menschen in Kolumbien zum Thema haben.

Er hat inzwischen die Sandalen abgestreift und sitzt bequem in einem alten Schaukelstuhl vor mir. Ab und zu streicht er sich mit der linken Hand über seinen Seemannsbart. Ohne dass wir es merken, vergeht die Zeit. Wir sprechen über die Küche Kolumbiens, Politik, Musik und Tanz, lateinamerikanische Literatur, Filme und Kolonialarchitektur in Südamerika. Choperena ist auf allen Gebieten bewandert. Irgendwann im Laufe des Abends frage ich ihn nach dem *hombre caiman*, dem eigentlichen Grund meines Besuches.

»*Bueno*«, sagt Guillermo Antonio Choperena gedehnt, dabei huscht ein zufriedenes Lächeln über sein Gesicht. Er rückt im Schaukelstuhl nach vorne. Vor uns flackert das Licht der Kerze auf dem Tisch. Die Haustür steht offen. Mit der Nachtluft zieht ein sanfter Windhauch vom Río Magdalena durch das Haus. Choperena zündet sich eine Zigarette an der Kerze an und nimmt einen tiefen Zug. »Der *hombre caiman* und Plato sind miteinander verbunden«, sagt er. Ich erzähle ihm, dass ich mir am Nachmittag die drei Skulpturen angeschaut habe.

»Plato verdankte früher sein Leben dem Río Magdalena. Der Fluss war ein Epizentrum der Kulturen und auch der Geschichten, die sich erzählt wurden. Die Bootsleute trugen sie weiter, wenn sie auf dem Fluss von einem Ort zum nächsten fuhren. Auf diese Weise entstanden übrigens auch Tänze und Musik.« Choperena schweift ab, doch dann kommt er wieder auf die Legende vom *hombre caiman* zu sprechen.

»Schon lange bevor die Spanier kamen, gab es Geschichten der indigenen Völker, in denen von Tierwesen die Rede war, die im Fluss lebten. Manchmal kamen sie heraus und holten sich die Menschen. Die grausamsten Geschichten handelten davon, dass diese Wesen die Menschen fraßen; in den romantischen ging es um unerfüllte Liebe und die Einsamkeit der Flussgeschöpfe, die menschliche Gesellschaft suchten.«

Choperena nennt fremd klingende Namen. Sie entstammen Sprachen, die niemand mehr spricht und die fast vergessen sind. Es sind Namen von Göttern, die die Menschen am Fluss in der Zeit vor den Spaniern verehrt haben. Es wird eine lange Aufzählung. Ich frage, ob darunter auch schon Krokodil-Wesen waren.

»Eine Sache ist überaus merkwürdig«, Choperena blickt zur Tür, als hätte er ein Geräusch gehört. »Überaus merkwürdig«, wiederholt er. »Im 18. Jahrhundert wurden in der Nähe des Ortes San Agustín sehr große Skulpturen aus Stein entdeckt. San Agustín liegt im Quellgebiet des Río Magdalena, mehr als 1000 Kilometer von hier entfernt. Die ersten Wissenschaftler und Archäologen, die die Skulpturen zu Gesicht bekamen, waren ratlos, denn sie waren keiner in Südamerika oder Kolumbien bekannten Kultur zuzuordnen. Sie waren, wenn ich das so sagen darf, auf eine merkwürdige Weise fremd.« Guillermo Antonio Choperena schaut mich vielsagend an. »Kein Mensch, der in der Gegend lebte – auch nicht die Ureinwohner – hatte jemals etwas von den Skulpturen, oder denjenigen, die sie geschaffen haben, gehört. Wissenschaftler aus den USA und Europa reisten nach San Agustín, um Ausgrabungen zu machen. Sie fanden noch weitere Skulpturen, aber keinerlei Hinweise auf die Schöpfer. Es gab einfach nichts anderes dort.«

Ein einzelnes Motorrad fährt auf der Straße entlang. Das Motorengeräusch entfernt sich. Als Choperena weiterspricht, ist es totenstill.

»Die Archäologen ließen, bis auf wenige Ausnahmen, alles so, wie es ist. Erst viel später standen technische Möglichkeiten zur Verfügung, um das Alter der Steine zu bestimmen.«

Er macht eine Pause.

»Die Ältesten von ihnen entstanden etwa 700 Jahre vor Christi Geburt oder sogar noch früher. Dann – 200 Jahre nach Christi – ist plötzlich alles zu Ende. Danach gibt es nichts mehr. Wirklich nichts. Keinerlei Hinweise auf Kriege oder Naturkatastrophen. Es sieht so aus, als sei diese Kultur von einem Tag auf den anderen verschwunden.«

»Worin aber besteht die Verbindung zum *hombre caiman?*«, frage ich Choperena.

»In den Darstellungen selbst. Die Skulpturen sind düster, gewalttätig. Einige zeigen Wesen, die halb Mensch und halb Tier sind und fürchterliche Reißzähne haben. Ich frage mich, wie Menschen – wenn es Menschen waren – darauf gekommen sind, solche Werke aus tonnenschwerem Stein zu erschaffen? Dafür muss es doch einen Grund gegeben haben. Und, wie gesagt, in dieser Gegend entspringt der Río Magdalena. Schon vor tausenden Jahren sind Menschen dem Fluss gefolgt, wer weiß, was sie alles mitgebracht haben.«

»Interessant«, sage ich zu Guillermo Antonio Choperena. Er sieht jetzt irgendwie wachsam und angespannt aus; in seinen Augen spiegelt sich die Kerzenflamme. Er zündet sich noch eine Zigarette an. Vielleicht gibt es ja wirklich eine Verbindung zwischen den geheimnisvollen Skulpturen am Oberlauf des Río Magdalena und dem *hombre caiman*. Ich habe allerdings noch nie etwas darüber gelesen oder davon gehört. Daher ist meine nächste Frage an Choperena: »Gibt es überhaupt Menschen, die dem *hombre caiman* tatsächlich begegnet sind?«

»Ja«, sagt Choperena. »Ich bin einer von ihnen.«

Danach schweigt er. Plötzlich ist die Spannung im Raum zu spüren. Der Rauch der Zigarette wird von dem Ventilator in geheimnisvoll aussehenden Schwaden durch die schwüle Luft gewirbelt und breitet sich träge unter der Zimmerdecke aus. Ich warte gebannt darauf, dass Choperena weiterspricht. Das rote Lämpchen an meinem Aufnahmegerät, das auf dem Tisch liegt, glimmt magisch. Die Kerze flackert und wirft den Schatten Choperenas auf das Bücherregal in seinem Rücken.

»Der *hombre caiman* war Saúl Montenegro, der Gehilfe eines Lebensmittelhändlers aus Plato«, sagt Choperena trocken. Ich bin verblüfft. Aha, das Geheimnis ist gelüftet: Ein gewisser Saúl Montenegro aus Plato, Gehilfe des Lebensmittelhändlers. *Claro.* Nur hört sich das, nach den langen Ausführungen über die Jahrtausende alte, geheimnisvolle Kultur und das Leben am Río Magdalena, auf ernüchternde Weise banal an.

»Saúl Montenegro war etwas älter als ich«, fährt Choperena fort. »Alle in Plato kannten ihn. Er war oft in der Stadt unterwegs, denn er hatte die Aufgabe, die Waren des Lebensmittelhändlers auszuliefern. Wenn jemand etwas bestellte, brachte er es vorbei. Das nennt man *a domicilio*. In den 1940er Jahren ging es hoch her. Die Lokalpolitiker tagten ständig, um zu debattieren. Manchmal gingen diese Sitzungen bis spät in die Nacht. Wenn dabei der Rum oder das Essen zu Ende gingen, wurde ein Bote zum Laden geschickt. Dann musste Saúl Montenegro die Sachen vorbeibringen. Deshalb war er auch spät in der Nacht noch unterwegs.«

Choperena wippt mit dem Schaukelstuhl und verscheucht mit der Hand eine Mücke.

»Am Fluss gab es eine Stelle, an der die Frauen damals frühmorgens gebadet und ihre Wäsche gewaschen haben. Wenn Saúl Montenegro im Morgengrauen bei seinen Botengängen daran vorbeikam, versteckte er sich im Schilf und beobachtete die Frauen. Die haben ihn bemerkt und gaben ihm den Spitznahmen *hombre caiman*. Er erinnerte sie an ein Krokodil, das am Ufer auf Beute lauerte.«

Das klingt soweit plausibel, erklärt jedoch nicht den Mythos.

»Die Geschichte geht aber noch weiter«, fährt Choperena fort. »Auch andere Männer aus Plato fingen an, die Frauen beim Baden zu beobachten. Einige Frauen gingen zum Pfarrer und beschwerten sich darüber. Der Pfarrer ging danach zum Bürgermeister, um ihm zu sagen, dass er etwas unternehmen müsse. Der Bürgermeister erließ daraufhin eine Verordnung, nach der Männer und Frauen sich nur noch getrennt – jeweils zu bestimmten Zeiten – an der Badestelle aufhalten durften.«

Ich frage mich, worauf es wohl hinauslaufen wird.

»Damit hätte alles beendet sein können«, sagt Choperena nachdenklich. »Doch dann wurde 1948 Gaitán in Bogotá ermordet und *la violencia* breitete sich im ganzen Land aus. Immer mehr Leichen trieben den Río Magdalena hinab. Der erste, der in diesem Zusammenhang vom *hombre caiman* sprach, war der Organist der Kirche in Plato. Andere folgten. Manche Menschen brauchen ein Monster, um ihm die Schuld an etwas Schrecklichem zu geben. Das ist 1948 in Plato geschehen. Dann begann eine Zeitung – *La prensa de Barranquilla* – über den *hombre caiman* zu schreiben. Danach wollten ihn noch mehr Menschen gesehen haben. Ein Arzt, Louis Delio Gomez, verfasste eine Chronik über die Legende vom *hombre caiman*.«

Guillermo Antonio Choperena spricht jetzt schnell und gelöst.

»Musiker haben Stücke über den *hombre caiman* geschrieben, Tänze wurden aufgeführt und die Legende blieb am Leben. Aus dem *hombre caiman* wurde Folklore. Das ist bis heute so.«

Er lacht. »Vielleicht sind auch die griechischen Mythen auf diese Weise entstanden.«

Ich bedanke mich bei Choperena. Er steht auf und begleitet mich nach draußen. Vor dem Haus frage ich ihn, was aus Saúl Montenegro geworden ist.

»Ach«, sagt er mit einer wegwerfenden Handbewegung, »der blieb einfach der *hombre caiman*. Wen interessiert das schon?« Guillermo Antonio Choperena zwinkert mir vielsagend zu.

»Das ist jedenfalls die offizielle Version der Geschichte. Vielleicht gibt es ja noch eine andere.«

Am nächsten Morgen fahre ich mit dem Bus nach Mompóx, einer Stadt etwa 70 Kilometer stromaufwärts, am Río Magdalena. Die Straße macht einen großen Bogen nach Osten, um das sumpfige Gebiet im Umland des Flusses zu umgehen, und darum beträgt die Fahrtstrecke am Ende circa 150 Kilometer. Im Bus ist eine junge Frau, auf deren Schulter ein kleiner, grüner Papagei sitzt. Dem Vogel scheinen das Busfahren und die vielen Menschen um ihn herum nichts auszumachen. Mit seinen Krallen hält er sich an der Bluse der Frau fest.

In Bogotá hatte mir Brigitte Baptiste vom Instituto de Investigación de Recursos Biológicos Alexander von Humboldt gesagt, dass die Bedeutung Alexander von Humboldts für Kolumbien auch darin liege, dass er einen »neuen Blick« auf die Tropen gehabt habe. Humboldt habe niemals nur die einzelnen Lebewesen und Pflanzen für sich betrachtet, sondern die Gesamtheit der Dinge im Auge gehabt und als solche zu verstehen versucht. Beim Anblick des Vogels, der ab und zu den Kopf auf die Seite legt und mich anschaut, muss ich an eine Passage aus Humboldts Reiseaufzeichnungen denken. Darin beschreibt er im April 1801 eine Begegnung mit der Vogelwelt im Gebiet zwischen Cartagena und dem Río Magdalena. Humboldt beklagt sich über das zur damaligen Zeit in Europa verbreitete Vorurteil, dass die Vögel in den tropischen Zonen der Erde nicht so schön singen würden, wie ihre europäischen Artgenossen. Dabei zieht Humboldt auch

Parallelen zu den menschlichen Bewohnern der Tropen und zu den Pflanzen, die den Geschöpfen als Lebensraum und Nahrung dienen:

»In keinem Teil von Südamerika hörte ich die Vögel so lieblich, tiefaufflötend singen als um Cartagena. Aber in Europa druckt und druckt man, das Menschengeschlecht krumpe gegen den Äquator ein (während die Kariben, ein herrliches, stattliches Riesenvolk, dem olympischen Jupiter an Stärke und Körperbildung ähnlich sind), man druckt, dass in den Tropen alle Vögel krächzen. So wie bei dem üppigen Wuchs jede Pflanze in den Tropen, jeder Strunk zur Holzfaser erhärtet und weiches, zartes Gemüse aus Europa, hierher verpflanzt, leicht ausartet, so ist die große Tropennatur auch an großen Vögeln mit starkem Stimmorgan reicher als Europa. Unsere Feld- und Gartenkultur lockt eine Menge körnerfressender Finkenarten an, lauter kleine Singvögel. In den Tropen nehmen, da die Hühnervögel so viel mehr sind, die kleinen Singvögel einen kleineren Raum ein. Die größeren Vögel, das unsägliche Geschnatter der Graupapageien, die Konversation der Guacharacas, von denen fünfzehn, sechzehn, wie Hühner nahe aneinandergedrängt, stundenlang auf einem Ast sitzen und kopfnickend schreien, die ungeheure Heuschrecke, alles überschreit den lieblichen Gesang der Finkenvögel. Aber wie manche Stunde habe ich den Trupiales, dem Arrendajo, der großen Künstlerin Paraulata und den buntgefiederten Spechtmeisen, Tanagras, Finken zugehört.«

Auf seine Art bewundert Humboldt in diesen Sätzen den Reichtum des tropischen Südamerikas. In diesem kurzen Abschnitt seiner Aufzeichnungen hat Humboldt wahrscheinlich auch die Vorfahren des kleinen, grünen Papageien auf der Schulter der Frau gewürdigt. Er schien jedenfalls von der Vogelwelt Kolumbiens und den Tropen im Allgemeinen außerordentlich angetan gewesen zu sein. Als der Gehilfe des Busfahrers kommt, um das Fahrgeld zu kassieren, holt die Frau ein Portemonnaie hervor. Sie öffnet es und zählt Kleingeld und Scheine ab. Da hüpft der Vogel von ihrer Schulter und beginnt mit seinem Schnabel sanft die Ränder der Geldbörse zu bearbeiten, während der Bus über eine lange Brücke fährt, um einen großen Wasserlauf zu überqueren.

Mompóx liegt inmitten eines Seen-und Sumpfgebietes. Die Gewässer des Río Magdalenas breiten sich hier – besonders während der Regenzeit – weit über das flache Land aus. Und in dieser Gegend mündet auch der Río Cauca – ein weiterer, der großen Flüsse Kolumbiens mit beinahe 1000 Kilometern Länge – in den Río Magdalena. Das weitverzweigte Seen-und Sumpfgebiet nimmt den größten Teil der circa 24 650 Quadratkilometer großen Depresión Momposina ein.

Heute ist Mompóx vor allem wegen seiner historischen Architektur aus der Kolonialzeit und dem dort angesiedelten Silberschmiedehandwerk bekannt. Die Innenstadt gehört seit 1995 zum UNESCO-Weltkulturerbe. Der exotische Name der Stadt geht übrigens auf einen Häuptling der indigenen Malibúes namens Mompoj zurück. Er kollaborierte mit den *conquistadores* und unterstützte sie beim Aufbau der Siedlung im Jahr 1637. Die Spanier nannten den Ort offiziell Santa Cruz de Mompóx.

»*Muy colonial*«, sei Mompóx, sagt eine modisch gekleidete Frau, mit der ich in einer der Silberschmieden von Mompóx ins Gespräch komme, als ich ein Paar Manschettenknöpfe bestelle. »Die Stadt ist sehr kolonial geprägt. In den Häusern aus der Kolonialzeit können Sie heute noch die Ringe an den Wänden sehen, an denen die Ketten der Sklaven befestigt wurden.«

Tatsächlich sehe ich später solche Ringe an einer Wand meines Hotels, das sich in einem alten Kolonialgebäude befindet. Mit dem Fortschreiten der Kolonialisierung Kolumbiens wurden immer mehr Güter und Menschen auf dem Río Magdalena transportiert. Darunter auch afrikanische Sklaven, die von Cartagena aus ins Landesinnere gebracht wurden. Mompóx profitierte von diesem Handel und wurde zu einer wohlhabenden Stadt. Alexander von Humboldt hielt sich vom 25. April bis zum 5. Mai 1801 in Mompóx auf. Er beschreibt eine Stadt, deren Äußeres sich in den vergangenen 217 Jahren nicht wesentlich verändert hat:

»Mompós ist eine wohlgebaute Stadt mit etwa 14 000 Einwohnern [heute sind es circa 44 000]. Ihre Lage am Fluss macht sie zum Handel nach innen und außen sehr geschickt. Man macht hier ebenso viel, wo nicht mehr Geschäfte als in Cartagena, da die Kaufleute über Santa Marta großen Schleichhandel mit Jamaika und Curaçao treiben. Mompós versorgt das ganze innere Vizekönigreich mit Waren. An Bauart niedrige Häuser, *Cumaná* ähnlich, regelmäßige Gassen, hübsche viereckige Plätze, viele Kirchen, drei Klöster, darunter eines, Kranke pflegend, sehr nützlich. Dicht am Fluss ein hübscher Spaziergang, La Albarada, eine Mole, teilweise mit Orangen und Ceiba bepflanzt.«

An dieser Mole besteige ich am Nachmittag ein Boot, um auf die Seen der Depresión Momposina hinauszufahren. Der Río Magdalena sieht in Mompóx nicht so gewaltig aus, wie in Barranquilla oder Plato, denn das Wasser teilt sich in mehrere Seitenarme des Flusses auf. Trotzdem ist er auch hier noch mehrere Hundert Meter breit. Nach einer kurzen Strecke flussabwärts, steuert der Bootsführer den fünf Meter langen Einbaum – ein aus einem ausgehöhlten Baumstamm hergestelltes Boot, in diesem Fall mit einem Außenbordmotor im Heck – in einen Seitenarm. Oberhalb der Uferböschung stehen Häuser, die aus Schilfrohr und Ästen gebaut sind. Am Ufer darunter fischt ein Mann mit einem Wurfnetz. Es ist rund, an den Rändern beschwert und zieht sich unter Wasser wie ein Sack zusammen. Während das Boot weiterfährt, verengt sich der Flussarm zusehends. Herabhängende Äste und Pflanzen berühren das Boot. Der Steuermann und seine zwei Helfer binden sich zum Schutz gegen die Moskitos Tücher um den Kopf. Bald müssen sie hölzerne Stangen in den Untergrund stoßen, um damit das Boot vorwärts zu schieben. Das Wasser ist hier nur noch höchstens einen Meter tief. Im Wipfel eines Baumes sitzen mehre Fischadler in der Abendsonne.

Dann lichtet sich die Vegetation ein wenig, der Wasserarm wird breiter. Mehrere Dutzend weiße Reiher stehen auf ihren langen Beinen im Wasser. Als das Boot näher kommt, erheben sie sich und fliegen los. Die Vögel gleiten auf ihren großen Schwingen über das Wasser, bevor sie sich ein Stück weiter wieder niederlassen. Am Ufer liegt ein hellgrüner Leguan bewegungslos auf einem überhängenden Ast. Nach einer Weile mündet der Flussarm nach der dichten Vegetation in eine Landschaft aus vielen kleinen Inseln. Auf manchen davon stehen Hütten. Auf dem Wasser sind Kanus zu sehen.

»Wir vermuten«, hatte mir Brigitte Baptiste gesagt, »dass im Verlauf der nächsten hundert Jahre aus der Depresión Momposina ein gewaltiger See werden wird. Die Klimaveränderungen und Überschwemmungen werden wahrscheinlich dazu führen, dass das Land ganz unter Wasser stehen wird.« Die Wissenschaftler des Instituto de Investigación de Recursos Biológicos Alexander von Humboldt arbeiten schon jetzt an vielen Projekten, entlang des Flusses. »In manchen Gegenden am Río Magdalena«, so Brigitte Baptiste, »hat es zu Zeiten Alexander von Humboldts die größte Artenvielfalt in ganz Kolumbien gegeben. Die Böden am Río Magdalena sind fruchtbarer als am Amazonas. An den regenreichen Hängen der Anden im Süden Kolumbiens gab es einen einzigartigen Regenwald. Im Laufe der Zeit wurden allerdings viele Ökosysteme am Río Magdalena zerstört, am Amazonas war das nicht der Fall. Der Río Magdalena ist aber immer noch einzigartig, heute lebt eine halbe Million Menschen vom Fischfang.«

Inmitten einer großen Wasserfläche stoppt die Besatzung das Boot. Die hölzernen Stangen werden zur Seite gelegt. Wir gehen schwimmen. Das Wasser ist lauwarm, undurchsichtig braun und reicht mir gerade einmal bis zur Brustmitte. Meine Füße sinken in den schlammigen Grund. Der Boden ist uneben, wie auf Ackerfurchen geht es auf und ab. Während ich schwimme, kommt ein Mann in seinem Kanu nicht weit von mir vorbei. Auch er hält eine Stange in den Händen, mit der er das Boot bewegt. Im Bug sitzen zwei Hunde – kurze Haare, braunes Fell – und fangen an zu bellen, als sie mich sehen. Der Mann winkt mir zu, dann bewegt er sein Kanu weiter über den See und verschwindet zwischen einigen kleinen Inseln.

Auf der Rückfahrt nach Mompóx trocknet das Wasser in der heißen Luft schnell am Körper. Als wir wieder am Kai anlegen, ist es dunkel. Von dort gehe ich zu Fuß zu meinem Hotel. Der Weg führt am Fluss entlang. Im Gehen bemerke ich die vielen großen Frösche und Kröten, die auf den Steinen sitzen. Als ich stehen bleibe, um sie mir näher anzuschauen, hüpfen einige von ihnen eine Treppe zum Wasser hinunter. Der Río Magdalena riecht nach Schlamm, Moder und Pflanzen, aber nicht mehr, wie von Humboldt beschrieben, nach Krokodilen.

Später lese ich in seinen Aufzeichnungen über Las Ciénagas, so nennt sich das System der Seen in der Depresión Momposina und seine Weiterreise auf dem Río Magdalena:

»Von Mompóx aufwärts ist die Aussicht, die man auf den Strom genießt, mannigfaltiger, grüner und angenehmer. Die Ufer sind auf lange Strecken weniger hoch, und die Aussicht also minder beschränkt. Man sieht viele einzelne Häuser und Pflanzungen freier Menschen, Viehfarmen, Obstgärten. Bis Badillo hat man alle sechs bis sieben Meilen ein Dorf. Die Vegetation nimmt seit dem neunten Breitengrad mit jedem Schritt zu. Der Fluss bildet liebliche Inseln, die bald, mit dicklaubigen Bäumen bewachsen, einen schwimmenden Wald und dann wieder, mit einzelnen, zartblättrigen Weiden bekränzt, eine schilfreiche Wiese darbieten. Diese Weideninseln sind in der Tat von großer Schönheit und ein Vorzug des Magdalenenstroms, da die Baumart dem Orinoko und Río Negro fehlt. Die Weiden stehen in kleinen lockeren Gruppen zerstreut auf nassen, schilfreichen Ebenen und kontrastieren sehr angenehm mit den dickwaldigen Ufern. Diese Ufer haben durch die Pracht und Fülle der Vegetation, durch die Masse der gigantischen Bäume, einen großen, feierlichen, ernsten Charakter. Das Heer rankender Gewächse füllt alle Zwischenräume aus.«

Fünfhundert Kilometer weiter flussaufwärts hat sich die Landschaft wiederum geändert. Vom Río Magdalena aus sieht man die Anden in der Ferne aufsteigen. In dem kleinen Ort Puerto

Triunfo steht eine verrostete Lokomotive auf einem Platz an der Uferpromenade. Der Stadtrat hat sie im Jahr 2015 dort aufstellen lassen, um an die Zeit zu erinnern, als im Zuge des Kaffeebooms eine Bahnverbindung von Medellín bis an die Häfen des Río Magdalena gebaut wurde.

Eine weitere Attraktion, nicht weit von Puerto Triunfo, ist die circa 3000 Hektar große Hacienda Napoles, die Pablo Escobar zu seinen Lebzeiten unterhielt. Nach der Zerschlagung des Medellín-Kartells und dem Tod Escobars ging die Hacienda in das Eigentum des kolumbianischen Staates über. Heute betreibt dort ein Unternehmen einen Themenpark mit Wasserrutschen, Schwimmbädern und Hotels. Doch überall sind Spuren Escobars zu sehen. Über einem Torbogen am Eingang ist ein einmotoriges Flugzeug angebracht, mit dem der *narcotraficante* Kokain transportieren ließ. Die Hacienda Napoles besaß eine eigene Start- und Landebahn. Außerdem legte Pablo Escobar dort einen Privatzoo an.

Und damit kommen wir wieder zum Ökosystem des Río Magdalena. Unter den Tieren, die Escobar auf der Hacienda Napoles hielt, befanden sich auch mehrere Flusspferde. Angeblich hatte er sie dem Zoo im US-amerikanischen San Diego abgekauft. In freier Wildbahn leben sie ausschließlich auf dem afrikanischen Kontinent. Nach dem Tod Escobars wurden die Tiere weitgehend sich selbst überlassen. Irgendwie schafften es die Flusspferde bis zum Río Magdalena. Dort vermehrten sie sich und griffen, wenn sie gestört wurden, sogar gelegentlich Fischer an. Die Behörden sagen, dass zeitweise bis zu 30 Tiere in der Region um Puerto Triunfo und der Stadt Doradal unterwegs waren. Im Laufe der Zeit wurden viele von ihnen jedoch wieder eingefangen und schon seit Längerem keins mehr beobachtet. Was hätte wohl Alexander von Humboldt zu diesem Phänomen gesagt? Bestimmt hätte es ihn interessiert, die Zusammenhänge zwischen den sozialen, botanischen und biologischen Faktoren zu ergründen, die dazu führten, dass eine Pflanze – der Kokastrauch – letztendlich dazu führte, dass sich eine afrikanische Tierart im südamerikanischen Río Magdalena ausbreiten konnte.

»Pablo Escobar war schon in Ordnung«, sagt Carlos, der Taxifahrer, der mich von der Hacienda Napoles zurück nach Puerto Triunfo bringt. Carlos hat auf der Hacienda für Pablo Escobar gearbeitet. »Nichts Illegales. Ich habe mich um die Pferde gekümmert. So wie ich, waren viele Menschen aus Puerto Triunfo auf der Hacienda beschäftigt. Wie gesagt, Pablo Escobar war ok, man durfte nur keine Fehler machen.«

Carlos setzt mich in Puerto Triunfo ab. Die Hitze des Tages weicht, und es bleibt die Wärme des Abends. Auf einem erleuchteten Sportplatz spielen Jugendliche Fußball in der aufkommenden Dunkelheit. Die Tür der Polizeistation an der Straße steht offen, drinnen hängt ein großer Spiegel an der Wand. Hinter dem Sportplatz ist ein kleiner Park, in dem sich Liebespaare und streunende Hunde aufhalten. Unter einem großen Baum drehen Fledermäuse ihre Runden. Ihre Silhouetten zeichnen sich vor dem Licht einer einzigen, gelben Straßenlaterne ab. Ich gehe zum Flussufer. Eine Frau geht mit einem großen Fisch in der Hand eine sandige Straße entlang und verschwindet hinter einer Biegung. Trotz der Dunkelheit kann ich erkennen, dass auffallend viele Grasbüschel, Äste und sogar ganze Bäume den Río Magdalena hinabtreiben.

Am nächsten Morgen wissen die Menschen in Puerto Triunfo bereits von der Katastrophe. Vor drei Tagen hat es nach starkem Regen flussaufwärts einen Erdrutsch gegeben. Dabei sind ganze Teile der Uferböschung in den Río Magdalena gestürzt.

»Die eigentliche Katastrophe aber«, sagt José Gallo, ein Fischer aus Puerto Triunfo, »hat sich unter Wasser abgespielt. Es geriet so viel Sand und Erde ins Wasser, dass die Fische nicht mehr durch ihre Kiemen atmen konnten und starben.«

Seit dem Morgen schwimmen nun unzählige tote Fische den Fluss hinab. José nimmt mich in seinem Boot mit. Wir fahren zwischen den Fischleichen flussabwärts. Um das Boot herum sind überall die weißen Bäuche der Fische im braunen Wasser zu sehen. Mit einem Haken an einer Stange zieht der Gehilfe Josés manchmal einen von ihnen heran. Die Männer sind sichtlich betroffen. »Der wäre bestimmt mehr als 70 000 Pesos wert gewesen«, sagt José und zeigt auf einen großen Wels. »Und der dort drüben 50 000. Mindestens.«

In den Gesichtern kann ich die Fassungslosigkeit und den Schmerz der beiden Fischer über diesen großen Schaden erkennen. Unter der Puente de Paz, einer hohen Betonbrücke, wendet José Gallo das Boot. »Es hilft alles nichts. Es ist eine Katastrophe, aber der Fluss wird sich wieder erholen.«

Auf dem Weg nach Honda, einer etwa 70 Kilometer flussaufwärts gelegenen Stadt, sehe ich auf einer Sandbank Männer, die Sand in ein flaches Boot schaufeln. Später erfahre ich, dass sie ihn an Baufirmen verkaufen.

Alexander von Humboldt erreichte die Stadt Honda Mitte Juni 1801:

»Honda, ein Städtchen von vier- bis fünftausend Einwohnern, liegt in einem tiefen Kesseltal von hohen Sandsteinkuppen umgeben, an der Mündung des Río Gualí in den Magdalena. Man wird dieses Ortes tief unter sich erst gewahr, wenn man ihm ganz nahe ist und am Abhang einer fast senkrechten Felswand steht. Dieser Standpunkt ist überaus malerisch. Hohe Felsrücken begrenzen das Tal, das Städtchen, bilden den Vordergrund, die Häuser stehen mit Pisangstämmen gemischt.«

Etwas später kommt Humboldt jedoch zu dem Schluss:

»Honda hat eine ungesunde Lage in einem Kessel, der die Sonnenstrahlen konzentriert. Die Luft ist beängstigend, doch steigt das Thermometer weniger als man glaubt. Die Nähe der Schneegebirge kühlt die Luft, macht sie aber zugleich desto ungesunder«. Und einige Sätze weiter heißt es bei Humboldt: »Nach Sonnenuntergang bläst hier vom Páramo her eine kalte scharfe, sauerstoffreiche Luft, an die die Einwohner in ihrem mit verderbter Luft gefüllten Kesseltal nicht gewöhnt sind. Daher die ewigen Erkältungen, die Fieber. Auch sind die Einwohner, besonders die Weißen und die Mestizen, sonderbar bleich, haben viele Geschwüre, Wunden – und Kröpfe.«

Rodrigo Cruz ist ein Nachfahre der von Humboldt beschriebenen Einwohner Hondas. Der Zweiundsechzigjährige sieht allerdings gesund und ausgesprochen munter aus, während er ein Feuer zwischen den Steinen am Ufer des Río Magdalena macht. Dazu hat er Treibholz und trockene Äste aufgeschichtet. Nachdem er das Feuer entzündet hat, stellt er einen großen Kochtopf darauf. Vorher hat er dafür bereits zwei passende Steine zurechtgelegt. Der Topf ist zu zwei Dritteln mit Wasser gefüllt.

»Heute koche ich *sancocho* für meine Frau«, sagt Rodrigo. »Sie hat Geburtstag.«

Die Suppe wird in vielen Regionen Kolumbiens gegessen. Die Grundzutaten dafür sind meistens gleich, es gibt allerdings regionale Variationen.

»Die Zutaten für *sancocho*«, erzählt der im Topf rührende Rodrigo, »muss man in einer bestimmten Reihenfolge in den Kochtopf geben: zuerst die Kartoffel, dann Yucca, Kochbananen, Fleisch oder Fisch, Zwiebel, Tomate, Stücke eines Maiskolbens und Gewürze.«

Während Rodrigo mit der Suppe beschäftigt ist, setze ich mich auf einen Stein und schaue den Menschen am Flussufer zu. Mehrere Fischer stehen bis zur Hüfte im Río Magdalena und ziehen ein Netz, das zwischen zwei V-förmige Stangen gespannt ist, mit den Armen durchs Wasser. Es nennt sich *conga* und stellt nach den *cometas* und Wurfnetzen eine weitere Methode des Fischfangs am Río Magdalena dar. Ich frage Rodrigo, ob er heute auch Fisch zubereitet. Am Río Magdalena ist *sancocho de bagre* verbreitet. *Bagre* bezeichnet eine Welsart, die bis zu zwei Meter lang werden kann. »Nein«, sagt Rodrigo. »Fisch essen wir jeden Tag. Zum Geburtstag meiner Frau möchte ich etwas Besonders kochen. Es gibt Fleisch.«

Nach und nach trudelt die ganze Familie ein. Rodrigo Cruz ist stolz darauf, mir seine Frau vorzustellen.

»Ich lebe seit 47 Jahren in Honda«, sagt er. »Ich bin bis zur achten Klasse zur Schule gegangen. Seitdem lebe ich vom Fischen oder von der Arbeit auf dem Bau, wenn es nicht so viel

Fisch gibt.« Während der Nachmittag voranschreitet, erzählt Rodrigo von seinen beiden Söhnen, der Tochter und dem Leben in Honda. Im Großen und Ganzen, sagt er, sei er zufrieden, seine Familie sei gesund und sie hätten ausreichend zu essen, es gebe aber auch schon mal Zeiten, in denen man »den Gürtel enger schnallen müsse«.

Am späten Nachmittag hört man lautes Knallen von beiden Seiten des Flussufers. Es stammt von einem *tejo* genannten Spiel, das in den Kneipen gespielt wird. Die Spieler werfen einen Stein auf ein schrägstehendes Brett. In dem Brett ist eine Reihe von Löchern angebracht, unter denen sich jeweils ein Zündhütchen befindet. Trifft ein Spieler eines der Löcher, löst der Stein einen Knall aus. Meistens wird im Verlauf einer Partie *tejo* viel Alkohol getrunken.

Zum Abschied winke ich Rodrigo von einer Hängebrücke aus zu, die sich über den Río Magdalena spannt. Er steht mit seiner Familie zwanzig Meter unter mir, an der Stelle, an der wir den Nachmittag verbracht haben. Die Suppe köchelt immer noch auf dem Feuer. Ich gehe langsam zum anderen Ufer. Jedes Mal, wenn ein Lastwagen die Brücke passiert, vibriert die Fahrbahn unter meinen Füßen. Es ist ein schöner Abend. Obwohl die Dämmerung erst angebrochen ist, steht der Vollmond am Himmel. Das Knallen, die Rufe und das Gelächter der *tejo*-Spieler sind auch auf der Brücke zu hören.

Zu Zeiten Alexander von Humboldts war Honda der wichtigste Hafen am Río Magdalena. Er liegt Bogotá am nächsten. Alle Güter und Personen, die auf dem Fluss in die Hauptstadt transportiert wurden oder von dort kamen, mussten Honda passieren. Humboldt kehrte unweit von Honda dem Río Magdalena den Rücken und reiste auf dem Landweg weiter nach Bogotá. Von dort aus setzte er seine Expedition in den Süden Kolumbiens und nach Ecuador fort.

Alexander von Humboldt begegnete nach seiner Amerikareise in Paris dem jugendlichen Simón Bolívar. Mehrere Male trafen sie bei gesellschaftlichen Anlässen in den Salons der europäischen Metropole aufeinander. Es lässt sich nicht mit Sicherheit sagen, wie weit ihr Austausch von Ideen und Gedanken in dieser Zeit tatsächlich ging. Jedoch schätzte Bolívar, als er später Staatsoberhaupt eines unabhängigen Großkolumbiens geworden war, Humboldt sehr. Humboldt hatte sich bereits während seines Aufenthalts in Lateinamerika kritisch zur kolonialen Rolle Spaniens geäußert und eine Unabhängigkeit der Kolonien für möglich gehalten. Er kehrte nach seiner Amerikareise jedoch nie mehr auf diesen Kontinent zurück.

Simón Bolívars letzte Reise fand ebenfalls auf dem Río Magdalena statt. Gesundheitlich angeschlagen und entmachtet, verließ er Bogotá und erreichte im Mai 1830 mit einem kleinen Gefolge in Honda den Río Magdalena. Sechs Monate später starb er in der Nähe Santa Martas an der Karibikküste.

»Das Große an Humboldt«, hatte Brigitte Baptiste bei unserem Treffen in Bogotá gesagt, »war sein enormer geistiger Horizont. Er hat ständig Informationen miteinander verknüpft und kombiniert. Die Wissenschaft war damals sehr stark in einzelne Disziplinen unterteilt. Mathematik, Geographie, Botanik, Zoologie und so weiter. Humboldt hat die Zusammenhänge erforscht und aus der Wissenschaft auch einen kreativen Prozess gemacht. Dabei war er trotzdem ein sehr systematischer Wissenschaftler und Denker.«

Die Institutsleiterin ist in Kolumbien und darüber hinaus wegen ihrer eigenen wissenschaftlichen Leistungen bekannt und anerkannt. Brigitte Baptiste wurde 1963 in Bogotá geboren, studierte Biologie und promovierte mit einer Arbeit über die Fische des Amazonasgebietes. Nach Studienaufenthalten und Lehrtätigkeiten in Europa und den USA wurde sie Direktorin des Instituto de Investigación de Recursos Biológicos Alexander von Humboldt. Außerdem gehört sie einem Gremium der Vereinten Nationen zum Thema Biodiversität an. Brigitte Baptiste ist transsexuell. Sie wurde mit dem Körper eines Mannes geboren. Heute kleidet sie sich feminin und sieht auch ansonsten aus wie eine

Frau. Sie ist verheiratet und hat zwei Töchter mit ihrem Partner. »Das Leben«, sagt sie, »verändert sich ständig. Die Zukunft der Menschen hängt davon ab, wie weit wir diese Veränderungen begreifen können.«

Kolumbien ist zweifellos ein Land mit einer sehr dynamischen Entwicklung. Die sozialen Veränderungsprozesse gehen vor allem von den Städten aus. Deren Auswirkungen auf die diversen indigenen Völker werden leider häufig übersehen.

Das große Volk der Wayuu

Die Provinz La Guajira, im Nordosten Kolumbiens an der Grenze zu Venezuela gelegen, ist eine der ärmsten Regionen des Landes. Die etwa 21 000 Quadratkilometer große Halbinsel besteht überwiegend aus einer sehr kargen, wüstenähnlichen Landschaft, die bis an die Atlantikküste heranreicht. In dieser sonnenbeschienenen Einöde leben die Wayuu. Mit circa 140 000 Angehörigen sind sie die größte indigene Bevölkerungsgruppe Kolumbiens – dazu kommen noch einmal 170 000 Wayuu, die in Venezuela leben. Die Wayuu haben es es trotz *conquista*, Kolonialisierung und Modernisierung geschafft, sich auf ihrem Land zu halten und einen großen Teil ihrer Kultur und Identität zu bewahren. Vielleicht hat die Unwirtlichkeit des Landes dazu beigetragen, sie vor den Begehrlichkeiten der Eroberer zu schützen. Außer Kakteen und Gestrüpp, gelegentlich einem Brunnen, schien bei der Ankunft der ersten Europäer nicht viel in dem sonnenverbrannten La Guajira zu holen zu sein, und so richteten sie ihre Aufmerksamkeit auf andere Gebiete. Heute nennen sich die Wayuu *la gran nación Wayuu*, das große Volk der Wayuu, und bezeugen damit auch eine einzigartige kulturelle Identität.

Abgesehen von der Provinzhauptstadt Ríohacha leben die meisten Wayuu in sogenannten *rancherías*. Eine *ranchería* ist eine Ansammlung von Hütten, die aus Ästen und Lehm gebaut und deren Seitenwände mit Fasern von Kakteen verstärkt sind. Einige von ihnen sind auch mit einem Dach aus Wellblech oder Kunststoff versehen. Die Ansiedlungen liegen abseits der ohnehin wenig befestigten Straßen und sind mitunter schwer zu erreichen. Ich habe mich immer gern dort aufgehalten und fasziniert den Tagesablauf der Wayuu beobachtet.

Bei einer dieser Gelegenheiten begleite ich Marisol, eine junge Frau, die mit ihrer Familie eine *ranchería* bewohnt. Seit sie vor zwanzig Jahren dort geboren wurde, folgen ihre Tage einem immer gleichen Rhythmus, der mit der Suche nach Wasser beginnt. Mit den ersten Sonnenstrahlen tritt sie aus dem Schatten ihrer Hütte und macht sich auf den Weg zum Brunnen. Schon früh am Morgen ist die Sonne bereits warm und intensiv. Marisol kann unter ihren Füßen spüren, wie schnell sich der sandige Boden aufheizt. Sie trägt keine Schuhe und ihre Haut ist dunkelbraun. Als Marisol über die freie Fläche zwischen den Hütten geht, wirbelt der Sand hinter ihr ein kleines bisschen in die Höhe und sinkt dann in die Vertiefungen, die ihre Schritte hinterlassen haben, zurück. Sie streicht sich mit der linken Hand ihr dunkles Haar aus dem Gesicht und bindet es im Nacken zu einem Knoten zusammen. Die Feuerstelle aus Steinen in der Mitte der *ranchería* ist ihr im Laufe ihres Lebens ebenso vertraut geworden wie die aus Ästen gebauten Hütten oder die wenigen Bäume in der ansonsten kargen Landschaft.

Die Wasserstelle liegt ein wenig abseits am Rande der Siedlung. Der Himmel wird zunächst hellblau und dann ist es fast nur noch hell. Bis auf Marisols Schatten, der vor ihr hergeht. Sie macht plötzlich einen schnellen Schritt nach vorn und versucht, mit den Füßen ihren Schatten zu berühren. Als Kind habe sie das oft versucht, sagt sie, heute würde sie wissen, dass es nicht klappt. Es macht ihr aber trotzdem immer noch Spaß, der Silhouette auf dem braunen Sand nachzujagen. Marisol hört die Laute der Vögel in den Bäumen und die leisen Stimmen der anderen Frauen, die wie sie gekommen sind, um Wasser zu holen. Sie geht auf den Brunnen zu. Wenn sie hineinblickt, ist es darin schwärzer als ihr Schatten auf dem Boden. Zwischen den nackten Füßen der Umstehenden stehen Plastikflaschen und andere Gefäße, um das Wasser zu transportieren.

Bei den Wayuu ist das Wasserholen fast immer Frauensache. Marisol erklärt mir, dass sie es nicht anders kenne. Ihre Mutter, die Großmutter, deren Mutter und so weiter, in der langen Reihe der Ahnen, davon ist Marisol fest überzeugt, haben es so gemacht wie sie. Sie haben an derselben Stelle gestanden, sind an einem ebenso sonnigen Morgen zum Brunnen gegangen und haben Wasser geholt. Die Plastikgefäße haben sie dazu allerdings erst in den letzten Jahrzehnten benutzt. Das ist für die Wayuu relativ neu, da sie in Zeiträumen denken, die sich auf die Entstehung der Welt beziehen.

Marisol sagt, sie fühle sich wohl in ihrem Zuhause. Holz und Lehm haben mit der Zeit den trockenen Braunton der Wüste angenommen, und sogar das Dach aus Wellblech hat mittlerweile eine ähnliche Farbe bekommen. Der Rost hat die Oberfläche des Metalls rotbraun werden lassen. Marisol sei zufrieden damit und froh darüber, dass die Hütte ein gutes Dach habe. Es schütze vor Regen, aber noch wichtiger sei der Schatten, den es spende.

Marisol spricht, wie alle Wayuu, *wayuunaiki*. Es ist eine der Arawak-Sprachen, die im karibischen Raum vorkommen und wahrscheinlich alle einmal denselben Ursprung hatten. Wenn Marisol mit Menschen spricht, die zwar wie sie Wayuu, aber weiter entfernt von La Guajiras aufgewachsen sind, hat sie Schwierigkeiten, sie zu verstehen. Ihr *wayuunaiki* hört sich anders an – die Worte ähneln sich, werden jedoch unterschiedlich betont ausgesprochen.

Marisol erzählt davon, wie sie im Alter von sechs Jahren jeden Morgen eine Dreiviertelstunde zu einer anderen *ranchería* gelaufen sei. Dorthin sei ein Lehrer aus der Provinzhauptstadt von La Guajira, Ríohacha, gekommen, um sie in Spanisch und anderen Fächern zu unterrichten. An manchen Tagen hätten sie auch im Klassenzimmer gesessen und vergeblich auf den Lehrer gewartet. Doch die wichtigsten Kenntnisse des Lebens, betont Marisol, die Religion und Mythen der Wayuu sowie die traditionelle Handwerkskunst der Häkelei und des Webens, seien ihr von ihrer Mutter und Großmutter beigebracht worden.

Ich habe gelernt, dass in der Gesellschaft der Wayuu die Frauen es sind, die die Ahnenreihe fortsetzen. Wenn ein Paar heiratet, nimmt der Mann den Familiennamen seiner Frau an. Dieser

Familien- oder Nachname bezeichnet die *casta,* der die Frau angehört. *Castas* sind weitverzweigte Familienclans, deren Mitgliederzahl in die Hunderte geht. Marisol stammt aus einer Familie mit dem Namen Uriana. In den Dörfern in der Nähe leben außerdem Wayuu der *castas* Pushaina und I'puana. Man findet an vielen Orten in La Guajira Menschen mit diesen Nachnamen, denn es sind die größten Familien der Wayuu.

Wie überall auf der Welt kann es auch bei den Wayuu vorkommen, dass sich ein Paar findet, von denen einer ein Wayuu ist, und der andere nicht. Marisol sagt, sie habe eine Freundin, bei der dies der Fall gewesen sei. Ihre Freundin Estercilla habe in Ríohacha einen Mann aus Bogotá kennengelernt. Damals hätten sie oft darüber gesprochen, wie es wohl wäre, mit einem Nicht-Wayuu-Mann, einem *alijuna*, zusammen zu sein. Marisol habe sich deswegen Sorgen um ihre Freundin gemacht, da der Fremde aus einer Welt gekommen sei, die keines der beiden Wayuu-Mädchen gekannt habe. Nach allem, was sie gehört oder in einem der Fernsehgeräte, die es in Ríohacha gab, gesehen hatten, sei Bogotá ganz anders als Ríohacha. Und selbst Ríohacha sei schon ganz anders als ihre *ranchería*, sagt Marisol und lacht. In Ríohacha gäbe es Strom – meistens jedenfalls – und Wasser, das aus Leitungen kommt. Die Menschen besäßen Kühlschränke, und manchmal lebten sie sogar in Häusern mit Klimaanlagen. Doch abgesehen von diesen technischen und zivilisatorischen Unterschieden würden auch in Ríohacha viele Wayuu leben und die Sonne auch dort den ganzen Tag scheinen. In Bogotá dagegen, davon war Marisol überzeugt, sei es immerzu kalt. Auf den Bildern im Fernsehen tragen die Menschen Jacken und Mützen, und es sähe ziemlich grau aus, findet Marisol.

Die Geschichte von Marisols Freundin, die sich in einen Mann aus Bogotá verliebte und mit ihm fortzog, ist exemplarisch für viele Fälle. Der Mann hatte für die Regierung im Umweltschutz gearbeitet und war für ein Projekt nach Ríohacha gekommen. Bei den Wayuu gibt es solche Berufe nicht. Auf der *ranchería* weben die Frauen *mochilas,* eine besondere Art von Umhängetaschen, und die Männer helfen dabei, sie auf dem Markt in Ríohacha zu verkaufen oder kümmern sich um die Ziegen und das, was sonst so anfällt. Manchmal sitzen sie auch im Schatten eines Baumes, und es sieht zumindest so aus, als täten sie nichts. Vielleicht würden sie aber auch darüber nachdenken, etwas zu tun, scherzt Marisol. Die Tage auf der *ranchería* können ziemlich lang sein, setzt sie noch hinterher.

Marisol erinnert sich daran, wie sie mit ihrer Freundin in einer Hängematte saß und Estercilla ihr von ihrer großen Liebe erzählte. An dem Tag, an dem sie Hectór kennengelernt habe, sei Estercilla nach Ríohacha gekommen, um Garn zu kaufen. Garn ist für die Wayuu-Frauen mindestens so wichtig wie Wasser, denn daraus häkeln sie die *mochilas* und die sind ein elementarer Bestandteil ihres Lebens. Aber anders als das Wasser kommt das Garn nicht aus der Erde, sondern wird in Ríohacha auf dem großen Markt verkauft. Vor dem Markt sei Estercilla an einem Stand stehengeblieben, um einen Fruchtsaft zu trinken. Zufällig habe Hectór das auch getan. Die beiden hätten sich lange miteinander unterhalten und in den nächsten Tagen und Wochen öfters gesehen. Schließlich seien Hectór und Estercilla zusammen ins kalte und graue Bogotá gezogen, sagt Marisol, und sie habe ihre Freundin seitdem nicht mehr gesehen. La Guajira habe außer Estercilla noch nie jemand verlassen, den Marisol kennt. Die Eltern von Estercilla seien schon sehr lange tot, sie hätte bei einer Tante gelebt. Vielleicht, so Marisol, sei es ihr auch darum nicht so schwer gefallen, die *ranchería* zu verlassen.

Möglicherweise musste Hectór deswegen auch keinen Brautpreis – wie es sonst üblich ist – an die Eltern der Braut zahlen. Bei den Wayuu darf ein Mann mehrere Frauen heiraten, vorausgesetzt, er kann es sich leisten. Das können allerdings die wenigsten. Marisol kennt niemanden, der so viele Ziegen oder Geld hat, um gleich mehrere Frauen zu heiraten. Außerdem sei sie der Meinung, ein Partner würde ausreichen. Marisol erzählt von ihrer Tochter, die darauf wartet, dass sie mit dem Wasser zurückkommt. Das Mädchen Marakarita wurde vor einem Jahr geboren.

Marisol sagt, genau wie sie sei Marakarita an einem Nachmittag auf der *ranchería* zur Welt gekommen.

Die Kinder von Estercilla und Hectór – Marisol sagt, es gefalle ihr, sich die beiden als Familie vorzustellen – wären jedenfalls Wayuu. Da bei den Wayuu ja die Frau die Ahnenreihe fortsetzt, gehören auch Kinder von Wayuu Frauen und Fremden zum Volk der Wayuu.

Marisol lässt den Eimer in den Brunnen hinab. Das blaue Seil gleitet viele Meter durch ihre Handflächen. Der Wasserstand der Brunnen ist gesunken, da es schon lange nicht mehr geregnet hat und der Rio Ranchería, der von den Gletschern der Sierra Nevada de Santa Marta herabkommt, weniger Wasser führt als sonst. Marisol sagt, sie habe im Bus gehört, dass irgendwo ein Staudamm gebaut werde, um damit das Wasser des Flusses aufzuhalten. Für sie, betont sie, sei das mutwillige Zurückhalten des Wassers nur schwer zu verstehen, denn für die Wayuu sind die Flüsse – wie das Wasser – ein Geschenk der Götter an die Menschen.

Beim Heraufziehen des Eimers wickelt Marisol geschickt das Seil um Ellbogen und Unterarm ihres linken Arms. Das Wasser aus dem Brunnen ist kühl. Vorsichtig darauf bedacht, nichts zu verschütten, füllt sie es in einen gelben Plastikkanister und macht sich auf den Rückweg. Der Behälter ist schwer. Diesmal folgt ihr der Schatten. Wenn sie stehen bleibt, um den Wasserbehälter in die andere Hand zu wechseln, kann man ein feines Raspeln hören, das der Wind im Sand verursacht.

Vor ihrer Hütte stellt sie den Kanister auf den Boden und schaut nach Marakarita. Das Mädchen schläft in der Hängematte. Marakarita ist w*ayuunaiki* und heißt auf Spanisch *margarita*, Gänseblümchen. Marisol holt eine große Schüssel – wie der Kanister und die meisten Gebrauchsgegenstände aus Kunststoff – aus einer Ecke der Hütte hervor. Die Schüssel ist blau. Manchmal, sagt Marisol, vermisse sie Farben in dem Graubraun der Wüste. Darum würden ihr auch die bunten Plastiktüten so gefallen, die sich neben der Asphaltstraße in den Kakteen verfangen. Farbtupfer, wie Schmetterlinge, nur größer.

Marakarita streckt die kleinen Finger zwischen die Maschen der Hängematte und gähnt. Marisol schlenkert die Schüssel mit einer Hand hin und her, damit Sand und Staub herausfallen. Dann füllt sie sie mit Wasser. Behutsam hebt sie die kleine Marakarita aus der Hängematte und wäscht sie. Nachdem sie das Mädchen mit einem Baumwolltuch abgetrocknet hat, legt sie es wieder in die Hängematte, schüttet das Wasser aus – der trockene Boden nimmt es fast augenblicklich auf, die Farbe des Sandes ist danach nur ein wenig dunkler – und stellt die blaue Schüssel zurück. Sie nimmt einen flachen Stein und legt ihn neben der Hängematte in den Schatten. Noch einmal geht sie in die Hütte, um Nadeln und Garn zu holen. Die Steine sind so warm, wie der Sand. Marisol zieht die Füße näher heran, um bequemer zu sitzen, schaut zum Himmel, sieht Marakarita an.

Es ist Zeit, sagt sie, mit einer neuen *mochila* zu beginnen. Die letzte sei ihr gut gelungen. Marisol erzählt, sie habe zwei ganze Wochen daran gearbeitet. Die Farben der Tasche waren so wie das Licht am Morgen: Blau, Hellblau und ein noch helleres Grau-Blau. Dazu ein bisschen Grün, wie die Blätter der wenigen Bäume, die auf der *ranchería* stehen. Als die Tasche fertig war, sagt sie, sei sie damit zum Markt nach Ríohacha gefahren und habe sie dort zu einem guten Preis verkauft. Von einem Teil des Geldes habe sie Garn für die *mochila* gekauft, die sie nun häkeln werde, und die Seife, mit der sie Marakarita gewaschen habe. Marisol lässt einen Faden des neuen Garns langsam durch die Finger gleiten, prüft ihn. Es sieht so aus als überlege sie, und ich vermute, dass sie sich gerade vorstellen kann, wie die fertige Tasche einmal aussehen wird.

Ihre erste *mochila*, erinnert sich Marisol, habe sie gehäkelt, als sie etwa 13 Jahre alt war. Sie habe sie immer noch – sie sei braun, weiß, grün, rot. Wenn sie sie betrachtet sei ihr bewusst, dass es nicht bloß eine Umhängetasche ist, sondern ein Bestandteil ihres Lebens. Nicht diese eine Tasche, erklärt sie, nein, sondern alles was sie erlernt habe, während sie daran arbeitete. Es war in der Zeit unmittelbar nach ihrer ersten Menstruation. Marisol war danach mit ihrer Mutter zur Hütte der Großmutter gegangen. Die Großmutter trug immer ein geblümtes Kleid, das sie in Ríohacha erstanden hatte. Die alte Frau sei ein wenig eigen, was das Kochen anging, scherzt Marisol, und tat immer zu viel Wasser und zu wenig Mais oder Fisch in die Suppe, aber ansonsten sei sie in Ordnung. Wenn sie lachte, konnte Marisol sehen, dass ihr einige Zähne fehlten. Vielleicht, fährt Marisol fort, nahm sie deswegen mehr Wasser und weniger feste Sachen, um eine Suppe zuzubereiten.

Mutter und Großmutter schnitten ihr damals die Haare bis auf den letzten Millimeter. Marisol kannte das Ritual bereits, denn alle Mädchen der Wayuu durchlaufen es während des Übergangs von der Kindheit zur Jugend. Trotzdem, so sagt sie, sei es ein merkwürdiges Gefühl gewesen, als sie mit der Hand über ihre Kopfhaut gefahren sei. Bis das Haar wieder nachgewachsen ist, dürfen die jungen Frauen niemanden außer ihrer Mutter und Großmutter sehen. Die nächsten Monate lebte Marisol also in der Hütte ihrer Großmutter. Sie durfte kein Salz und keinen Zucker zu sich nehmen. Sie aß nur ausgewählte Dinge und trank eine Menge *chicha*, so verlangt es der Brauch, ein aus Speichel, Mais oder Mehl und Kräutern vergorenes Getränk. *Chicha*, sagt Marisol, dämpfe das Hungergefühl. Ihre Mutter kam jeden Tag zu ihr. Obwohl Marisol von ihren Freundinnen isoliert war, sei sie stolz darauf gewesen, dass sie nach dieser Zeit als junge Frau und nicht mehr als Kind angesehen werden würde.

Mutter und Großmutter brachten ihr in dieser Zeit bei, wie man *mochilas* häkelt. Der Anfang sieht unspektakulär aus: vier Rollen Garn in verschiedenen Farben, zwei Stricknadeln, und das Wichtigste: zwei geschickte Hände. Marisol erzählt, nachdem sie unter der Anleitung ihrer Mutter und Großmutter zu häkeln begonnen habe, konnte sie nach einer Weile schon die Ansätze eines Musters erkennen. Eine *mochila* wird vom Boden her begonnen und die Seiten dann kreisförmig darum herum hochgezogen. Mit vier verschiedenfarbigen Garnen – in der Regel braun, weiß, grün, rot – und einer Häkelnadel, die ähnlich einer Harpune an der

Spitze einen kleinen Widerhaken besitzt. Das Garn wird in dichten Maschen ineinander gefügt. Die Fäden laufen parallel zueinander. Die Farbe, die gezeigt werden soll, liegt außen. Die anderen drei werden in dem Strang »verborgen« und geben ihm eine feste Struktur. Man kann die Qualität einer *mochila* erkennen, indem man die Tasche, die in etwa die Form eines Eimers hat, sanft auf den Boden fallen lässt. Wenn sie aufrecht stehen bleibt, ist sie gut. Schlecht verarbeitete Taschen fallen in sich zusammen.

Das Häkeln ihrer ersten *katto'ui* – so heißt eine *mochila* auf *wayuuniaki* –, sagt Marisol, dauerte ewig. Die Großmutter verbesserte sie immer wieder. Manchmal musste sie ganze Abschnitte wieder aufdröseln und von vorn beginnen. Es sei eine Geduldsprobe gewesen. Am Ende war die Tasche fertig und ihr Haar wieder so lang wie vorher. Als sie die Hütte der Großmutter verließ, habe sie zum ersten Mal seit langem wieder ihren Schatten am Boden gesehen. Marisol fühlte sich nach dieser Initiation als Teil der *gran nacion wayuu*. Der Geist von Wolokona, einer Figur aus den Mythen, beteuert sie, sei ihr begegnet.

In der Legende von Wolokona wird erzählt, wie die Handwerkskunst zu den Frauen der Wayuu kam: Der Jäger Irunuu findet in der Wildnis ein Waisenkind. Das Mädchen sagt ihm, ihr Name sei Wolkona. Irunuu hat Mitleid mit ihr und nimmt sie mit in sein Dorf, in dem er mit seinen drei Schwestern lebt. Die Schwestern hassen das Mädchen. Wenn Irunuu auf der Jagd ist, schikanieren sie Wolokona. Eines Nachts schweben leuchtende Garne aus Wolokonas Mund. Sie häkelt damit wundervolle Taschen und Gürtel und erobert so das Herz Irunuus.

Für viele junge Wayuu-Frauen ist Wolokona noch immer ein Vorbild. Wenn eine Frau geschickt ist und schöne *mochilas* häkelt, ist sie begehrt. Ein Mann weiß, dass sich mit den Taschen Geld verdienen und so die Familie ernähren lässt. Auf dem großen Markt in Ríohacha, dem *mercado nuevo*, werden die *mochila wayuu* verkauft. Die Menschen kommen aus den USA, Europa und Asien, um hier die berühmten Taschen zu erstehen. Marisol ist sichtlich stolz darauf.

Wenn man in Ríohacha sagt: »Wir treffen uns am Federmann«, weiß jeder was gemeint ist: eine Statue auf einem Platz in der Nähe des malecón, der Strandpromenade. Die Skulptur zeigt einen Mann in einer Rüstung mit einer Axt in der einen und einem Schwert in der anderen Hand. Nikolaus Federmann, den die Statue darstellen soll, stammte aus Deutschland. Im Jahr 1530 kam er im Auftrag des spanischen Königs – eigentlich aber im Auftrag des Welser Handelshauses aus Augsburg, das dem spanischen König in Geldangelegenheiten half – nach Südamerika. Von Venezuela aus sollte Federmann die Interessen der Welser vertreten und nach Schätzen in der Neuen Welt suchen. Er war der erste conquistador, der es mit einem Trupp von rund 200 Bewaffneten an seiner Seite für Wert erachtete, sich das karge La Guajira genauer anzuschauen. Auf den ersten Blick schien es in der wüstenähnlichen Gegend nichts zu holen zu geben, was die Mühe gelohnt hätte, sich mit den Eingeborenen – den Wayuu – herumzuschlagen. Die waren nicht immer froh darüber, ihre wenigen Vorräte mit Fremden zu teilen. Daher war Nikolaus Federmann erst einmal begierig darauf, weiter ins Landesinnere zu ziehen. Er kam bis in die Nähe des heutigen Bogotá. In der Region traf er auf andere Konquistadoren und Bewaffnete, diesmal Spanier, die mit dem Deutschen weder Eroberung noch Ruhm teilen wollten. Federmann kehrte nach La Guajira zurück. Als an der Küste Perlen entdeckt wurden, beschloss er, sich niederzulassen und dem Land, beziehungsweise der See, etwas abzunehmen, was immerhin einen gewissen Wert darstellte. Außerdem ließ sich in der Wüste Salz gewinnen, was noch immer abgebaut wird.

Gegenüber dem Denkmal steht heute eine Tafel mit Informationen zur Geschichte Federmanns, dem conquistador alemán. Federmann gründete 1536 eine Siedlung in der Nähe des Ortes Cabo de la Vela. Die Siedlung nannten sie Ciudad de Nuestra Señora de los Remedios del Cabo de la Vela. Einige Zeit später kehrte er nach Europa zurück, wahrscheinlich, um Geldangelegenheiten mit seinen Auftraggebern zu regeln. Der spanische König Karl V. suchte einen Weg, um die Welser – von denen er sich Geld geliehen hatte – aus »seinen« amerikanischen Kolonien zu vertreiben. Federmann war mittlerweile in Ungnade gefallen und landete im Gefängnis im spanischen Valladolid. Dort starb er 1542. Er verfasste jedoch einen umfangreichen Reisebericht, die »Indianische Historia«, der nach seinem Tode erschien. Auf der Tafel steht zudem, dass Federmann vorhatte, eine Stadt mit dem Namen Ulma in La Guajira zu gründen. In Erinnerung an seine Heimatstadt Ulm. Dazu kam es nicht. Drei Jahre nachdem Nikolaus Federmann gestorben war, wurde die Siedlung Ciudad de Nuestra Señora de los Remedios del Cabo de la Vela vom Cabo de la Vela an den Río de la Hacha, der heute Río Ranchería genannt wird, verlegt.

Ein Grund für Marisol, nach Ríohacha zu kommen, sagt sie, sei der *mercado nuevo*. Der Markt auf dem beinahe alles, was sie brauche, angeboten werde: Garn in vielen verschiedenen Farben, Küchengeräte, Fleisch und Fisch, Obst und Gemüse. Wenn man wie Marisol auf einer *ranchería* lebt, bleiben einem nicht viele Möglichkeiten, um Geld zu verdienen. Die *mochilas* sind eine davon, eine Arbeit in Ríohacha eine andere. Männer arbeiten zum Teil auf Baustellen in der Stadt oder entladen beim Markt Lastwagen. Auf einer *ranchería* kann man ganz gut von wenig leben, erläutert Marisol. Etwas Reis, Bohnen und Mais zum Essen, selten Fleisch, und Wasser aus dem Brunnen. Wenn man aber ein neues T-Shirt oder eine Seife kaufen will, braucht man Pesos. Dann, so sagt sie, würde eine Ziege verkauft, oder, wenn jemand nah am Meer lebt, könne man auch Fische fangen und verkaufen. Am besten von allem würden sich allerdings die *mochilas* verkaufen. In den letzten Jahren seien sie so begehrt gewesen, dass sie sogar von Großhändlern eingekauft und nach Europa, China oder in die USA verschickt worden seien.

Die Markthallen des mercado nuevo kenne ich gut. Sie sind wie ein Irrgarten, der aus den Ständen der Händler zusammengesetzt ist. Über allem wölbt sich ein großes Dach. Darunter geht es bunt und laut zu. Aber vor allem ist es hier sehr eng. Manchmal sind die Durchgänge so schmal, dass man aufpassen muss, nirgendwo anzustoßen. Ständig ist irgendwo Musik zu hören, und die Verkäufer rufen jedem, der vorbeigeht »A la orden!«, hinterher, um zu zeigen, dass sie stets zu Diensten sind.

Marisol sagt, sie möge den Trubel, für sie sei es eine Abwechslung vom Leben auf der ranchería. Marakarita hat sich wohl auch an die Ausflüge gewöhnt. Anfangs hat Marisol sie in einem Tuch auf dem Rücken getragen, mittlerweile trägt sie das Mädchen auf ihrem Arm. Eine Reise nach Ríohacha lohnt sich für Marisol erst, wenn sie drei oder vier mochilas hat, die sie den Händlern anbieten kann. Die Fahrt mit dem Bus kostet Geld, und sie wolle in der Stadt auch etwas Essen oder einen Fruchtsaft trinken, sagt sie. Fast immer gehe sie zuerst zu Leida. Die sei eine Händlerin, die Wert auf Qualität lege. Da gäbe es große Unterschiede. Wenn man die Fäden nicht dicht und fest genug häkelt, sei die Tasche nicht stabil. Das Gleiche passiere, wenn man statt einem einzigen Strang aus vier Garnen, zwei Stränge mit jeweils zwei Fäden nehme, das gehe zwar schneller, aber die Tasche würde weniger fest werden. Wayuu, die sich wie Marisol oder Leida damit auskennen, sehen und fühlen diese Unterschiede sofort.

Leida ist eine auffällige Frau und in der Gegend sehr bekannt. Die siebenundvierzig Jahre alte Frau ist groß, breit und stark geschminkt, mit rotlackierten Fingernägeln und langem schwarzen Haar. Wie eine Königin thront sie neben ihrem Stand, der sich auf beide Seiten eines Durchgangs im *mercado nuevo* erstreckt. Die *mochilas* sind in Regalen gestapelt oder hängen von der Decke herab. Man weiß in dieser Überfülle nicht, wohin man den Blick zuerst richten soll. In einer Hängematte, die zwischen den Regalen aufgehängt ist, schläft gerade Leidas jüngster Enkel. Er muss ungefähr so alt sein wie Marakarita, vielleicht auch etwas jünger. Leida wurde durch den Handel mit *mochilas* eine wohlhabende Frau, und sie verkauft ihre *mochilas* mittlerweile in die ganze Welt. Wenn Marisol einen ganzen Monat lang arbeitet, kann sie drei oder vier herstellen. Leida verkauft anscheinend bis zu 500 Taschen an einem einzigen Tag.

Auf dem Markt habe Marisol zum ersten Mal in ihrem Leben eine Chinesin gesehen, sagt sie. Blass sei sie gewesen und irgendwie unruhig. Sie sei todernst gewesen und habe Leida einen flachen Bildschirm vors Gesicht gehalten. Sie wollte, dass Leida sich darauf etwas ansah: Das neue Design, die neue Kollektion, zweihundert Stück hiervon, zweihundert Stück davon. Später erzählte Leida Marisol, dass sie neue Muster für die *mochilas* haben wollte. Solche, die den Menschen in China besser gefielen als die traditionellen Muster der Wayuu. Marisol sagt, sie habe sich gewundert und zuerst nicht richtig verstanden, was Leida meinte. Die Muster auf einer *mochila* haben nämlich für die Wayuu eine ganz bestimmte Bedeutung. Sie sind wie eine Sprache.

Da gibt es zum Beispiel die *via láctea*, parallel verlaufende, nach innen gezackte Linien: Das Muster stellt die Milchstraße dar, die in klaren Nächten in der Wüste sehr schön zu sehen ist. Für die Wayuu sind die Sterne aber auch ein Abbild der Lebenslinie der *gran nación wayuu*. Dann gibt es noch die abgeworfene Haut der Schlange: Parallel verlaufende Linien, mit kleinen Dreiecken im Inneren. Alle Muster können viele unterschiedliche Farbkombinationen haben. Das bleibt derjenigen überlassen, die sie häkelt. Was sie dabei fühlt, was sie sich vorstellt. Die Schlangenhaut zeigt dem Menschen, wie sich alles – auch er selbst – verändern kann. Die Zeichen auf den Taschen stehen alle für irgendetwas: Berge, Meer, Himmel, Götter, Menschen. Die Chinesin wollte in einem Monat wiederkommen und die neuen Muster abholen. Leida bot Marisol an, sie mit den Taschen mit dem neuen Design zu beauftragen. Marisol sagte, sie überlege es sich. Obwohl es da für Marisol nicht viel zu überlegen gäbe, wie sie mir hinterher erzählte. Ihr sei die Tradition wichtiger.

Leida lässt sich die Fußnägel lackieren, während sie *mochilas* begutachtet. Später ist eine Frau dabei, ihr die Haare zu frisieren und fast immer kommen Angestellte der *cantinas* vorbei und bringen Essen. Ventilatoren wirbeln die Luft, Staub und Garnreste in Leidas Richtung. Das ist trotzdem angenehm, denn wenn die Sonne auf das große Dach des Marktes knallt und kein Luftzug durch die Gänge weht, wird es brütend heiß im Inneren.

Leida scheint der Mittelpunkt in dieser Welt des Kaufens, Verkaufens und Verhandelns zu sein. Mir gegenüber deutete Marisol an, Leida führe jedoch trotz ihres Wohlstands ein unruhiges Leben. Sie sei ständig in Gefahr. Neben ihr auf dem Markt stehe deshalb auch immer ein Leibwächter mit einer schussbereiten Pistole in seiner *mochila*. Wenn sie den *mercado nuevo* verlässt – das kurze Stück bis zum Wagen – gehe er mit ihr. Wenn sie morgens kommt, steige er als Erster aus dem Fahrzeug. Viele auf dem Markt kennen Leidas Geschichte: Sie war vor mehr als zehn Jahren Zeugin eines schweren Verbrechens geworden und ist seitdem in Lebensgefahr. Das Verbrechen ereignete sich bei einer Wayuu-Beerdigung.

Bei den Wayuu werden die Toten zweimal bestattet. Das erste Mal direkt nach dem Tod. Dann wandert die Seele des Verstorbenen zu den Geistern. Das tut sie etwa vier oder fünf Jahre lang. Danach werden die Knochen ausgegraben und ein zweites Mal beerdigt. Meistens auf einem Begräbnisplatz, auf dem die Toten der Familie beigesetzt sind. Zu solch einem zweiten Begräbnis war Leida 2011 unterwegs. Es sollte in der Nähe der Grenze zu Venezuela stattfinden. Bei den Wayuu ist ein zweites Begräbnis nicht unbedingt ein trauriger Anlass. Die Menschen freuen sich, dass die Seele des Verstorbenen nun in der Milchstraße verewigt ist. Auf eine Art ist sie immer noch unter ihnen. Zum zweiten Begräbnis kamen circa 200 Menschen. Sie kamen von überall aus La Guajira. Viele von ihnen mit dem Auto oder dem Motorrad. Leida erkannte die Mitglieder ihrer Familie, wunderte sich aber über viele Fremde, die scheinbar nicht dazugehörten und herumstanden. Sie dachte sich nichts weiter und ging in einen ruhigeren Teil der Begräbnisstätte. Es war still. Um sie herum Sand und Steine. Ihre Familie bestattete hier seit fünfhundert Jahren ihre Angehörigen. Am Rande des Begräbnisplatzes stand ein einzelner Baum. Leida ging zu ihm und setzte sich darunter. Blätter raschelten im Wind. Sie wollte sich ein wenig ausruhen. Plötzlich hörte sie Schüsse und lief zurück. Die Fremden schossen auf Autos und auf Menschen. Leida sah, wie ein Mädchen ihrer Familie von einer Kugel ins Gesicht getroffen wurde. Tote und Verletzte lagen am Boden. Autos brannten, Rauch stieg in den Himmel. Starr vor Schreck kniete Leida hinter einem Stein. Irgendwann stiegen die Fremden in ihre Fahrzeuge und verschwanden in der Wüste. Die Überlebenden kümmerten sich um die Verletzten. Jemand raste auf einem Motorrad davon, um Hilfe zu holen.

In den nächsten Wochen erfuhr Leida die Hintergründe, warum die Unbekannten ihre Angehörigen erschossen hatten. Einige Zeit vor dem Massaker waren die Männer auf die *ranchería* ihrer Verwandten gekommen. Auf allen *rancherías* gibt es jemanden, der in wichtigen Angelegenheiten für die Gemeinschaft sprechen darf: den *líder*. Die Entscheidungen werden von allen Dorfbewohnern gemeinsam getroffen, der Anführer ist lediglich der Sprecher der Gemeinschaft. Jeder Wayuu kann ein *líder* werden, auch Frauen. Bei der Besetzung des Postens müssen bestimmte Regeln eingehalten werden. Wenn ein Mann *líder* sein will, muss er auf dem Land der Vorfahren seiner Mutter leben.

Die Anführer der Wayuu werden nicht gewählt, sondern ihre Abstammung ist ausschlaggebend. Dabei werden nicht die Kinder eines *líders* automatisch die neuen Anführer, sondern nur der Neffe oder die Nichte eines *líders* können den Posten übernehmen. Vorausgesetzt, es handelt sich um die Kinder einer Schwester oder Kusine. Leidas Onkel war ein *líder*. Die Unbekannten kamen zu ihm und sagten, sie bräuchten seine Hilfe beim Drogenschmuggel. Das war nichts Ungewöhnliches. In dieser Gegend waren und sind viele Schmuggler unterwegs. Die Wüste ist schwer zu kontrollieren und sowohl in Kolumbien als auch in Venezuela leben Wayuu, die zu denselben Familien gehören. Menschen tauschen bei Bedarf einfach ihre Ausweise. So ist es schwierig, jemanden zu identifizieren, oder zu wissen, aus welchem Land ein Fahrzeug stammt beziehungsweise wohin es unterwegs ist. Die Familienzugehörigkeit ist den Wayuu wichtiger als die Staatsangehörigkeit. Die *narcotraficantes* forderten die Hilfe der Wayuu. Offensichtlich kamen sie aus einer anderen Gegend und kannten sich in der Wüste nicht aus. Es ist nicht ungefährlich, sich in den menschenleeren Ebenen zu bewegen. Es gibt keine Straßen, wenig Wasser, Fremde verirren sich, und wenn sie etwas Gesetzlosen treiben, sollten sie wissen, wie man die Soldaten und Polizisten auf ihren Patrouillen umgeht. Der *líder* weigerte sich. Da versuchten es die Fremden auf eigene Faust, und die Wayuu brachten zwölf von ihnen um. Als der Anführer sich geweigert hatte, hatte das nicht zwangsläufig bedeutet, dass die Dorfgemeinschaft nichts mit Schmuggel zu tun hatte. Vielleicht betrieben sie ihn auch nur auf eigene Rechnung oder für eine andere Gruppe. Die zweite Beerdigung war für die Fremden eine günstige Gelegenheit gewesen, um Rache zu nehmen.

Nach dem Massaker tat die Polizei nicht viel, um die Schuldigen zu finden und zu bestrafen. Vielleicht, weil einige Polizisten selbst in die Sache verwickelt waren. Das weiß man in La Guajira nie. Darum ging Leida nach Bogotá. Bis zum Innenministerium. Sie schrieb lange Briefe, nahm Zeugen, die wie sie die Schießerei überlebt hatten, mit in die Hauptstadt. Sie fand Hilfe bei den Anwälten einer Organisation, die sich für die Rechte der Indigenen in Kolumbien einsetzten. Am Ende wurde in dem Fall ermittelt. Zeitweise kooperierte sogar die Polizei Venezuelas mit der aus Kolumbien. Die Unbekannten waren *paramilitares* gewesen. Sie handelten mit Drogen. Einigen von ihnen konnte der Prozess gemacht werden. Leida trat als Zeugin auf.

Als nächstes ging es darum, dass die Überlebenden Geld als Entschädigung bekamen, da die *paramilitares* offiziell als Bürgerkriegspartei galten. Einige Opfer des Massakers erlitten bleibende Schäden und müssen immer noch versorgt werden. Das Mädchen, das von einer Kugel im Gesicht getroffen worden war, hatte überlebt, aber ein Auge verloren. Nachdem der Prozess begonnen hatte, klingelte Leidas Telefon. Wir bringen dich und deine Familie um, sagte die Anruferin. Danach ging es so weiter. Andere Anrufe, andere Stimmen. Die Regierung schickte Leibwächter. Zunächst waren es sechs. Einmal wurde einer von ihnen verwundet, als jemand auf Leida schoss, während sie ein Restaurant verließ. Seitdem geht sie immer getrennt von ihrem Mann und den Kindern auf die Straße. Selbst wenn sie gemeinsam essen oder den *mercado nuevo* verlassen. Leida muss Abstand zu ihrer Familie halten. Das ist sicherer.

Nach einigen Jahren wurden zwei Leibwächter abgezogen. Später dann noch zwei. Da hatte sich Leida schon daran gewöhnt, nicht mehr frei zu sein. Seit einem Jahr ist nur noch ein Leibwächter übriggeblieben. Die Leibwächter werden jetzt für die Guerilleros gebraucht. Nach dem Friedensvertrag mit der FARC gibt es genug Menschen, die der Staat vor Racheakten schützen lassen muss. Leida erzählte Marisol, dass sie Angst vor dem Tag habe, an dem auch der letzte Bodyguard abgezogen würde, denn dann sei sie schutzlos. Die Täter von damals wollten immer noch Rache. Dafür, dass einige von ihnen getötet wurden und dafür, dass nach Leidas Aussage andere im Gefängnis sitzen. Doch auch Leida hat den Kampf noch nicht beendet. Sie wurde Mitglied in der Organización Nacional de Indígena de Colombia. Eine Organisation, die sich für die Rechte von etwa 800 000 Indigenen im ganzen Land einsetzt. Das sind circa zwei Prozent der Bevölkerung Kolumbiens. Neben dem Erhalt von Sprache, Religion und Bräuchen, ist es für die indigenen Völker das Wichtigste, dass sie auf dem Land ihrer Vorfahren leben können. Denn *das Land* besteht nicht bloß aus dem Boden und den Hütten, die darauf errichtet wurden. Vor allen Dingen sind es die Seelen der Verstorbenen. La Guajira ist seit Jahrhunderten das *territorio ancestral*, das Reich der Ahnen, für die Wayuu. Nur dort fühlen sie sich mit ihren Göttern und Vorfahren verbunden. Manchmal, sagt Leida, werde sie von Fremden gefragt: »Warum lebt ihr hier, in dieser öden Landschaft?« »Weil das Land uns gehört«, antwortet sie dann.

Die Gier nach Gold, von der die Konquistadoren beherrscht waren, haben die Wayuu überstanden. Dem Hunger nach Rohstoffen, der eine weltweite Wirtschaft antreibt, können sie nicht überall standhalten. Seit den 1980er Jahren wird in La Guajira Kohle aus dem Land der Ahnen gegraben. El Cerrejón ist eine der größten Tagebauanlagen auf der Welt. Die kolumbianische Regierung und die Betreibergesellschaft sagen, dass im Jahr 2017 mehr als 60 Millionen Tonnen gefördert wurden. Die Schaufeln der Bagger fräsen sich durch *rancherías;* Brunnen, Bäume und Begräbnisplätze werden untergepflügt. Vorher hat man den Wayuu gesagt, dass sie weggehen müssen. Die Regierung und die Konzerne, die an El Cerrejón beteiligt sind, stellen den Wayuu ein neues Heim zur Verfügung, das von diesen nicht angenommen wird. Auch wenn man ihnen Geld anbietet, um wegzugehen, lehnen die meisten Wayuu dies ab. Was sollen sie auch mit Geld, wenn sie einen fünfhundert Jahre alten Begräbnisplatz aufgeben müssen?

Die Kohle aus La Guajira ist von so guter Qualität, dass sie in die ganze Welt verkauft wird, auch nach Deutschland. Die Bahnstrecke, die El Cerrejón mit Puerto Bolívar, dem Hafen an der Küste, verbindet, verläuft neben der Asphaltstraße, die auch in Richtung der *ranchería* führt, auf der Marisol lebt. Viele Kilometer lang geht es schnurgerade durch die Wüste. Zweimal am Tag fährt ein Zug. Marisol sagt, dass sie diese Züge schon gesehen habe, als sie mit dem Bus auf der Straße unterwegs gewesen sei. Rotbraune Waggons, so viele aneinander gekoppelt, dass man Anfang und Ende nicht gleichzeitig erkennen konnte. Dazwischen fahren Diesellokomotiven mit gelben Streifen an den Seiten und halten den Zug in Bewegung.

Die Kohle und die *mochilas* werden international exportiert. Aber anders als es beim Häkeln einer *mochila* der Fall ist, verursacht der überirdische Abbau von Kohle große Umweltschäden und die Nutzung der Kohle anschließend ebenso. Der Tagebau gleicht einem gigantischen Krater, in dem die Landschaft, die einmal da war, verschwindet und nie wieder auftaucht. Möglicherweise, da gehen die Meinungen auseinander, sind diese Veränderungen auch der Grund für den Wassermangel, unter dem La Guajira seit Jahren leidet. Die Halbinsel war schon immer eine Wüste mit harten Dürreperioden, aber so schlimm wie in den letzten Jahren war es wohl noch nie. Die Brunnen auf den *rancherías* müssen tiefer und tiefer gegraben werden und liefern trotzdem immer weniger Wasser. Außerdem ist das Wasser nicht mehr so gesund wie früher. Die Menschen werden krank. Die Kinder sterben. Es wird berichtet, dass die Kindersterblichkeit in La Guajira die höchste in ganz Kolumbien sei. Der Wassermangel soll dafür mitverantwortlich sein. Die Regierung schickt auch deshalb Umwelttechniker nach La Guajira. Die Bergbaugesellschaft hat einen Stausee angelegt und den Lauf des Río Ranchería verändert. Außerdem wird das Grundwasser aus den Tiefen des Tagebaus abgepumpt. Trotzdem behaupten Experten, es gebe keinen Zusammenhang mit dem Wassermangel in den Brunnen und der anhaltenden Dürre im Land.

Viele Wayuu sind da anderer Meinung. Der Grund für die Trockenheit sei der, dass es zu wenig regne. Der Regen bleibe aus, weil sich Pulowi und Juya – die beiden wichtigsten Götter der Wayuu – nicht mehr vereinigen können. Die Wayuu glauben, dass es regnet, wenn sich der männliche Gott Juya mit dem weiblichen Gott Pulowi vereinigt. Die beiden Götter schenken den Menschen den Regen. Viele Wayuu befürchten, Pulowi und Juya könnten sich nicht mehr vereinigen, weil zu viele Wayuu aus La Guajira weggehen. Sie leben an anderen Orten, sterben dort und werden nicht mehr in La Guajira begraben. Ihre Seelen könnten nicht ins Land der Ahnen zurückkehren. Darum ist die *línea negra,* die Ahnenreihe, unterbrochen. Darum sterben auch die Kinder.

Einen Monat später stehe ich mit Marisol und ihrer Familie an dem Ort, an dem nach dem Glauben der Wayuu die *línea negra* endet und die *via láctea* beginnt. Dieser Ort ist ihr größtes Heiligtum und nennt sich Jepira. Er liegt am Cabo de la Vela, im Nordosten La Guajiras. Wenn ein Wayuu stirbt, verlässt seine Seele den Körper und wandert nach Jepira. Der Übergang in eine andere Dimension – die Reise der Seele des Verstorbenen auf der *via láctea* – beginnt dort. Marisol hofft, dass sie noch viele Jahre leben wird. Neben ihr stehen Marakarita und ihr Mann. Sie sieht

Jepira zum ersten Mal in ihrem Leben. Wir waren einen ganzen Tag lang mit dem Auto unterwegs, um an diesen Ort zu gelangen. Das Heiligtum ist ein schwarzer Fels, der aus dem Meer ragt. Wellen schlagen an den Stein, Wasser spült darum herum und ergießt sich auf einen breiten Strand. Ein heißer Wind bläst vom Land aus mit einem heulenden Geräusch Staub und Sand aus den Ebenen La Guajiras vor sich her. Ein Pelikan segelt mit ausgebreiteten Schwingen knapp über den Wogen. Der Vogel ist außer Marisol, ihrem Mann und ihrer Tochter das einzige Lebewesen weit und breit. Vor ihm das Meer, hinter ihm eine scheinbar endlose Einöde. Die junge Familie schaut gebannt zu dem Felsen hinaus und hofft auf eine glückliche Zukunft.

Die Pfeiler der Gesellschaft

Familie

Jeden Morgen bringen Eliana Flórez und Antonio Rodríguez ihre Tochter vor Schulbeginn zum Training. Die zwölfjährige Emelith ist Champion im Inlineskating, einer in Kolumbien sehr populären Sportart, und nimmt an landesweiten Wettbewerben teil. Um auch weiterhin erfolgreich zu sein und diesen Erfolg nach Möglichkeit zu steigern, findet sie sich jeden Morgen auf einem Sportplatz ein, wo schon der Trainer des Vereins auf sie wartet. Während sie ihre Runden dreht, denkt Emelith vielleicht darüber nach, warum ihre Eltern so viel Mühe und Geld auf ihre sportliche Karriere verwenden – den Trainer und die Anreise zu den Wettbewerben bezahlt die Familie selbst. Nicht nur die sportliche, auch die schulische Ausbildung ihrer Tochter liegt den Eltern am Herzen. Beide arbeiten an der Universidad de Antioquia und leben in der Kleinstadt Andes, südlich von Medellín. Eliana und Antonio wünschen sich, dass ihre Tochter ein erfolgreiches und glückliches Leben führen wird. Sie soll nicht zu den etwa 30 Prozent der Kolumbianer gehören, die ihr Dasein unterhalb des Existenzminimums fristen müssen. Wenn man Kolumbianer fragt, was sie sich für ihre Kinder am meisten wünschen, bekommt man zunächst die Antwort: »Dass sie einen Beruf haben, der sie ernährt.«

Um dieses Ziel zu erreichen, fördern viele Eltern ihre Kinder wo und wann sie können, in der Hoffnung, dass sie dann später ihrerseits zum Lebensunterhalt der Familie beitragen. Auch die Großeltern sind Teil dieses Systems. Sie helfen mit, indem sie zum Beispiel auf die Enkelkinder aufpassen, während deren Eltern arbeiten. Neben dem Spaß, den es ihnen möglicherweise bereitet, Zeit mit ihren Enkelkindern zu verbringen, können sie im Gegenzug erwarten, dass sich die jüngeren Familienmitglieder später auch um sie kümmern werden, sollten sie Hilfe benötigen. In Kolumbien gibt es wenige Alten- oder Pflegeheime und auch die nur in den Städten. Es ist eher die Ausnahme, dass ein älterer Mensch nicht zusammen mit einem Sohn oder einer Tochter und deren Familie lebt. Die durchschnittliche Lebenserwartung der Kolumbianer liegt trotz der Armut und der vielen bewaffneten Konflikte bei 75,9 Jahren. Für die meisten Kolumbianer ist der familiäre Zusammenhalt ein Überlebensprinzip, insbesondere auch wegen der ökonomischen Härten des Alltags. Es gibt nur äußerst dürftige Sozialleistungen, so gut wie kein Kinder- und Arbeitslosengeld, und wenn ein Mensch aus gesundheitlichen Gründen für längere Zeit nicht arbeiten kann, fängt ihn kein staatliches Sozialsystem auf. Aus diesen Gründen halten viele Familien zusammen. In jugendlichem Alter eine eigene Wohnung zu beziehen ist eine absolute Ausnahme. In der Vergangenheit – bis in die 1960er Jahre hinein – wurde darum früh geheiratet und eine Familie gegründet, wenn ein Paar seine Liebesbeziehung innerhalb der gesellschaftlichen Konventionen ausleben wollte. Bis dahin war es bei der Mehrheit der Bevölkerung üblich, dass die Frau nicht berufstätig war und sich dem Haushalt und der Erziehung der Kinder widmete.

Ähnlich wie in Europa fanden während der 1960er Jahre auch in Kolumbien gesellschaftliche Veränderungsprozesse statt, mit denen die Emanzipation der Frau einherging. Vielen Kolumbianerinnen eröffnete sich die Möglichkeit, einen Beruf auszuüben und ihr Leben selbst zu gestalten. An Eliana Flórez und Antonio Rodríguez kann man diese Veränderungen erkennen. Sie sind beide berufstätig, haben nur ein Kind – in der Vergangenheit waren die Familien in Kolumbien kinderreicher – und tun alles dafür, dass diese Tochter beruflich erfolgreich sein wird, anstatt zu hoffen, dass sie möglichst bald heiraten und selbst Kinder bekommen wird. Diese Entwicklung zeigt sich auch in der Demographie Kolumbiens. Seit den 1960er Jahren ist die Geburtenrate stetig gesunken. Damals brachte eine Frau im Schnitt sechs Kinder zur Welt, heute sind es nur noch zwei. Statistisch bringt heute eine Kolumbianerin im Alter von 21,7 Jahren ihr erstes Kind auf die Welt.

Doch es gibt auch eine andere Seite: Nicht alle Menschen in Kolumbien haben das Glück, positive familiäre Bindungen zu erleben. Besonders in den Großstädten wird seit Jahren ein Anstieg minderjähriger Mütter verzeichnet, die in prekären Verhältnissen leben. Die Väter der Kinder – oft ebenfalls minderjährig – übernehmen nur selten die Verantwortung. Während in der Mittel- und Oberschicht mittlerweile viele Frauen eine Berufsausbildung haben, und daher, wenn es sein muss, selbst für sich und ihre Kinder sorgen können, ist das in den unteren sozialen Schichten nicht der Fall. Die wenigen Hilfsprogramme – darunter auch solche nichtstaatlicher Organisationen – reichen oft nicht aus, um diesen Müttern eine Perspektive zu bieten. Viele von ihnen leben darum unterhalb der Armutsgrenze. Die vielen Straßenkinder, die man – mehr oder weniger sich selbst überlassen – in den Elendsvierteln der Metropolen sieht, Prostitution und Kriminalität unter Minderjährigen sowie Jugendliche ohne Schulausbildung sind eine Folge dieser Entwicklung.

Die zwölfjährige Emelith Rodríguez hat also in mehr als einer Hinsicht Glück. Unter anderem auch deshalb, weil ihre Eltern ihr einen schönen Namen gegeben haben. Das Mädchen hätte auch »Pokémon«, »Simpson« oder sogar »Never« heißen können. In Kolumbien ist es legal, seine Kinder nach allem, was einem gerade durch den Kopf geht, zu benennen. Am Amazonas reiste ich einmal mit einem Bootsbesitzer, der mit Vornamen »McGuyver« – nach der US-amerikanische Fernsehserie – hieß. Eine Bäckereiverkäuferin trug den Vornamen »Disney«. An der Karibikküste begegnen einem gelegentlich Frauen, die auf den Namen »Usnavi« getauft wurden. Er hat seinen Ursprung in den Schiffen der US-Navy, die in den Häfen vor Anker gingen. Die Vergabe der Nachnamen dagegen ist in Kolumbien nachvollziehbar geregelt.

Bei einer Heirat nimmt die Frau in der Regel den Nachnamen ihres Mannes an, behält aber zusätzlich den Mädchennamen. Die Kinder des Paares tragen den Nachnamen des Vaters. Bei den indigenen Gruppen gibt es Unterschiede bei der Namensvergabe, da sie andere Kulturen und Traditionen haben. Zum Beispiel ist bei den Wayuu der Familienname der Mutter ausschlaggebend.

Obwohl es in Kolumbien mittlerweile viele alleinerziehende Mütter, gleichgeschlechtliche Lebenspartnerschaften und Patchwork-Familien gibt, ist die Familie – wenn auch nicht mehr im streng traditionellen Sinne, wie vor 50 Jahren – die Basis des gesellschaftlichen Zusammenlebens geblieben. Das gilt auch dann, wenn einige Familienmitglieder im Ausland leben. In den vergangenen Jahrzehnten haben sich viele Kolumbianer in den USA oder in Europa angesiedelt. Einmal besuchte ich eine Bekannte, deren Söhne – beide Mitte 20 – in die USA ausgewandert waren. Der eine lebt in Miami und ist ein erfolgreicher Musikproduzent, der andere hat sich zum Dienst bei den US-Marines verpflichtet und in den USA geheiratet. Fast täglich telefonieren sie mit ihrer Mutter in Medellín. Außerdem unterstützen sie sie finanziell. Aber – und das ist wiederum das Besondere an ihnen – sie sind von einer alleinerziehenden Mutter großgezogen worden und sind trotzdem oder gerade deshalb erfolgreich. Auch darin, nicht nur in der sinkenden Zahl der Geburtenrate, ist vielleicht eine langfristige Veränderung der klassischen kolumbianischen Familienstruktur zu erkennen. Die Gesellschaft hat sich von einer streng patriarchalischen zu einer solchen gewandelt, in der die Frauen weitgehend gleichberechtigt sind.

Trotz dieser Veränderungen ist das familiäre Zusammenleben noch an Traditionen gebunden. Viele davon sind mit religiösen Anlässen oder Feiertagen verbunden. Die *primera comunión* ist ein solcher Anlass. Zur Erstkommunion eines Kindes kommt in der Regel die ganze Familie zusammen. Es ist ein besonders Fest, das in großem Rahmen gefeiert wird. Ich war einmal zu einer *primea comunión* eingeladen. Nach dem feierlichen Gottesdienst gingen Familie und Freunde in ein eigens dekoriertes Restaurant.

Schon Wochen vorher hatten die Eltern des Jungen an der Dekoration gearbeitet. Farblich war alles in Blau gehalten. Die Tischdecken, Kerzen, Vorhänge, der Blumenschmuck, einfach alles, was sich irgendwie blau färben oder beziehen ließ. Nach dem Essen wurde eine große Torte hereingetragen – selbstverständlich ebenfalls in Blau. Jeder Gast bekam ein Stück davon gereicht. Bei der Herstellung der Torte musste wohl zu viel Lebensmittelfarbe verwendet worden sein, denn nachdem jeder sein Stück gegessen hatte, grinsten sich die Gäste mit tiefblauen Zähnen an. Die Damen holten ihre Schminkspiegel aus den Handtaschen, einige eilten nach draußen oder zu den Toiletten, aber fast jeder lachte schallend. Dabei hatte das religiöse Familienfest so ernst und feierlich begonnen.

Religion und Glaube

Was bedeutet Religion und Glauben in Kolumbien?

Ein kleines Mädchen sitzt im Schneidersitz vor einer Marienstatue in einem Park in Neiva, einer Stadt im südlichen *departamento* Huila. Es ist Abend und bereits dunkel. Die Statue steht in einem beleuchteten Glaskasten. Darum herum haben Menschen Zettel und Blumen niedergelegt. Im Park gehen Passanten spazieren. Motorräder und Autos fahren auf einer nahe gelegenen Straße vorbei. Zuerst fällt es mir nicht auf, aber dann sehe ich, dass das Mädchen mit der Statue spricht. Ich setze mich auf eine Bank und schaue zu. Konzentriert, aber nicht mit zu großem Ernst, so als würde sie einer Freundin oder ihrer Mutter etwas erzählen, spricht die Kleine mit der Marienstatue. Das geht eine ganze Weile so. Dann steht sie auf, verabschiedet sich von der Statue und geht. Wenn ich mich frage, was Religion in Kolumbien bedeutet, was sie für die Menschen darstellt, sind es Begebenheiten wie die im Park in Neiva, an die ich zuerst denken muss.

Einmal stieg ich spätabends in Medellín in ein Taxi. Der Fahrer, der auch der Wagenbesitzer war, hatte im Handschuhfach eine kunstvolle Darstellung der Kreuzigungsszene Jesu Christi aufgebaut. Den Deckel des Handschuhfachs hatte er abmontiert und das ganze Ensemble mit kleinen, farbigen Lämpchen beleuchtet. Auf seinen Fahrten durch das nächtliche Medellín fühlt sich der fromme Taxifahrer durch die religiöse Darstellung in seinem Wagen beschützt. Und vielleicht haben auch einige Fahrgäste ein sichereres Gefühl.

An einer Straßenkreuzung in Bogotá stand tagein, tagaus ein Mann, der seinen Lebensunterhalt damit verdiente, dass er den Autofahrern, die an der Ampel hielten, einige Zeilen aus der Bibel auf ein Stück Papier schrieb und für ein paar Pesos überließ. Die Käufer hatten dann ein religiöses Motto, das ihnen vielleicht genau an diesem Tag weitergeholfen hat.

Überhaupt ist die Religion – etwa 80 Prozent der Kolumbianer sind katholisch – im Alltagsleben der Menschen fest verwurzelt. Viele Personen bekreuzigen sich, wenn sie auf der Straße an einer Kirche oder an einer Heiligenstatue vorübergehen. Auf die Frage »*Cómo estás*?« (Wie geht es?) antworten sie: »*Bien, gracias a dios*« (Gut, Gott sei Dank.), und meinen das durchaus ernst. Die Menschen danken Gott für vieles. Dafür, dass es ihnen gut geht, dass das Wetter schön ist, dass die Kinder gesund sind, dass die richtige Fußballmannschaft gewonnen hat. Das ist auch im Sprachgebrauch solcher Kolumbianer zu erkennen, die nicht jeden Sonntag zur Messe gehen.

Als Papst Franziskus im September 2017 Kolumbien besuchte, kamen Hunderttausende, um das Kirchenoberhaupt zu sehen. In Medellín stand ich in einer Menschenmenge an einer Straße, auf der der Papst zum innerstädtischen Flughafen fahren sollte, um auf dem Gelände eine Messe zu lesen. Es regnete ein wenig. Die Menschen warteten gespannt auf das Erscheinen von Franziskus. Manche von ihnen hatten etwas zu essen und zu trinken bei sich, andere Heiligenbilder und Skulpturen, von denen sie hofften, die Präsenz des Papstes würde sie segnen. Frauen aus Venezuela verkauften *arepas* – Fladen aus Maismehl – die sie säckeweise mitgebracht hatten. Eine Frau bot mir ein T-Shirt mit dem Bild des

Papstes darauf an. Sie sagte, sie sei in der Nacht mit dem Bus aus Bogotá gekommen, wo Papst Franziskus am Vortag eine Messe gehalten habe. Die Frau hatte noch etwa 300 dieser T-Shirts übrig. Wenn es ihr nicht gelingen würde, sagte sie, sie an diesem Tag in Medellín zu verkaufen, würde sie den Nachtbus nach Cartagena nehmen, der nächsten Station der päpstlichen Reise.

Inmitten all des Trubels der Händler, der Kinder und der zahllosen Polizisten, fiel mir ein Mann auf. Er stand ein wenig abseits, war um die 40, und trug ein sauberes weißes Hemd und eine dunkle Hose. Daran war nichts Besonderes, aber, das bemerkte ich auf den zweiten Blick, der Mann ging barfuß. Ich nickte ihm zu und machte ihm ein Kompliment für das große Holzkreuz, das er bei sich trug. Der Mann erwiderte meinen Gruß. Wir sprachen ein wenig über den Papstbesuch und die vielen Menschen, die gekommen waren, um den Heiligen Vater zu sehen. Dann fragte ich ihn, warum er keine Schuhe trage. Als Guillermo León mir daraufhin seine Geschichte erzählte, kamen ihm die Tränen. Er stammte aus einem Dorf in Antioquia, das etwa 50 Kilometer von Medellín entfernt liegt und war seit drei Tagen unterwegs. Vor einem Jahr wurde sein einziger Sohn bei einer Schießerei verwundet. Seitdem ist der Zweiundzwanzigjährige vom neunten Wirbel abwärts gelähmt. Guillermo sagte, es würde ihm das Herz brechen, seinen Sohn, der doch eigentlich das Leben noch vor sich hätte, so zu sehen. Warum es zu der Schießerei gekommen war, sagte er nicht. Jedenfalls beschloss Guillermo kurz nach der Verwundung seines Sohnes, solange keine Schuhe mehr zu tragen, bis der Gelähmte wieder gehen könne. Der offensichtlich tiefreligiöse Mann hielt es durchaus für möglich, dass sich so ein Wunder ereignen könnte. Als dann der Papstbesuch angekündigt wurde, schreinerte der Tischler Guillermo das Holzkreuz und machte sich auf den Weg nach Medellín.

Vor Monaten war er schon einmal in die Stadt gepilgert, um am Schrein der Madre Laura für seinen Sohn zu beten. Santa Madre María Laura de Jesús Montoya Upegui war im Jahr 1874 in Antioquia geboren worden. Als sie zwei Jahre alt war, wurde ihr Vater ermordet. Später trat sie in ein Kloster ein. Viele Jahre ihres Lebens verbrachte sie als Nonne in abgelegenen Missionen, unter anderem im Amazonasgebiet, und missionierte unter den indigenen Völkern. Sie starb im Oktober 1949 in Medellín. 2003 wurde sie selig-, 2013 heiliggesprochen. Heute befindet sich in einer Klosteranlage in Medellín ein kleines Museum, das der Heiligen gewidmet ist. Täglich kommen viele Gläubige in die Anlage, um die Madre Laura um etwas zu bitten. Sie schreiben Briefe, die sie neben der Kapelle ablegen. An den Wänden sind Bilder und Tafeln mit Danksagungen für vollbrachte Wunder angebracht. Dutzende von Krücken, Gehhilfen und Brillen sind, wie zum Beweis, entlang dieser Wände aufgereiht.

Abgesehen von der Verehrung, die die Heilige genießt, zeigt das Leben der Madre Laura noch etwas anderes. Sie missionierte unter den indigenen Völkern Kolumbiens und setzte damit die von den Spaniern im Zuge der *conquista* begonnene Christianisierung des Landes fort. Nur wenige indigene Völker – wie die Wayuu, Tikuna und Arahuacos – haben ihren ursprünglichen Glauben behalten. Ähnlich sieht es mit den Nachfahren der afrikanischen Sklaven aus. Als sie nach Südamerika verschleppt wurden, gehörten sie einer Vielzahl unterschiedlicher Religionsgruppen an. In der neuen Umgebung waren sie den Einflüssen des Christentums ausgesetzt. Ein Beispiel für den Kontakt der christlichen Missionare zu den Sklaven war der ebenfalls heiliggesprochene Jesuit San Pedro Claver aus Cartagena. Im Laufe der Zeit verschmolzen die afrikanischen Religionen mit Elementen des Katholizismus. In San Basilio de Palenque steht eine Kirche, die die Bewohner auf Anweisung des Bischofs von Cartagena errichten mussten, um ihren Status als Siedlung freier Afrokolumbianer zu erhalten. Während ich mich dort aufhielt, sagte mir einer der Bewohner des *palenques*, dass auch heute noch das Totenritual Lumbalu (*rito funebre)* abgehalten würde, in dem die Geister der Verstorbenen den afrikanischen Göttern anempfohlen werden. Die Menschen, die das Ritual eingeführt hatten, hatten gehofft, dass auf diese Weise ihre Seelen nach Afrika zurückkehren würden. Im Chocó bitten die illegalen Goldgräber – viele von ihnen Afrokolumbianer – die Götter ihrer Vorfahren in Ritualen um Hilfe bei der Goldsuche.

In den Großstädten Kolumbiens missionieren heute etliche Sekten und Freikirchen aus den Vereinigten Staaten. Obwohl die Katholiken die deutlich größte Religionsgemeinde sind, wuchsen die Gruppen der Protestanten, Pfingstgemeinden und Sekten mittlerweile auf etwa 17 Prozent der Bevölkerung an. Politisch hat die katholische Kirche Kolumbiens in der Geschichte des Landes eine mitunter fragwürdige Rolle gespielt. Als in den 1920er Jahren eine stark ideologisch geprägte Auseinandersetzung über die Legitimität der Land-, Sozial- und Bildungsreformen der liberalen Regierung geführt wurde, stellte sie sich offen auf die Seite der Großgrundbesitzer und anderer konservativer Kräfte und bezeichnete die Reformbemühungen als »kommunistische Unterwanderung«. Während des Bürgerkriegs stand die Kirche auf Seiten des Staates, mahnte jedoch auch in einigen Fällen die Einhaltung der Menschenrechte bei der Bekämpfung der Aufständischen an, und unterstützte später den Friedensprozess mit der Guerilla.

Nach seinem Besuch in Medellín reiste Papst Franziskus weiter nach Cartagena. Dort fuhr er am nächsten Tag mit dem *papamóvil* durch die Gassen der Altstadt. Auch dort säumten Tausende von Gläubigen die Straßen. Als das *papamóvil* plötzlich scharf bremsen musste, verletzte sich Franziskus am Kopf. Blut tropfte aus einer Wunde über dem linken Auge auf das weiße päpstliche Gewand. Der Papst setzte seinen Besuch fort. Schon kurz darauf war in den sozialen Netzwerken die Gegenüberstellung zweier Fotos zu sehen. Eines zeigte den Papst mit seinem blutbefleckten Umhang und einem Pflaster über dem Auge in Cartagena, das andere einen strahlenden Franziskus vor dem Petersdom in Rom. Unter den beiden Bildern stand: *El papa en Colombia/El papa en Italia.* Darüber mussten selbst konservative Kolumbianer lachen. Wahrscheinlich zeigt die Episode deutlich, wie bewusst den Kolumbianern die Härten und die Besonderheiten ihres Landes, auch in Bezug auf Religion, Glauben und Aberglauben, sind. Die vielfältige geistige und spirituelle Welt der Kolumbianer findet allerdings auch Ausdruck in der Kultur des Landes.

Kultur

Ich fragte mich, wo ich mit der Erkundung von Kunst und Kultur in Kolumbien beginnen sollte. Natürlich gibt es zahlreiche Museen, die Literatur des Landes, die Theater und Opernhäuser sind hochinteressant. Zudem existiert eine nicht minder faszinierende, unübersehbare – beziehungsweise unüberhörbare – Alltagskultur. Musik und Tanz gehören zum Leben in Kolumbien fest dazu. Es gibt wahrscheinlich kein Taxi und keinen Bus, in dem nicht irgendwo ein Radio läuft. Aus Kaffees und Friseursalons, *panaderías*, *fruterías*, *tiendas,* kurzum allen möglichen Geschäften und Einrichtungen, schallt einem täglich lauteste Musik entgegen. Die Stilrichtungen sind so unterschiedlich wie die geographischen Regionen Kolumbiens. Die Menschen an der Küste bevorzugen eine andere Musik als die Bewohner der Llanos Orientales oder die der Karibikküste. In den Ballungsgebieten findet sich alles, egal ob es sich dabei um *ranchera*, eine Art Country-Musik mit sentimentalen Texten, oder *chirimía*, einem lauten und vitalen Musikstil aus Chocó, oder um Tango aus den 1920er Jahren handelt. Und noch etwas ist aus der Alltagskultur Kolumbiens einfach nicht wegzudenken: die *piratas*. Raubkopierte DVD, die an den Straßenecken verkauft werden. In der Regel handelt es sich dabei um die neuesten Hollywood-Blockbuster, die gerade erst im Kino angelaufen sind.

Allerdings hat sich seit dem Jahr 2005 die Zahl der Studierenden in Kolumbien in etwa verfünffacht und in Verbindung mit einem anhaltenden Wirtschaftswachstum steigt damit auch das öffentliche Interesse an klassischer Kultur. Museen, klassische Konzerte, Ballett und ähnliches finden sich überwiegend in den

Städten Kolumbiens. Die meisten Kultureinrichtungen werden von staatlicher oder kommunaler Seite finanziert, die Eintrittspreise sind für die meisten Kolumbianer dennoch zu hoch. Abgesehen von dieser Art der Kulturfinanzierung treten große Firmen und Bankhäuser als Sponsoren kultureller Einrichtungen und Veranstaltungen in Erscheinung.

Eines der schönsten Kunstmuseen in Kolumbien ist das Museo de Antioquia in Medellín. Während eines Besuches sah ich dort ein Kunstwerk, das mich besonders berührte. Es handelte sich um eine Malerei auf einem Untergrund aus Seide. Das Bild zeigt einen Pfau, der am Ufer einer Küste steht und auf ein Passagierschiff schaut, in dessen Bug ein Mensch winkt. Der Titel des Werkes lautet: *Buscando tierra*. Es unterscheidet sich durch seine Leichtigkeit und Eleganz von den großformatigen Gemälden Boteros – seit Jahrzehnten ist der Kolumbianer ein Superstar der internationalen Kunstszene –, die in vielen anderen Räumen des Museums gezeigt werden. Unter dem Bild wird auf einer kleinen Tafel darüber informiert, dass die Künstlerin Marta Elena Veléz es im Jahr 1992 geschaffen hat. Die Museumsverwaltung half mir den Kontakt zu Doña Veléz herzustellen.

Kurze Zeit später stand ich mit einem Strauß exotischer Blumen vor der Tür ihres Ateliers in El Poblado. Das Gebäude stammte aus der Kolonialzeit und wirkte seltsam fremd in einer Straße, die ansonsten aus eleganten Neubauten und einer Polizeistation besteht. Die 1938 geborene Künstlerin trug eine verspiegelte Sonnenbrille und einen Seidenschal, als sie mich begrüßte. Noch während wir auf der Türschwelle standen, entdeckte sie zu ihren Füßen den Katalog eines Möbelhauses, der als Werbesendung unter die Tür geschoben worden war. Marta Veléz tippte das bunte Druckerzeugnis sachte mit der Spitze ihres Schuhs an, rümpfte die Nase und sagte genervt: »*Ave Maria*«. Im offenen Innenhof des Atelierhauses befanden sich Sessel und große Pflanzen in Tontöpfen. In einem Nebenraum stand ein Bild auf einer Staffelei, weitere lehnten umgedreht an den Wänden.

Doña Marta kochte Kaffee mit einer italienischen Espressomaschine.

»*Gracias a dios!* Wie schön, dass Ihnen meine Werke gefallen«, sagte sie. Es komme nicht mehr so oft vor, dass sich Menschen wegen eines Bildes bei ihr melden. Früher habe sie regelmäßig ausgestellt, aber in den letzten Jahren müsse sie sich viel um ihren kranken Ehemann kümmern. Marta Veléz erzählte weiter aus den 1970er Jahren, als sie in Medellín Kunst studierte. »Damals gab es zwar viele Veränderungen in der Gesellschaft, zum Beispiel die *liberación feminina* [die Frauenrechtsbewegung], aber die Malerei wurde von Männern dominiert. Ich sah es auch daran, dass die Kunststudenten fast ausschließlich männlich waren.« Sie hat sich in diesem Umfeld am Ende durchsetzen können.

Auf einer Kommode lagen einige große Muscheln, deren Formen auch an Blüten erinnerten.

»Die habe ich aus Providencia mitgebracht. In den 1980er Jahren bin ich mit meinen Kindern dorthin gesegelt. Die Reise war eine Erfahrung. Es kam ein Sturm auf, und wir mussten uns an Deck des Bootes festbinden.« Marta Veléz zeigte mir die Porträts, die sie von ihren fünf Kindern gemalt hatte. Sie wies mich auf ein Bild hin, das eine einsame Figur verloren in einer schwarzen Landschaft zeigte. »Den schwarzen Hintergrund habe ich aus einem meiner alten Cocktailkleider gemacht. Das Bild steht für die damalige Zeit, die 1980er in Kolumbien. Die Gewalt, die Verlorenheit der Menschen.« Doña Marta lachte. In einem Rahmen hing ein Druck ihres wohl bekanntesten Werkes. Es zeigt einen Tiger, der inmitten eines elegant eingerichteten Zimmers auf einem Bett aus Kissen liegt. »Damit wollte ich das Eindringen der *narcos* in die bürgerliche Welt zeigen. Das Aufkommen der *narcotraficantes* hat die kolumbianische Gesellschaft verändert. Auf einmal war überall dieses Rohe, Protzige, Brutale. Sie hatten zwar Geld, aber keine Bildung und keinen Stil, keine Werte. Pablo Escobar war der Tiger, der über Kolumbien herfiel.«

Ich muss an den Privatzoo Escobars denken.

»Damals«, sagte Marta Veléz, »war ich froh darüber, nach Europa zu kommen: Londres, París, Roma. In Frankreich habe ich Pink Floyd live gesehen und kennengelernt.«

Die Künstlerin erzählte, dass einer ihrer Enkel heute Violine im Symphonieorchester Medellíns spielt. »Europa war vollkommen anders. Die Menschen hatten Humor. Ich weiß noch, wie glücklich Fernando [Botero] war, als er in Deutschland ausgestellt hat.«

Fernando Botero wurde 1932 wie Marta Veléz in Medellín geboren. Der Künstler wurde mit seinen Darstellungen voluminöser Menschen weltweit bekannt. Im Stadtgebiet Medellíns stehen etliche seiner Bronzeskulpturen, die er der Stadt geschenkt hat. Auch Botero hat sich künstlerisch mit den *narcotraficantes* auseinandergesetzt und Bombenanschläge oder den Tod Pablo Escobars gemalt.

»Ein Schriftsteller, den ich sehr schätze«, sagte Marta Veléz, »ist Fernando Vallejo. Seine Bücher sind ein wenig so, wie die Filme von Quentin Tarantino.«

Fernando Vallejo stammt aus Medellín und hat in seinen Romanen auch über die Gewalt in der Stadt während der 1980er und 1990er Jahren geschrieben. Sein Roman *La virgen de los sicarios* ist unter dem Titel »Die Madonna der Mörder« auch auf Deutsch erschienen. Der 1942 in Medellín geborene Vallejo – der übrigens auch studierter Biologe ist – erregte unter anderem dadurch Aufsehen, dass er das Preisgeld von 100 000 Euro, das er für den Literaturpreis »Rómulo Gallego« erhalten hatte, einer Organisation schenkte, die die Straßenhunde Medellíns betreut.

Auf dem Rückweg von Doña Martas Atelier traf ich auf einen Künstler der jüngeren Generation. Yes Graff, so sein Künstlername, stand auf einer Leiter in etwa drei Metern Höhe und bemalte einen Betonpfeiler, über den die Gleise der Metro verlaufen. Der junge Mann trug einen blauen Overall. Zum Schutz gegen die Aerosole aus den Farbsprühdosen atmete er durch eine Schutzmaske. Nachdem er mit einigen Sprühstößen etwas gemalt hatte, stieg er von der Leiter und betrachtete sein Werk. Nachdenklich legte er dabei die Hand unter sein Kinn und hielt den Kopf ein wenig schräg. Um ihn herum lärmte der Verkehr durch die Innenstadt von Medellín, über ihm donnerte ein Metrozug über die Gleise. Nach der eleganten und exklusiven Abgeschiedenheit von Doña Martas Atelier war dies eine andere Welt. Der Geruch der Sprühfarben mischte sich mit den Abgasen und der warmen Luft des Nachmittags. Yes Graff stammt aus der Comuna 13 in Medellín und gehört zu einer Gruppe von Graffiti-Künstlern, die sich Casa Kolacho nennen. Graffiti sind in den Großstädten Kolumbiens zu einer gesellschaftlich akzeptierten Ausdrucksform geworden. In Bogotá stehen sie zum Teil sogar unter Denkmalschutz. Auch Yes Graff arbeitete an dem Metro-Pfeiler im Rahmen eines von der Stadtverwaltung Medellíns finanzierten Projekts. Viele Graffitis haben die Natur und die Umweltzerstörung Kolumbiens zum Thema. Das unterscheidet diese Generation von Künstlern von derjenigen, der Marta Veléz oder Fernando Botero angehören.

Im Jahr 2018 machte der Fall von 25 Kindern und Jugendlichen international Schlagzeilen, die den Staat wegen der Zerstörung des Regenwalds im Amazonasgebiet verklagt hatten und im April des Jahres vom Obersten Gerichtshof Kolumbiens Recht bekommen hatten. Sie hatten ihre Klage damit begründet, dass die Zerstörung des Regenwaldes den Klimawandel und Treibhauseffekt begünstige und somit letztendlich ihre Gesundheit gefährde. Heute wird die Umweltzerstörung in vielen Kunstwerken behandelt und dabei wird la naturaleza von den Graffiti-Künstlern oftmals allegorisch als weibliches Gesicht dargestellt. Außerdem sind an vielen Flächen Medellíns farbenprächtige Darstellungen exotischer Tier- und Pflanzenarten zu sehen. Auf diese Weise hat man den Eindruck, als kehre ein Teil der Natur – zumindest als Kunstwerk – in die Städte zurück und gelange so ins Bewusstsein der Betrachter.

Mit etwa 17 Prozent ist die Gruppe der 15- bis 24-Jährigen überdurchschnittlich stark in der kolumbianischen Gesellschaft vertreten. Die Jugendlichen und jungen Erwachsenen schaffen eigene Ausdrucksformen und prägen auf ihre Weise das kulturelle Leben Kolumbiens. Dabei ist die Kultur auch eine Brücke zwischen den Generationen. Besonders die Musik nimmt diese Funktion als gesellschaftlich verbindendes Element wahr. Auf beinahe allen Festen wird getanzt und gesungen. Die verschiedenen Regionen Kolumbiens haben dabei zum Teil jeweils eigenständige Stilrichtungen hervorgebracht

»*Niño!*«, ruft Petrona Martínez einem Jungen aus der Nachbarschaft zu, während wir vor ihrem Haus in der Nähe der Karibikküste sitzen. Dann noch einmal »*Niño!*«. Ihre Stimme schallt mit großer Lautstärke durch die Mittagsstille. Der Junge bleibt stehen und wird von Petrona Martínez losgeschickt, um Kaffee zu holen. Sie ist – vielleicht nach Shakira, die aus Barranquilla stammt und 44 Jahre jünger ist – die bekannteste Musikerin Kolumbiens. Petrona Martínez wurde 1939 an der Karibikküste geboren und mit einem Bullerengue genannten Musikstil auf der ganzen Welt berühmt. Bullerengue ist auch ein Tanz, der traditionell von Afrokolumbianerinnen an der Karibikküste getanzt wird. Zweimal waren Alben von Petrona Martínez für einen Grammy nominiert. Ich entschuldige mich bei ihr dafür, dass ich sie bei ihrem Mittagsschlaf gestört habe. »Macht nichts«, sagt sie, »mein Enkel geht heute nicht zur Schule, da wäre ich sowieso nicht zum Schlafen gekommen.« Der Junge aus der Nachbarschaft kommt mit dem Kaffee zurück.

»Ich bin schon froh«, sagt sie, »wenn ich jeden zweiten Tag etwas Ruhe bekomme.« Petrona Martínez hat sieben Kinder und 35 Enkel und Urenkel. Ihr Sohn Álvaro ist zu Besuch bei ihr. Wir sprechen über die Bedeutung der Musik in ihrem Leben.

»Jedes meiner Lieder ist etwas Besonderes. Eine Stimme. Ich habe sie auf der ganzen Welt vorgetragen.« Bullerengue wird mit Trommeln, *maracas* genannten Rasseln, Händeklatschen und Gesang vorgetragen. Die Perkussionsinstrumente und der spezielle Rhythmus kamen mit den afrikanischen Sklaven nach Kolumbien. Überhaupt sind viele kolumbianische Musikstile von afrikanischen Elementen beeinflusst worden. Ich erinnere mich, wie ich einmal mit einer Kolumbianerin und einem Spanier das Konzert einer Gruppe aus Chocó besuchte. Die Musik nannte sich Chirimía, war extrem laut und vital. Vielleicht eine afrokolumbianische Version von Heavy Metal, dachte ich. Die Kolumbianerin war jedenfalls hellauf begeistert und brüllte dem Spanier ins Ohr: »Wir können wirklich froh sein, dass ihr die Afrikaner ins Land geholt habt!«

Petrona Martínez sagt, dass ihre Musik sich aus einer Tradition entwickelt habe, die mit dem Leben der Menschen an der Karibikküste zu tun hätte. Ihr Sohn Álvaro – ebenfalls Musiker – setzt sich zu uns. Wir kommen auf den Vallenato, einen Musikstil, der in La Guajira sehr beliebt ist, zu sprechen.

»Diese Musik ist sehr kommerziell. Für die Musiker ist die Welt des Vallenatos jedoch auch gefährlich«, sagt er. Beim Vallenato werden auch europäische Instrumente wie das Akkordeon verwendet. Die Texte der Lieder handeln von Liebe, Schmerz und Sehnsucht. Einer der erfolgreichsten Vallenato-Musiker war Diomedes Díaz. Díaz war dafür bekannt, dass er bei seinen Auftritten stets ein Taschentuch in der Hand hatte und es ab und zu an seine Nase hielt. Angeblich soll sich in dem Tuch Kokain befunden haben. 1997 wurde der mittlerweile verstorbene Díaz zu einer langjährigen Gefängnisstrafe wegen Totschlags verurteilt, musste aber nur einen Bruchteil davon absitzen. Sein Sohn Martín Elías Díaz – ebenfalls ein Star der Vallenato-Musik – starb im April 2017 bei einem Autounfall. Vallenato-Musiker werden immer wieder mit den Drogenkartellen in Verbindung gebracht. Der Musiker Rafael Orozco Maestre wurde in Barranquilla ermordet, weil er angeblich Drogengelder gewaschen und sich mit einigen *narcotraficantes* überworfen hatte. Álvaro verabschiedet sich und sagt, er müsse am nächsten Tag für Studioaufnahmen nach Bogotá reisen. Seine berühmte Mutter umarmt ihn, bevor er geht.

Einer der berühmtesten Kolumbianer, dessen Leben und Werk eng mit dem der Menschen an der Karibikküste verbunden ist, ist der 1928 geborene Gabriel García Márquez. García Márquez ist heute der weltweit bekannteste Schriftsteller Kolumbiens. Der ehemalige Jurastudent, Journalist und Filmkritiker trug mit seinen Romanen maßgeblich zum Boom der lateinamerikanischen Literatur während der 1970er und 1980er Jahre bei. In Kolumbien selbst hat García Márquez Kultstatus – obwohl er Jahrzehnte im Exil in Mexiko verbrachte und dort 2014 starb. Jeder kennt ihn, auch wenn er noch nie etwas von ihm gelesen hat, allein schon deshalb, weil sich das Porträt des Autors seit dem Jahr 2016 auf der 50 000 Pesos Note befindet – dem höchsten Geldschein Kolumbiens, mit einem Wert von etwa 17 Euro. In seinen Werken, darunter dem bekanntesten *Cién años de soledad* (Hundert Jahre Einsamkeit), hat sich García Márquez intensiv mit verschiedenen Epochen der kolumbianischen Geschichte auseinandergesetzt, darunter dem Krieg der Tausend Tage, der *violencia*, und der durch Pablo Escobar ausgelösten Welle der Gewalt der 1980er und 1990er Jahre. Einige seiner Bücher siedelte García Márquez in der fiktiven Region Macondo an. Sie ähnelt dem Ort Aracataca an der Karibikküste, in dem er seine Kindheit und Jugend verbrachte. Während seiner gesamten Karriere verstand sich García Marquez als politischer Autor, den unter anderem eine oft kritisierte Freundschaft mit Fidel Castro verband. Neben der Alltagsrealität der Menschen Kolumbiens – mit der García Márquez durch seine Arbeit als Journalist in Bogotá, Cartagena und Barranquilla vertraut war – ist sein Werk zum Teil von indigenen und religiösen Mythen inspiriert. Dank ihrer vielfältigen Einflüsse und Perspektiven sind die Werke von Márquez damit ein eindrückliches Beispiel für kolumbianische Kultur.

Musik, Literatur und Malerei sind in Kolumbien an vielen Orten anzutreffen. Sie erzählen viele Geschichten aus dem Leben der Bewohner; die Geschichten der afrikanischen Vorfahren, die persönlichen der Erzähler, die der Bürgerkriege und der politischen Wirren, Geschichten von Hoffnung auf Friede und Freiheit. Die Kunst schafft häufig ein Gemeinschaftsgefühl, sie versöhnt und tröstet die Menschen. Der Alltag wird bereichert und die vielen Leiden erträglicher. Das Bild von Marta Veléz, *Buscando tierra*, das ich bei meinem Besuch bewundert hatte, steht beispielhaft für eine solche Kunst – *Auf der Suche nach Land*. So hat in Kolumbien alles angefangen.

Hoffnung und Frieden

Während ich bei den *agromineros* in Íquira zu Besuch war, sahen wir im Fernsehen eine Aufzeichnung der Verleihung des Friedensnobelpreises an den kolumbianischen Staatspräsidenten Santos. Das Gold, aus dem die Medaille angefertigt worden war, stammte aus den Minen der Kooperative von Íquira. Darauf waren die *mineros* sehr stolz, doch äußerten sie sich trotzdem abfällig über den Friedensprozess mit der FARC, der ja der Hauptgrund für die Verleihung des Nobelpreises an den Präsidenten gewesen war. »Alles Schwindel«, so der Kommentar, der vielstimmig durch den Raum mit dem Fernsehgerät schallte. Während der Friedensvertrag mit der FARC und ein im Frühjahr 2017 begonnener Friedensprozess mit der ELN im Ausland überwiegend positiv beurteilt werden, lehnen viele Kolumbianer beides nach wie vor ab oder stehen dem Ganzen zumindest kritisch gegenüber. Ein oft gehörtes Argument der Kritiker ist, dass die Kosten für den Frieden mit der Guerilla viel zu hoch seien. Der Friedensvertrag mit der FARC umfasst langfristige Ausbildungs- und Wiedereingliederungsprogramme für die ehemaligen Untergrundkämpfer, in denen sie darauf vorbereitet werden sollen, in der kolumbianischen Zivilgesellschaft Fuß zu fassen. Diese Programme sind aufwendig und teuer, die Gelder, die dafür bereitgestellt werden, müssen an anderer Stelle eingespart werden. Dies wird, so die Befürchtung vieler, jedoch nicht bei den Verteidigungsausgaben sein, da die Streitkräfte wegen der auch ohne die Guerilla prekären Sicherheitslage im Land in voller Stärke benötigt werden. Möglicherweise möchte man auch durch die Gewichtung der aus dem Friedensvertrag resultierenden Ausgaben in den überwiegend skeptischen Kreisen der Armee keinen zusätzlichen Widerstand provozieren. Immerhin – und das ist ein Novum in der Geschichte Kolumbiens – wurden in den Jahren 2015 und 2016 erstmals mehr staatliche Gelder für Bildung und Forschung als für Militärausgaben verwandt. Doch trotz allem fehlt überall Geld für wichtige staatliche Investitionen. In vielen Teilen des Landes ist die Infrastruktur extrem schlecht, und die staatlichen Sozialleistungen sind generell minimal. Viele Kolumbianer machen auch dafür die notwendige Finanzierung des Friedensprozesses verantwortlich und fühlen sich ungerecht behandelt.

Tatsächlich ist es schwierig, in einem Land, in dem im Jahr 2018 etwa 27 Prozent der Bevölkerung unter der Armutsgrenze leben, zu begründen, warum einigen Tausend Ex-Guerilleros vom Staat etwas geschenkt wird, das vielen anderen Bürgern vorenthalten wird. Schaut man genauer hin, wird allerdings deutlich, dass die meisten Kolumbianer nicht den Friedensprozess an sich, sondern lediglich den mit der FARC geschlossenen Friedensvertrag ablehnen. Darin wurden ihrer Meinung nach, ganz abgesehen von den finanziellen Aspekten, zu weitreichende Zugeständnisse an die FARC gemacht. Sogar Teile der kolumbianischen Friedensbewegung kritisieren, dass der Friedensvertrag eine juristische Aufarbeitung begangener Verbrechen und Menschenrechtsverletzungen in vielen Fällen nur teilweise, wenn überhaupt, möglich mache. Eine weitgehende Straffreiheit für die Täter wurde schon bei der Demobilisierung der Paramilitärs im Jahr 2004 unter dem damaligen Präsidenten Álvaro Uribe kritisiert. Seinerzeit gaben unpolitische Kriminelle vor, zu den paramilitares gehört zu haben, um in den Genuss von Strafmilderung und Amnestie zu gelangen.

In der Frage der Ahndung begangener Kriegsverbrechen zeigt sich die kolumbianische Gesellschaft gespalten. Die einen sagen, dass sei eben der Preis, den man für den Frieden zahlen müsse. Die anderen warnen davor, dass eine unvollständige Aufarbeitung der begangenen Menschenrechtsverletzungen und die daraus resultierende fehlende Gerechtigkeit gegenüber den Opfern bereits das Potenzial für neue Konflikte in sich trage.

Jedenfalls machten beide Lager bei den Präsidentschaftswahlen im Mai 2018 – das Mitte-Links-Bündnis um Gustavo Petro sowie das Centro Democrático um den konservativen Iván Duque – den Friedensprozess zu einer zentralen Frage ihrer zukünftigen Politik. Der bis dahin amtierende Staatspräsident Santos konnte nach zwei Amtsperioden verfassungsgemäß nicht mehr für eine Wiederwahl kandidieren. Einer der beiden aussichtsreichsten Kandidaten für das Präsidentenamt, Gustavo Petro – selbst ein ehemaliger Guerillero der linksgerichteten M-19 Bewegung und vormals Bürgermeister Bogotás – sprach sich für eine Fortsetzung der Politik von Präsident Santos aus, wogegen Iván Duque – Jurist und seit 2014 als Abgeordneter im Senat Kolumbiens – ankündigte, den bestehenden Friedensvertrag mit der FARC ändern und den immer wieder stockenden Friedensprozess mit der ELN überdenken zu wollen.

Nachdem im ersten Wahlgang im Mai 2018 keiner der Kandidaten die nötige Mehrheit erreichte, kam es im Juni zu einer Stichwahl zwischen Duque und Petro, aus der Iván Duque mit 54 Prozent der Stimmen als Sieger hervorging. Für Gustavo Petro stimmten jedoch immerhin knapp 42 Prozent der Wähler, und somit dürfte dem konservativen Präsidenten und seiner zukünftigen Regierung eine starke demokratische Opposition gegenüberstehen. Damit scheint sich das zu Anfang des Buches beschriebene Muster, dass die kolumbianische Geschichte seit der Unabhängigkeit von zwei sich gegenüberstehenden Lagern Liberaler und Konservativer bestimmt wird, fortzusetzen. Konservative und liberale Politiker bleiben auch nach den jüngsten Wahlen die alles beherrschenden Kräfte im politischen System Kolumbiens. Für die neu aufgestellten Kandidaten der FARC, die sich als politische Partei nun Fuerza Alternativa Revolucionaria de Común nennen und denen im Rahmen des Friedensvertrages für zwei Legislaturperioden jeweils fünf Sitze in Senat und Repräsentantenhaus (von insgesamt 102 beziehungsweise 166 Sitzen) garantiert werden, stimmten bei den Parlamentswahlen 2018 lediglich etwa 0,5 Prozent der ungefähr 36 Millionen Wahlberechtigten. Das marginale Wahlergebnis der FARC spricht dafür, dass zwar die große Mehrheit derjenigen, die Gustavo Petro ihre Stimme gaben, für eine Fortsetzung des Friedensprozesses aber gegen eine Regierungsbeteiligung der ehemaligen Guerilleros ist.

Paradoxerweise hat der Friedensprozess erst einmal zu einem exponentiellen Anstieg von Kriminalität und Gewalt geführt. Den Vereinten Nationen zufolge ist die Kokainproduktion so hoch wie nie zuvor. Kriminelle Gruppen kämpfen darum, wer die Kontrolle über die von der Guerilla aufgegebenen Gebiete übernimmt. Dazu kommen etwa 1000 Mann – von insgesamt circa 8000 aktiven Kombattanten der FARC – die ihre Waffen nicht abgegeben haben und weiterhin aktiv sind. Im April 2018 wurden im Grenzgebiet zwischen Kolumbien und Ecuador zwei Journalisten der ecuadorianischen Zeitung El comercio und ihr Fahrer entführt und später ermordet. Die Frente Oliver Sinisterra, eine Guerillagruppe benannt nach einem 2015 getöteten Anführer der FARC, bekannte sich zu den Morden. Seitdem gehört ihr Anführer Walter Arisala alias Guacho zu den meistgesuchten Verbrechern Kolumbiens. Die Frente Oliver Sinisterra soll im südwestlichen Kolumbien, hauptsächlich im *departamento* Nariño, an Drogenhandel und Schutzgelderpressungen beteiligt sein. Diese ehemaligen FARC-Kämpfer werden in den Medien als Kriminelle dargestellt. Es ist jedoch fraglich, ob sich damit das Verhalten aller Dissidenten, die an Entwaffnung und Friedensprozess nicht teilnehmen, erklären lässt.

Die Mehrheit der demobilisierten FARC-Angehörigen wurde in 26 eigens angelegten Schutzzonen, abseits der großen Ballungsräume Kolumbiens, untergebracht. Dort gaben sie ihre Waffen ab und sollen schrittweise auf ein Leben in der Zivilgesellschaft vorbereitet werden. Nach Angaben der Vereinten Nationen sind mittlerweile jedoch mehr als 30 Prozent der demobilisierten FARC-Angehörigen aus diesen Zonen verschwunden. Niemand weiß, ob sie wieder zu den Waffen gegriffen haben oder nach den Jahren im Dschungel einfach schneller in dem kolumbianischen Alltag durchstarten wollen.

In Europa wurde während des Wahlkampfes 2018 hauptsächlich das Thema des Friedensprozesses wahrgenommen. Dabei gab es noch einen weiteren, mindestens ebenso wichtigen Aspekt, der von den Kandidaten häufig diskutiert und ausgiebig bemüht wurde. *Castrochavismo* wurde zum Schlagwort und Schreckgespenst, mit dem vor allem Iván Duque vor den Folgen einer linken Wirtschaftspolitik warnte. Die Folgen der Krise in Venezuela sind in Kolumbien angesichts Hunderttausender Flüchtlinge zu spüren, die das verarmte Nachbarland verlassen und nach Kolumbien kommen. Mittlerweile leben zwischen 800 000 und einer Million Venezolaner in Kolumbien. Diese Menschen drängen als billige Arbeitskräfte auf den Arbeitsmarkt – beispielsweise als Erntehelfer während der Kaffee- oder Bananen-Ernte – und werden als Ursache von Arbeitslosigkeit und Kleinkriminalität wahrgenommen. Im Umgang mit dieser Flüchtlingskrise lassen sich durchaus Parallelen zu Europa erkennen. Im Mai 2017 entsandte Präsident Santos einen hochrangigen Berater in die Türkei, um sich über die dortigen Flüchtlingslager zu informieren. Allerdings hat während des Bürgerkriegs auch eine große Zahl von Kolumbianern Schutz und Arbeit im damals wohlhabenderen Venezuela gefunden.

Iván Duque setzt sich dafür ein, die mehr als 2000 Kilometer lange Grenze zu Venezuela stärker zu sichern. Gustavo Petro stellt die humanitäre Frage in den Vordergrund und wirbt für eine Aufnahme- und Willkommenskultur gegenüber den Flüchtlingen. Es ist abzusehen, dass die Frage, wie mit den Flüchtlingen aus Venezuela umzugehen ist, innenpolitisch mindestens ebenso wichtig sein wird, wie die Fortsetzung des Friedensprozesses. *Castrochavismo* und Flüchtlingsströme, davor warnen die konservativen Parteien und verweisen mit Fidel Castro und Hugo Chávez auf den wirtschaftlichen Niedergang, den linke Reformen und Planwirtschaft verursachen können.

Staatspräsident Iván Duque hatte sich während des Wahlkampfs 2018 nachdrücklich für eine liberale Wirtschaftspolitik ausgesprochen, die ausländische Investitionen begünstigen soll.

Außerdem setzt er auf einen weiteren Ausbau der Öl- und Gasförderung. Sein Herausforderer Petro dagegen machte überfällige Landreformen – wie es schon Gaitán vor mehr als 50 Jahren getan hatte – aber auch den Umweltschutz und die Förderung nachhaltiger Projekte, wie zum Beispiel einen ökologischen Tourismus, zum Thema. Letztendlich wird es wahrscheinlich von großer Bedeutung sein, wie gerecht die Verteilung des Grundbesitzes und die Teilhabe an den enormen Ressourcen Kolumbiens von der Mehrheit der Bevölkerung empfunden werden wird. Die Frage des Landbesitzes hat bereits in der Vergangenheit für jahrzehntelange Konflikte gesorgt. Unabhängig davon, wie der amtierende Präsident seine Wirtschaftspolitik ausrichtet, bevorzugen potenzielle Investoren aus dem Ausland in jedem Fall eine stabile Sicherheitslage. Im Jahr 2013 wurde Kolumbien der Status eines Beitrittskandidaten zur Organisation für wirtschaftliche Zusammenarbeit und Entwicklung (OECD) zuerkannt. Damit sind wirtschaftliche Vorteile verbunden, die keine kolumbianische Regierung durch einen radikalen Bruch mit der bisherigen Politik ernsthaft gefährden möchte.

Ricardo Gómez, mit dem ich einen Nachmittag im Schatten einer Brücke in Honda am Río Magdalena verbrachte, rief mich etwa ein Jahr nach unserer Begegnung an. Sein Mobiltelefon und die Kleider, die er am Leib trug, waren beinahe das Einzige, was er noch besaß. Der Río Magdalena war wieder einmal über die Ufer getreten, und das Hochwasser hatte seinen gesamten Besitz – der niemals groß gewesen war – zerstört.

Das Leben in Kolumbien ist leider für viele Menschen hart. Daran lässt sich auch in Wahlprogrammen nicht viel beschönigen. Die Verteilung der Ressourcen ist ungerecht und die Möglichkeiten, um diesen Härten zu begegnen, reichen oft nicht aus. Die Umweltverschmutzung nimmt zu, und die klimatischen Bedingungen sind oft extrem. Nach einer blutigen Epoche der Bürgerkriege kommt es vor allem darauf an, den Ursachen von Armut, Ungerechtigkeit und Perspektivlosigkeit etwas entgegenzusetzen. Inwieweit das im Rahmen des bestehenden politischen Systems möglich ist, ist fraglich.

Doch es gibt auch erfolgsversprechende Initiativen, die unabhängig von Staat und Regierung gedeihen. In der Provinz Tolima hat das Projekt Concern Universal Colombia etwa 100 Mitarbeiter, die sich der Kinderbetreuung, Bildungsangeboten für Senioren und dem Aufbau von Kleinstbetrieben widmen. Außerdem werden Interessierte über Menschenrechte aufgeklärt. »Frieden wächst von unten«, sagt einer der Verantwortlichen. Im September 2018 wurde Concern Universal Colombia mit dem Aachener Friedenspreis ausgezeichnet – wie schon 2007 die *comunidad de paz*, die ich in San José de Apartadó besuchte. Solche lokalen Initiativen finden sich mittlerweile in ganz Kolumbien. Einige sind professionell organisiert, wie zum Beispiel die *agromineros* von Íquira, bei anderen wiederum handelt es sich um Aktivitäten einzelner Bürger, die zum Beispiel mit den Kindern aus einem Problemviertel den Bachlauf in der Nachbarschaft von herumliegendem Müll reinigen. Sie hoffen, ihnen damit ein Gefühl von gesellschaftlicher Verantwortung und Zugehörigkeit vermitteln zu können. Angesichts der kolumbianischen Geschichte und einer immer noch weit verbreiteten Korruption ist ein tiefes Misstrauen gegenüber den Politikern aller Parteien vorherrschend – die Wahlbeteiligung bei der Präsidentschaftswahl 2018 lag bei circa 50 Prozent.

»In meinem Land«, sagte mir eine Kolumbianerin, mit der ich im Vorfeld der jüngsten Wahlen sprach, »wählt man nicht den Politiker, den man für den besten hält. Nein, man versucht immer dem ›am wenigsten schlechten‹ seine Stimme zu geben. Demjenigen, der am wenigsten korrupt ist; dem, der den geringsten Schaden anrichtet. Wahrscheinlich ist es verrückt, aber es ist Teil der Realität.« Darum hat die wunderbare Fähigkeit der *resiliencia* eine so große Bedeutung für die Kolumbianer.

Anhang

Literatur, Musik und Filme

Sachbücher

Escobar, Roberto: Drugs, Guns, Money, Power, London 2010

Fischer, Thomas; Klengel, Susanne; Pastrana, Eduardo (Hg.): Kolumbien heute. Politik, Wirtschaft, Kultur, Frankfurt a. M. 2017

Halm, Christoph Sebastian: Frieden in Kolumbien? Konfliktlösungsansätze in Vergangenheit und Gegenwart, Berlin 2018

Humboldt, Alexander von: Amerikanische Reisetagebücher, Berlin 2017; http://humboldt.staatsbibliothek-berlin.de/werk/

Humboldt, Alexander von: Die Wiederentdeckung der Neuen Welt, Berlin 1989

König, Hans-Joachim: Kleine Geschichte Kolumbiens, München 2008

Márquez, Gabriel García: Die Giraffe aus Barranquilla. Journalistische Arbeiten 1948 – 1952, Köln 1984

Márquez, Gabriel García: Der Beobachter aus Bogotá. Journalistische Arbeiten 1954 – 1955, Köln 1985

Rehrmann, Norbert: Simón Bolívar. Die Lebensgeschichte des Mannes, der Lateinamerika befreite, Berlin 2009

Specht, Martin: Narco Wars. Der globale Drogenkrieg, Berlin 2016

Vélez, Marta Elena: La obra de Marta Elena Vélez, Medellín 2008

Wood, Michael: Auf den Spuren der Konquistadoren, Stuttgart 2016

Wulf, Andrea: Alexander von Humboldt und die Erfindung der Natur, München 2015

Belletristik

González, Tomás: Am Anfang war das Meer, Zürich 2006
Márquez, Gabriel García: Leben, um davon zu erzählen, Köln 2002
Márquez, Gabriel García: Die Liebe in Zeiten der Cholera, Köln 1987
Márquez, Gabriel García: Hundert Jahre Einsamkeit, Köln 1970
Vallejo, Fernando: Blaue Tage, Frankfurt a. M. 2008
Vallejo, Fernando: Der Abgrund, Frankfurt a. M. 2004
Vallejo, Fernando: Die Madonna der Mörder, Wien 2000
Vásquez, Juan Gabriel: Das Geräusch der Dinge beim Fallen, Frankfurt a. M. 2014
Vásquez, Juan Gabriel: Die Informanten, Frankfurt a. M. 2010

Musik

ChocQuibTown: El mismo, Bogotá 2015
ChocQuibTown: Eso es lo que hay, Bogotá 2011
ChocQuibTown: Oro, Bogotá 2009
Díaz, Diomedes: Para siempre, Bogotá 2014
Díaz, Diomedes y Rois, Juancho: Título de amor, Bogotá 1993
Elias, Martín: Versos en vivo, Bogotá 2018
Grupo Cimarrón: Si, soy llanero. Joropo Music From The Orinoco Plains Of Colombia, Washington 2004
Martínez, Petrona: Mi tambolero, New York 2014
Martínez, Petrona: Las peñas alegres, New York 2010
Sexteto Tabalá: Esperando el tsunami, Bogotá 2012
Sexteto Tabalá: Con un solo pié, Bogotá 2010
Sexteto Tabalá: Clavo y martillo, Bogotá 1998
Shakira: El Dorado, Miami 2017
Shakira: Fijación oral, Miami 2005
Shakira: Pies descalzos, Miami 1995

Film

Auf dem Weg zur Schule, 2013
Maria voll der Gnade, 2004
Der Schamane und die Schlange, 2015

Dank

Mein Dank geht an die Familie und Freunde.

Außerdem danke ich Diana Castillo, Emma Patiño, Oscar Castillo, José Pautt, Eterbina Fernández, Petrona Martínez, Edgar Marenco, Brigitte Baptiste, Marlon Borrego, Gustavo Celis y Susana, Diana Jiménez, Marta Elena Vélez, Antonio Rodríguez y Eliana Flórez, Rubén Henao, Andre Salandi, Benedikt Henn, Markus Rosenkaymer, Ines Bräuniger, Marion Appelt und Christoph Links. Sowie am Amazonas Victoria, Diana, Felipe und Ricardo; in Chocó Modesto und Edelmira.

1 RISARALDA
2 QUINDIO
3 CUNDINAMARCA
4 DISTRITO CAPITAL DE BOGOTÁ
N
S
Karibisches Meer
San Andrés und Providencia
Oranjestad
ARUBA
CURAÇAO
BONAIRE
Willemstad
Paraguana
Golf von Venezuela
LA GUAJIRA
Ríohacha
Barranquilla
Santa Marta
ATLANTÍCO
Cartagena
Valledupar
MAGDALENA
CESAR
See von Maracaibo
Sincelejo
SUCRE
Río Magdalena
PANAMA
VENEZUELA
Montería
NORTE DE SANTANDER
CÓRDOBA
BOLÍVAR
Cúcuta
Apartadó
Río Cauca
Río Atrato
Río Apure
Río Arauca
Bucaramanga
Pazifischer Ozean
ANTIOQUIA
SANTANDER
Arauca
ARAUCA
Medellín
Puerto Carreño
Quibdó
Tunja
CASANARE
CALDAS
BOYACÁ
Yopal
CHOCÓ
Manizales
Pereira
Armenia
Bogotá
Ibagué
Río Meta
VICHADA
Río Orinoco
Villavicencio
Buenaventura
Inirida
VALLE DEL CAUCA
Cali
TOLIMA
KOLUMBIEN
META
Neiva
GUAINÍA
CAUCA
HUILA
San José del Guaviare
Popayán
GUAVIARE
NARIÑO
Florencia
Mitú
Pasto
Mocoa
Río Vaupés
PUTUMAYO
CAQUETÁ
VAUPÉS
Río Napo
ECUADOR
La Pedrera
AMAZONAS
Río Japurá
Río Putumayo
BRASILIEN
PERU
Amazonas
Leticia
0
150 km

Basisdaten

Fläche: 1 138 000 km² (Deutschland: 357 386 km²)

Bevölkerung: ca. 49,4 Mio. (Deutschland: 82,7 Mio.)
wichtigste ethnische Gruppen: 49 % Mestizen (Nachkommen eines europäischen und eines indigenen Elternteils), 27 % hellhäutige Kreolen (Nachfahren europäischer Kolonisten), 10,6 % Afrokolumbianer, 3,4 % indigene Bevölkerung

Bevölkerungsdichte: ca. 42 Einwohner/km², in Städten allerdings viel höher (Deutschland 231 Einw./km²)

Demographie: 0 – 14 Jahre 25 %; 15 – 64 Jahre 68 %; älter als 65 Jahre 7 % (Deutschland: 0 – 20 Jahre 18,4 %; 20 – 59 Jahre 53,9 %; älter als 60 Jahre 27,6 %)

Religion: katholisch ca. 80 %, Protestanten, Evangelikale, Freikirchen, Sekten und indigene Religionen ca. 20 %

Landessprachen: Spanisch; 65 indigene Sprachen; Englisch auf San Andrés und Providencia

Regierungsform: Präsidialdemokratie; Kongress mit zwei Kammern: Senat (102 Mitglieder) und Repräsentantenhaus (166 Abgeordnete)

Verwaltungsstruktur des Landes: zentralistisch, aufgeteilt in 32 Provinzen *(departamentos)* und den Hauptstadtdistrikt, direkt gewählte Gouverneure bzw. Bürgermeister

Hauptstadt: Bogotá (9,7 Mio. Einw.)

Größte Städte: Medellín (3,9 Mio. Einw.), Cali (2,6 Mio.), Barranquilla (1,9 Mio.), Cartagena (1,1 Mio.)

Nationalfeiertag: 20. Juli (Unabhängigkeitstag)

Bruttoinlandsprodukt (BIP): 309 Mrd. USD (Deutschland: 3677 Mrd. USD)

Pro-Kopf-BIP: 6301 USD (Deutschland: 44 469 USD)

Landeswährung: 3324 Pesos = 1 Euro

Klima: unterschiedliche Klimazonen; überwiegend tropisch oder subtropisch (Küste, Amazonia); Bogotá liegt in der gemäßigten Klimazone auf ca. 2500 m Höhe in den Anden

Höchste Berge: Pico Cristóbal Colón und Pico Simón Bolívar, beide 5775 Meter

Wichtigste Flüsse: Río Putumayo (ca. 1800 km), Río Magdalena (ca. 1500 km), Río Cauca (ca. 1100 km)

Quellen: Statistisches Bundesamt, Auswärtiges Amt, World Bank (Stand 2017)